THE WEALTH MONEY CAN'T BUY

Eerder bij Kosmos verschenen van Robin Sharma:

5 AM Club
De monnik die zijn Ferrari verkocht

ROBIN SHARMA

De 8 gewoontes om
je rijkste leven te leiden

THE WEALTH MONEY CAN'T BUY

Nederlandse editie

KOSMOS
Kosmos Uitgevers, Utrecht/Antwerpen

KOSMOS

www.kosmosuitgevers.nl

kosmos.uitgevers

kosmosuitgevers

Eerste druk, mei 2024

Titel: *The Wealth Money Can't Buy – Nederlandse editie*
Ondertitel: *De 8 gewoontes om je rijkste leven te leiden*
Vertaling: Janke Greving
Illustraties: Alexander Row
Foto Robin Sharma achterzijde omslag: David Leyes
Omslagontwerp: Femke den Hertog
(gebaseerd op een ontwerp van Pete Garceau)
Vormgeving binnenwerk: www.intertext.be

Kosmos Uitgevers vindt het belangrijk om op milieuvriendelijke en verantwoorde wijze met natuurlijke bronnen om te gaan. Bij de productie van het papieren boek van deze titel is daarom gebruikgemaakt van papier waarvan het zeker is dat de productie niet tot bosvernietiging heeft geleid.

ISBN 978 90 4393 388 9
ISBN e-book 978 90 4393 389 6
ISBN audiobook 978 90 4393 390 2
NUR 770

INHOUD

INHOUD

DE DERDE VORM VAN RIJKDOM
Familie: De gewoonte van een gelukkig gezin, een gelukkig leven

DE VIERDE VORM VAN RIJKDOM
Ambacht: De gewoonte van werk als platform voor zingeving

DE VIJFDE VORM VAN RIJKDOM
Geld: De gewoonte van voorspoed als brandstof voor vrijheid

DE ZESDE VORM VAN RIJKDOM
Gemeenschap: De gewoonte dat jij je sociale netwerk wordt

DE ZEVENDE VORM VAN RIJKDOM
Avontuur: De gewoonte van vreugde halen uit het verkennen van niet-hebben

Je hebt geen geld nodig om iets te kopen wat je ziel nodig heeft.

— HENRY DAVID THOREAU, FILOSOOF

Maken bezittingen je rijk?
Dat soort rijkdom heb ik niet. Mijn rijkdom is leven.

— BOB MARLEY, LEGENDARISCH REGGAEMUZIKANT

De allerbelangrijkste dingen in het leven zijn helemaal geen dingen. Alles wat ik wil ligt voor mijn neus. Ik heb wind, ik heb regen, ik heb sneeuw, ik heb zon. Wat maakt het uit dat ik geen groot huis of een grote auto heb? Ik ken veel mensen die dit wel hebben, maar nog steeds niet gelukkig zijn.

— DAG AABYE, BERGBEWONER EN KLUIZENAAR

Een persoonlijke boodschap van Robin Sharma

Ik schrijf je dit vanuit de boerderij waar ik woon. Door het raam van de kamer waar ik werk, zie ik de olijfbomen en wijngaarden. Over de heuvels ligt een dikke mist die naar de hemel lijkt te reiken. Het was mooi geweest als je hier bij me was zodat ik je persoonlijk alles kon vertellen over een rijk geleefd leven. Misschien kunnen we dat in de toekomst eens doen. We zullen zien.

Ik hoop oprecht dat jij – terwijl je je door dit boek heen werkt, dat ik heb geschreven om jou te helpen de beste versie van jouw mooiste visie op het leven te leven – mij steeds meer gaat vertrouwen naarmate het boek zich ontplooit. Dat het boek je maatje, je vriend, je mentor wordt.

Ik dank je oprecht en in alle bescheidenheid, omdat je gelooft in de waarde van de ideeën die je zult ontdekken over het leiden van een bestaan vol echt succes en ware rijkdom, in plaats van de neppe versie die talloze goede mensen ingeprent hebben gekregen. Ik hoop dat dit boek, waaraan ik zo hard heb gewerkt, jou zal helpen om een leven te creëren dat veel mooier en gelukkiger is, veel meer moed en verbinding kent, en ook een innerlijke rust die geen grenzen kent.

Bedenk alsjeblieft dat mijn filosofie over een geweldig, roemrijk menselijk leven – waarop dit werk is gebaseerd – heel anders is dan die in andere boeken over persoonlijke ontwikkeling. Ik vraag je gewoon je geest open te blijven stellen terwijl wij vorderen in dit boek, en om de waarde van de informatie af te meten aan de werkelijke resultaten die het je in jouw dagelijks leven oplevert.

Oké, laten we beginnen.

Er bestaat een oud verhaal over een jonge man die zijn avonden op het platteland doorbrengt en kijkt hoe de zon ondergaat achter een perfect huis op een verre heuvel, met ramen die van goud lijken te zijn gemaakt. Hij gaat volledig op in het idee om die plek – ooit in de toekomst – te bezoeken, en om er hopelijk uiteindelijk ook te wonen. Want dat zou hem het geluk geven waarnaar hij zo diep verlangt.

Dan is hij wat ouder, en gaat hij op weg om zijn droom te verwezenlijken. Hij reist dagenlang, zelfs nachtenlang, en overleeft enkel door de vriendelijkheid van vreemden die hem aanmoedigen door te blijven lopen, zodra ze eenmaal weten dat hij de ambitie heeft dat perfecte huis met ramen van zuiver goud te bezoeken. Uiteindelijk komt hij aan op zijn bestemming, uitgeput en opgebrand.

Maar natuurlijk is het helemaal niet zoals hij dacht dat het zou zijn. Dat perfecte huis blijkt een vervallen schuur te zijn. En de ramen zijn niet gemaakt van zuiver goud: ze zijn oud, vuil en gebarsten. Hij beseft dat de verre afstand van deze schuur, op de hoge heuvel, een optische illusie heeft veroorzaakt: door het licht dat op de kozijnen scheen, leken die te zijn gemaakt van een kostbaar metaal. Dat wat hij van veraf had gezien, was een leugen.

Wat leven we toch in een merkwaardige wereld! We worden erin getraind te bepalen of we succesvol zijn aan de hand van hoeveel geld we hebben, de omvang van onze bezittingen en hoe we onze beste jaren hebben gebruikt om roem, fortuin en invloed na te jagen. Daardoor voelen heel veel mensen zich diep vanbinnen rot over hun leven, treurig om zichzelf en boos dat de dromen waar ze ooit zo in geloofden nu verwoest zijn, een stille dood zijn gestorven toen ze werden vervangen door volwassen verantwoordelijkheden, de stress van het leven en menselijke worstelingen.

Natuurlijk is geld belangrijk. Met een redelijke hoeveelheid kun je gemakkelijker leven en op je eigen voorwaarden. Je kunt dan ook goede dingen doen voor de mensen van wie je houdt. Heb je genoeg, dan heb je meer mogelijkheden, zijn er meer wegen om uit te kiezen. Toch is geld maar één vorm van rijkdom. Er zijn nog zeven andere vormen waarnaar ik je graag wil laten kijken, om je op weg te helpen naar een leven dat oprecht rijk aanvoelt, dat je intens beleeft en dat alles is wat je ooit hoopte dat het zou zijn. Ik zal je leren welke dat zijn, volgens een uiterst krachtige methode. Dat doe ik met groot enthousiasme, terwijl we samen verder gaan.

Soms zijn we zo druk met kijken naar wat anderen hebben, dat we vergeten waar we ons gelukkig om mogen prijzen. Daarmee bedoel ik niet alleen materiële zaken. Ik bedoel eigenlijk de essentiële elementen van een schitterend geleefd menselijk bestaan. Dingen die gewoon te gemakkelijk over het hoofd gezien worden in deze snelle, veel te ingewikkelde en steeds rommeligere wereld waarin jij en ik ons nu bevinden. Dingen die nu misschien niet belangrijk lijken, maar die je tegen de tijd dat je laatste uur heeft geslagen helder voor ogen staan.

Een van de redenen waarom ik *The Wealth Money Can't Buy* heb geschreven, is dat zoveel mensen – in de hele wereld – lijden. Ze lijden door de gedachte en het gevoel dat ze niet genoeg hebben. Genoeg geld. Genoeg materiële bezittingen. Genoeg likes, volgers en sociale status. Dat leidt tot dat wat ik in mijn werk als mentor *lijden aan onwaardigheid* noem. Veel mensen hebben diep vanbinnen het gevoel dat ze er domweg niet toe doen, dat ze gewoon geen succes hebben en dat hun leven te onbeduidend is in vergelijking tot levens waarvan ons allemaal wordt gezegd dat ze perfect en groots zijn.

Maar de waarheid is: jij bent absoluut en zonder enige twijfel genoeg. Jij hebt ontzettend veel gaven, talenten en goedheid. En zoveel om op dit moment dankbaar voor te zijn. Maar velen van ons ervaren een soort gat. En trappen dan in een valkuil: we jutten onszelf genadeloos op om steeds meer externe zaken te vergaren om dat gat mee te vullen. We maken onszelf ten onrechte wijs dat als we maar genoeg geld hebben, flitsende auto's, modieuze kleding en online volgers, we op een dag wakker worden en ons bij toverslag goed voelen. En gelukkig zullen blijven. Toch weten jij en ik dat die dag nooit zal komen. Want niets van buitenaf geeft jou ooit een beter gevoel vanbinnen. Dat wordt bevestigd door het zenboeddhistisch spreekwoord: 'Waar je gaat, daar ben je.'

Maar wat is dan de oplossing? Heel eenvoudig: tot het besef komen dat wat je najaagt vanuit deze collectieve ambitie de populaire berg te beklimmen die 'succes' wordt genoemd – en de samenleving ons heeft geleerd te beklimmen – jou geen werkelijk succes zal opleveren. Want als je de top bereikt, die enorme hoeveelheid geld, maar je je vanbinnen leeg, eenzaam en ongelukkig voelt, heb je geen overwinning behaald. Dan heb je verloren. Je wilt niet net zo worden als die jongen uit het verhaal dat ik je vertelde, die jongen die een ideaal najoeg om uiteindelijk te ontdekken dat het een leugen was.

'Succes komt tot stand in de beslotenheid van de ziel,' schreef de beroemde muziekproducent Rick Rubin. Werelds succes zonder blijdschap in je hart is geen stuiver waard. Ik hoop in alle bescheidenheid dat jij beide zult ervaren. Het boek dat je nu in handen hebt, is mijn vriendelijke aanbod je te helpen de echte overwinningen, de intense vreugde en de magie – inderdaad:

magie – te ervaren die een menselijk leven geweldig maken. Ik heb er mijn ziel en zaligheid in gelegd. Ik hoop dat het jouw groei gigantisch zal dienen.

Met liefde en respect,

Inleiding

Een tijdje geleden zat Elle naast me op de bank, in de woonkamer van onze boerderij op het Italiaanse platteland. We waren hier een paar jaar eerder naartoe verhuisd en hadden de belangrijkste bezittingen uit mijn leven in drie koffers gepakt. Ik had een nieuw avontuur nodig, dus ik verkocht mijn huis, gaf veel van mijn spullen weg en verliet het land waar ik 55 jaar had gewoond. Nadat we in Rome waren geland, wachtten we bij de bagageband, opgetogen over het begin van ons nieuwe leven. We wachtten lang, en toen nog langer. En ja hoor: onze bagage was zoek. Het universum heeft een hilarisch gevoel voor humor, vind je niet?

Hoe dan ook, ik wilde je net vertellen over die avond in de boerderij. Elle's hondje, Holly, die nu mijn hondje is geworden omdat hij eigenlijk altijd bij mij is, lag op mijn schoot. Ze spon bijna als een kat (maar ze is echt een hond!). Ik noem Holly 'Supermaatje', want dat is precies wat zij voor me is.

Ik keek uit de eeuwenoude ramen en zag de ondergaande zon, een vurige, betoverende hemel vol roodtinten en vleugjes oranje. Het was magie in haar eenvoudigste vorm. Dat is wat Italië met je doet. Onlangs zei een vriend tegen mij: 'Je huilt hier twee keer. Wanneer je hier net komt wonen, omdat het niet het meest efficiënte land ter wereld is. En dan nog eens wanneer je weg moet.' Ja, zo bijzonder is het.

Er lag een zachte glimlach op Elle's gezicht. Soms zag ik ook wat tranen in haar ogen. Ze las het manuscript van dit boek, voor de eerste keer.

De hele entourage was allereenvoudigst. En helemaal perfect.

Daardoor dacht ik: dit is rijkdom.

Ik zeg echt niet dat mijn leven ideaal is of dat ooit is geweest. Helemaal niet. Ik heb dramatische gebeurtenissen meegemaakt en loodzware tijden doorstaan. Ik ben onderuitgehaald, er is met me gesold, ik ben bedrogen en ik ben intens teleurgesteld.

En ik wil beslist niet dat je denkt dat ik de een of andere goeroe ben die alles weet. Want dat ben ik niet.

Toch heb ik ontdekt hoe je tegenslagen kunt omzetten in kracht, wonden in wijsheid, moeilijkheden in voorspoed. Met veel pijn en moeite heb ik kennis vergaard over een mooi leven, die ik in de tijd die wij samen doorbrengen, in de hoofdstukken die volgen, met je zal delen.

Ooit had ik een skileraar die me leerde beter te skiën (want dat is wat skileraren doen). Toen we op een dag met de skilift de berg op gingen, zei hij: 'Weet je, skileraren zijn niet rijk, maar we hebben wel een rijk leven.' En die man – met zijn eeuwig roze wangen van de zon en de kou, met een vrouw die hij op handen droeg, kinderen die hij koesterde en een leven dat hij doorbracht op een berg met vergezichten die mij de adem benamen – was de rijkste persoon die ik ooit heb gekend.

Dat is waar *The Wealth Money Can't Buy* over gaat: de ware rijkdom die vaak pal voor je ligt, maar die we negeren omdat ons is ingeprent daar geen waarde aan te hechten. Dat doet me denken aan deze uitspraak van de Amerikaanse auteur Dale Carnegie: 'We dromen allemaal over een of andere magische rozentuin achter de horizon, in plaats van te genieten van de rozen die vandaag voor onze ramen staan te bloeien.' Zo is het precies, of niet soms?

Laat ik je eens iets vragen: waarom vereert onze cultuur de miljardair, maar niet de leraar die een manier heeft gevonden om week in, week uit een klas met twintig kinderen te boeien? Of de brandweerman wiens heroïsche toewijding ons helpt veilig te leven in onze gemeenschap en onze huizen? Of de tuinman die de straat mooier maakt door zijn onvermoeibare inspanningen om de bloemen in de buurt te planten, verzorgen en water te geven?

Dit boek gaat over een volstrekt nieuwe filosofie en methodiek van succes en rijkdom waarin we niet zijn geschoold of getraind, of zelfs maar gestimuleerd om over na te denken. Maar het brengt je beslist aanhoudend geluk, persoonlijke vrijheid en langdurige innerlijke rust.

Eerder zei ik al dat ik geld wel belangrijk vind. We moeten allemaal rekeningen betalen, hebben verplichtingen en ook allemaal bezigheden die geld kosten. Met een goede spaarpot en financiële overvloed kun je leven met minder stress, meer vrijheid en een gevoel van persoonlijke soevereiniteit (doen wat je wilt, waar en wanneer je dat wilt, met de mensen van wie je houdt). Dus ja: geld is een essentieel onderdeel van je rijkste leven. Maar laat ik dit heel duidelijk stellen: geld ís belangrijk – maar er is meer.

In het raamwerk van lessen dat ik je aanbied (en dat ik ook jarenlang heb gedeeld met mijn persoonlijke cliënten, en dat hun geweldige resultaten heeft opgeleverd), zul je ontdekken dat financiële voorspoed maar één van de acht vormen van rijkdom is. In de bijna drie decennia waarin ik heb gewerkt met veel van 's werelds grootste zakelijke giganten, professionele sportgrootheden, filmiconen en oprichters van bewegingen, heb ik talloze miljardairs begeleid. En ik kan je rustig zeggen dat velen van hen alléén maar geld hebben. Contanten genoeg, maar een armoedig leven.

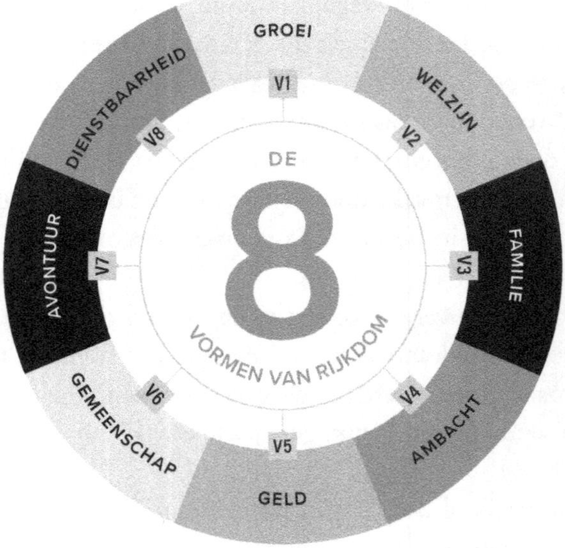

Om jezelf succesvol te kunnen noemen en echt overvloedig – en mooi – te leven, moet je het gewoon goed doen in elk van de acht vormen van rijkdom.

Op de komende bladzijden zullen we zorgvuldig stilstaan bij elk van de acht hierboven getoonde vormen van rijkdom. Dat doen we zodanig dat het gemakkelijk toepasbaar is, leuk om te begrijpen en krachtig in het verschil dat het in je leven zal maken. In korte hoofdstukken die zijn opgezet als persoonlijke, dagelijkse mentorsessies, geef ik je ideeën, suggesties en aanwijzingen, en vertel ik inspirerende verhalen, zodat je al die ideeën intenser kunt beleven. En als je dat doet, zul je ontdekken dat je daarvoor wordt beloond met je rijkst mogelijke leven.

Het lesmodel van de acht vormen van rijkdom is gebaseerd op acht verborgen gewoontes (verborgen omdat mensen er meestal niet bij stilstaan), en ik raad je van harte aan die te koesteren:

Groei: ***De dagelijkse gewoonte van zelfverbetering.*** Deze gewoonte is gebaseerd op het inzicht dat mensen het gelukkigst en echt het rijkst zijn, wanneer ze gestaag werken aan het verwezenlijken van hun unieke gaven en oertalenten. Regelmatig werken aan persoonlijke groei is een van de waardevolste dingen die je kunt doen.

Welzijn: ***De gewoonte om je gezondheid gestaag te optimaliseren.*** Deze gewoonte is gebaseerd op jouw diepgaande besef dat optimale mentale, emotionele, fysieke en spirituele vitaliteit en het leiden van een lang leven vol energie, welzijn en vreugde, essentieel zijn voor je missie om echt rijk te zijn.

Familie: ***De gewoonte van een gelukkig gezin, een gelukkig leven.*** Deze gewoonte is gestoeld op de wetenschap dat alle geld en materiële succes in de wereld niets waard zijn als je helemaal alleen bent. Dus verrijk de verbindingen met je dierbaren. En vul je leven met fantastische vrienden die je geluk verder vergroten.

Ambacht: ***De gewoonte van werk als platform voor zingeving.*** Deze gewoonte ontstaat door consistent te proberen je werk te zien als een eervolle invulling van je tijd en een kans om niet alleen meer te halen uit je genialiteit, maar ook om van de wereld een betere plek te maken. Vakmanschap is een valuta die de investering meer dan waard is.

Geld: ***De gewoonte van voorspoed als brandstof voor vrijheid.*** Deze gewoonte wordt gedreven door het principe dat financiële overvloed niet alleen helemaal niet slecht is, maar zelfs noodzakelijk om royaal, fascinerend en origineel te kunnen leven.

Gemeenschap: ***De gewoonte dat jij je sociale netwerk wordt.*** Deze gewoonte is opgebouwd rondom het wetenschappelijke feit dat alles wat een mens denkt, voelt, doet en produceert ten diepste wordt beïnvloed door associaties, gesprekken en mentoren. Om een geweldig leven te leiden omring je jezelf met geweldige mensen.

Avontuur: ***De gewoonte van vreugde halen uit het verkennen van niet-hebben.*** Deze gewoonte komt voort uit de realiteit dat niet materiële goederen maar magische momenten waarop we dingen doen die ons overspoelen met dankbaarheid, verwondering en eerbied grote vreugde brengen. Verrijk je dagen hiermee, en je leven verheft zich tot een heel nieuw universum van inspiratie.

Dienstbaarheid: ***De gewoonte om behulpzaam te zijn omdat het leven kort is.*** Deze gewoonte is gebaseerd op het door de tijd beproefde besef dat het belangrijkste doel van een rijk geleefd leven eruit bestaat het leven van anderen mooier te maken. Als je helemaal opgaat in een zaak die groter is dan jijzelf, zul je niet alleen je beste zelf vinden maar al doende ook de wereld verlichten. Bovendien ontdek je dan schatten die verder reiken dan geld, bezittingen en sociale status.

Goed. Nogmaals dank voor je vertrouwen in mijn werk, en dat je je bij me schaart. Laten we nu beginnen. En onze dagen vullen met de rijkdom die voor geen geld te koop is.

DE EERSTE VORM VAN RIJKDOM

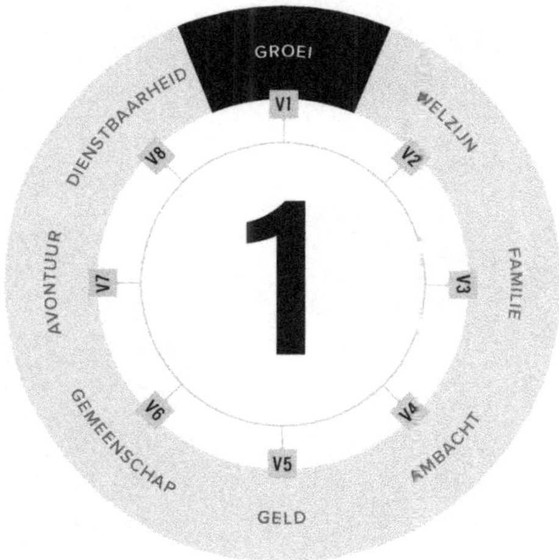

Groei

De dagelijkse gewoonte van zelfverbetering

De rijkdom in jezelf, je essentie,
dat is jouw koninkrijk.

– RUMI

De eerste vorm van rijkdom

Groei | Een kort overzicht

Uitgroeien tot alles wat je mogelijk kunt zijn, is een prijs die veel kostbaarder is dan wat je ooit met geld kunt kopen. Persoonlijk meesterschap is een valuta die je authentiek rijk maakt. En je verstandigste investering is dat je de beste wordt die je kunt zijn.

Angsten onder ogen zien, ondermijnende beperkingen loslaten, de onbekende velden van je aangeboren potentieel onderzoeken en weten hoe wijs, sterk, getalenteerd, veerkrachtig en liefdevol je bent: dit alles zal meer magie in je leven brengen dan alle roem, fortuin en werelds succes ooit voor elkaar kan krijgen.

Innerlijke groei en dagelijkse persoonlijke ontwikkeling zijn een heel reële vorm van rijkdom, hoewel onze maatschappij er in het algemeen geen waarde aan hecht. In plaats daarvan staan in de huidige tijd de miljarden bezittende titaan op de cover en de wereldberoemde sportheld op een voetstuk – en niet de persoon die een zuivere geest, een rijk hart, een standvastig karakter en een vrije geest tot prioriteit maakt. Voor mij is vanbinnen winnen zoveel belangrijker dan winnen in de buitenwereld. Het eerste beklijft. Het tweede vervliegt.

Onze cultuur zet zelfverbetering en het voortdurend verwezenlijken van je natuurlijke krachten en oorspronkelijke genialiteit niet bovenaan de lijst van dingen die het belangrijkst zijn tijdens een goed geleefde reis. En toch betekent dat niet dat je het maar moet laten. Eigenlijk zou je dat juist wél moeten doen.

Mahatma Gandhi zei ooit: 'De enige duivels die bestaan, rennen rond in onszelf. Dát is waar de strijd moet worden gestreden.' En geloof me alsjeblieft: wanneer je eenmaal de waarde kent van het verdiepen van je eigen groei, dan zal alles voor jou veranderen. Want een schitterend uiterlijk leven begint met een schitterend leven in jezelf. En je zult nooit méér kunnen scheppen en produceren dan wat je bent. Nooit méér kunnen bloeien dan je doet. En nooit méér kunnen genieten van wie je bent.

Goed, mijn nieuwe vriend: laten we de eerste vorm van rijkdom samen verkennen.

1

Doe recht aan je grootsheid

Een simpel advies dat veel te vaak in de wind wordt geslagen. *Jezelf* waarderen. Om alles waar je doorheen bent gegaan, om alles wat je bent geworden. Om alle angsten die je onder ogen hebt gezien en waarvan je jezelf verlost hebt. Om alle dromen die je niet enkel hebt gedroomd, maar hebt durven verwezenlijken. Om alle mensen die je hebt geholpen en om al het goeds wat je hebt gedaan. Jij doet er meer toe dan je beseft. Dus meet je waarde alsjeblieft niet af aan wat de meerderheid vindt dat je zou moeten zijn, doen en hebben.

Dat je hier met mij bent, is helemaal geen toeval. In een cultuur waarin talloze prachtige mensen in een digitale sluimering slaapwandelend door hun kostbaarste uren gaan, is iets in jou op zoek naar iets hogers. Ik merk dat het leven soms weliswaar zwaar kan zijn, maar dat jij je hoop niet bent verloren. Jij hebt je optimisme bewaard voor je mooiere toekomst en vertrouwt op die roep in je ziel om je ethische ambities volledig te realiseren in de tijd die je leeft.

In mijn min of meer ouder wordende ogen maakt dat van jou een held. Je hebt veel doorgemaakt. Je had kunnen opgeven. Je had verveeld kunnen raken, cynisch, kritisch, en je had je kunnen afsluiten.

Maar in plaats daarvan ben je hier. Klaar om op te klimmen, gretig om verder te gaan, vastberaden om te groeien door de begeleiding die je krijgt via mij, je mentor. Want weet je, het getuigt van enorme moed om bereid te zijn los te laten wie je gisteren was, en om iemand te worden die morgen zelfs nog beter, wijzer, gezonder en gelukkiger is.

O, en ik moet je ook nog op het hart drukken dat werk aan je persoonlijke ontwikkeling het beste werk is dat er is. Veel mensen grinniken of slaan hun ogen ten hemel (of allebei) wanneer ze iemand horen praten over zelfverbetering. Maar wat is er moediger en verstandiger dan gestaag en stapsgewijs intens oefenen om alledaagse menselijke onzekerheid te veranderen in zeldzaam zelfvertrouwen, persoonlijke beperkingen in ongewone moed en een gemiddeld bestaan in een adembenemend uitzonderlijke reis die recht doet aan de belofte waarmee je bent geboren? 'De belangrijkste investering die je kunt doen, is die in jezelf,' merkte de beroemde financier Warren Buffet ooit op. En de beste strategie om de wereld te verbeteren is jezelf verbeteren. Is dat niet waar?

Als je opnieuw werkt aan je innerlijke universum, dat naar een hoger niveau tilt en kalibreert, dan verbetert je relatie met dat wat ik in mijn mentormethodiek *je heroïsche zelf* noem (het tegenovergestelde van *je egoïstische zelf*: het valse, verkeerde, beperkte en bange deel van jezelf dat is gevormd door de negatieve overtuigingen en menselijke pijn waaraan je in je verleden hebt blootgestaan) beslist. En als je belangrijkste relatie met je beste zelf beter wordt, wordt *elke* andere relatie in je leven dat ook.

Met een betere kennis van en intimiteit met je heroïsche zelf (door filosofieën en instrumenten waarmee ik je help) krijgen de relaties met je familie, je vitaliteit, werk, voorspoed, gemeenschap, avontuur en dienstverlening aan anderen ook vleugels.

Trouwens: ik moet je nu echt even laten weten dat ik van nederige komaf ben. Ik ben niet geboren met een zilveren lepel in de mond. Ik ben geboren in Afrika. Mijn ouders waren immigranten. Twee jaar geleden heb ik mijn levenspartner Elle het huis laten zien waarin ik ben opgegroeid. De huidige eigenaar was het gazon aan het sproeien toen we ernaartoe liepen. Ik vertelde hem dat ik meer dan vijftig jaar geleden in zijn huis had gewoond. Dus vroeg hij ons binnen te komen. Een aardige man. Hij lachte veel.

Toen we weggingen, zei Elle: 'Dat is het kleinste huis dat ik ooit heb gezien.' Zo voelde het voor mij ook.

En ik ben opgegroeid met een hele hoop tekortkomingen – zoals alle mensen. Ik zat vol gedachten aan schaarste, gevoelens van verlegenheid en onzekerheid en methoden van functioneren die mijn talenten in de weg zaten. Ik beperkte mijn optimisme en verstikte mijn vrijheid.

Maar één ding heeft me gered, en getransformeerd: een grenzeloze (en soms obsessieve) liefde om te groeien. Als ik niet wist hoe ik iets moest verbeteren, dan ging ik leren hoe dat moest. Alles wat ik wilde worden en alles wat ik dolgraag wilde ervaren, kon ik bereiken door mijn begrip te verrijken. En natuurlijk *kun jij dat ook*.

Nu ik deze woorden schrijf, denk ik terug aan wat filosofe en schrijfster Ayn Rand schreef:

> Laat je vuur niet vonkje voor onvervangbaar vonkje doven in de hopeloze moerassen van het net-niet, het nog-niet, het helemaal-niet. Laat de held in je ziel niet wegkwijnen in eenzame frustratie om het leven dat je verdiende maar nooit wist te bereiken. De wereld die jij verlangt is te bereiken, die wereld bestaat, ze is echt, ze hoort jou toe.

Dat zijn de dingen die ik jou toewens.

2

Een uiterlijke verandering (be)leven nadat er innerlijke verandering is geweest

Terwijl ik deze mentorboodschap voor je opschrijf, hoop ik dat je goed gemutst en enthousiast (wat een heerlijk woord!) bent, en dat je druk bezig bent een heerlijk leven op te bouwen waarop je later als je oud bent trots zult zijn. En als je al oud bent, dan hoop ik van ganser harte dat je al trots op je leven bent.

Ik werd vanochtend om drie uur wakker (was net na negenen naar bed gegaan), zodat ik kon mediteren, visualiseren en bidden. Toen stapte ik op mijn crosstrainer: mijn favoriete fitnessapparaat (tenzij we mijn vertrouwde mountainbike ook tot die categorie zouden rekenen). De fiets is mijn favoriet. Toen ik Elle net had ontmoet (om precies te zijn: tijdens onze tweede date), was die mountainbike het eerste wat ik haar liet zien toen ze bij me thuis kwam. Later vertelde ze me dat ze dat wel een beetje vreemd vond. Maar nu, vele jaren later, is ze nog altijd bij me. Dus ik denk dat het wel goed zat.

Hoe dan ook: ik wil een verhaal vertellen. Op een avond zat een vader in zijn favoriete stoel de krant te lezen. Zijn jonge zoon zat vlak bij hem. 'Pap, laten we spelen,' zei de jongen vrolijk. Maar de man was te druk met volwassen zijn en bleef verdiept in zijn krant.

'Pap, kom, dan gaan we spelen. Een beetje lol trappen,' zei de jongen. Maar de vader sloeg geen acht op hem. Hij bleef lezen.

Het kind bleef aandringen en de man bleef hem negeren. Ten slotte had de vader een idee. Er stond een plaatje van de aardbol in de krant, dus hij scheurde dat eruit en versnipperde het. De snippers gaf hij aan zijn zoon en hij zei: 'Puzzel dit maar eens in elkaar.' Hij dacht dat het kind daar wel even zoet mee zou zijn.

Maar kinderen zijn beter ontwikkeld dan volwassenen om ons te kunnen leren wat wij moeten leren. En al na een paar minuten kwam de jongen terug met de aardbol, *perfect* in elkaar gepuzzeld.

'Hoe heb je dat klaargespeeld, jongen?' vroeg de vader verbaasd.

'Makkelijk, pap. Op de achterkant stond een mens. En toen ik die in elkaar had gepuzzeld, zat de wereld ook goed in elkaar.'

Wat een geweldig idee, hè? Als jij jezelf eenmaal in elkaar gepuzzeld hebt, zit *jouw* wereld goed in elkaar, zelfs meer dan dat. Dan is die fantastisch, *als* je de filosofieën, methoden, gewoontes en tactieken beoefent die ik zo graag met je wil delen (maar niets werkt als je er niet iets voor overhebt – dat klopt toch?).

Als ik ergens in de wereld een presentatie houd, prent ik mijn toehoorders graag het volgende in: 'Slachtoffers verzinnen excuses, leiders zorgen voor resultaat.' Een leider zijn wil niet zeggen dat je een titel, een positie, autoriteit of veel geld moet hebben. Nee, niets van dat alles.

Leiderschap is gewoon het tegenovergestelde van slachtofferschap. En wie de macht om geweldige resultaten te behalen weggeeft door te klagen, schuldigen te zoeken en te verwachten dat anderen het wel zullen opknappen, zit vast in de val van slachtoffer spelen.

Een tijdje geleden was ik aan het carpoolen met een hippe, jonge automobilist. We kletsten wat en hij vertelde dat hij ooit als immigrant het land was binnengekomen, met 260 dollar op zak.

Dat was alles wat hij had. Maar door zijn focus, door hard te werken en door zijn niet-aflatende verlangen om te groeien, spaarde hij genoeg om een huis te kunnen kopen. Inmiddels steunde hij elf (ja, elf!) familieleden. Hij had kunnen klagen over zijn zware verleden, hij had zijn nare jeugd kunnen oprakelen en kunnen wachten tot iets buiten hem zelf om zijn leven mooier zou maken. Maar dat deed hij niet. Hij begon klein, zette dagelijks een paar stappen en veranderde zijn situatie na verloop van tijd. Deze carpooler werkte aan resultaten in plaats van smoesjes. En hij vertelde mij dat zijn echte geheim zijn intense toewijding aan voortdurende zelfverbetering was. Het draaide eigenlijk allemaal om groei: de eerste vorm van rijkdom.

Om de een of andere reden doet het verhaal van deze man me denken aan de woorden van de krijger-dichter Charles Bukowski: 'Weet je nog wie je was voordat de wereld je vertelde wie je zou moeten zijn?'

Daarmee sluiten we dit hoofdstuk maar af. Want ik moet nodig even stoppen met schrijven en mijn trouwe mountainbike staat op me te wachten.

3

Koester geen wrok

Iemand kijkt naar je op een manier die je niet bevalt. Een naaste stelt je teleur. Iemand die je vertrouwde, liegt tegen je. Deze dingen horen bij het leven. Je kunt er niet omheen, hoe je ook je best doet.

Als we niet zo worden behandeld als we willen, is het heel gemakkelijk om boos te worden. Of om je terug te trekken. Of om stilletjes wrok te koesteren.

En als we verder komen in het leven en omgaan met andere mensen, is het heel gemakkelijk om dingen te blijven toevoegen aan wat ik de *opeenhoping van verbittering* noem.

Je raakt gewoon steeds weer ontmoedigd en je slikt alle emoties van pijn, frustratie en irritatie die deze ervaringen veroorzaken, in plaats van ze te verwerken zodat je er vrij van raakt. Je zwelgt erin. En je laat die wrok etteren als een enorme, gapende wond (die een smet werpt op elk moment dat je ervaart, en die je creativiteit, productiviteit, voorspoed en sereniteit besmeurt).

Je bent verstandig en slim en je kiest echt fantastische mentoren uit, dus weet je al dat dit niet de beste manier is om te leven. Niet-geheelde wonden groeien uit tot een niet-verwezenlijkt potentieel, en bovendien vormen ze een ernstige aanslag op je energie: energie die je zou kunnen gebruiken om geweldige resultaten te bereiken en om te genieten van het ultieme geschenk en avontuur dat je leven is.

Besef ook dit: hoe meer je opeenhoping van verbittering groeit, hoe meer die bepaalt hoe je *alles* ziet.

Je begint plagerijen te zien die er niet eens waren. Je denkt dat mensen gemene dingen doen, terwijl dat helemaal niet zo is. Je gaat geloven dat dit soms zo lastige maar ook fantastische universum waarin we leven maar een eng oord is. We zien dingen niet zoals die dingen zijn, maar zoals *wij* zijn. Ja, toch?

Dus mijn welgemeende suggestie voor jou (terwijl ik nip van mijn verse-muntthee met een schijfje gember, luister naar Kolby Coopers betoverende countrysong 'Fall' en een heel luidruchtige haan zich blijft inspannen om de wereld te wekken) is om een *meester in loslaten* te worden. Natuurlijk bescherm je jezelf en wil je goed worden behandeld. Dat is logisch. Je mag een ander nooit toestaan over je heen te lopen. Toch wil ik voorzichtig suggereren om te werken aan meer compassie voor anderen. Wij kennen hun strijd niet. En iedereen om ons heen doet echt zijn best. (Zelfs als dat 'zijn best' een zootje is.)

Dat wil niet zeggen dat anderen geen verantwoording hoeven af te leggen voor wat ze doen. Maar het betekent wel dat ze ons begrip verdienen. Stel je eens voor wat voor mooi leven je zult creëren als je probeert het goede te zien in mensen die proberen jou te vervloeken. Dát is hoe de grootste zielen uit de geschiedenis zich hebben gedragen. Dát zijn echt rijke mensen.

'In mijn jongere en meer kwetsbare jaren gaf mijn vader me een advies waarover ik altijd ben blijven nadenken. "Bedenk dat zo gauw je de neiging voelt op iemand kritiek te hebben, niet alle mensen in deze wereld zo bevoordeeld zijn geweest als jij,"' zei Nick Carraway, de verteller in F. Scott Fitzgeralds majestueuze roman *De grote Gatsby*.

Doe je dit goed, dan zal je algehele gevoel van vredigheid exponentieel toenemen. En door het leven dat jij leidt, zul je heel subtiel vrede verspreiden over de hele aardbol.

4

Een beetje slordig is prima

'Wees perfect' en 'wees super geordend' en 'zorg voor sterke buikspieren': dat zijn de lessen die onze maatschappij ons voorhoudt. Wat een onzin!

Want is het geen teken van grote wijsheid om een super *evenwichtig* leven te leiden?

Er zijn momenten waarop je met een enorme wilskracht te werk gaat (wanneer je bijvoorbeeld bezig bent met een inspirerend project, een belangrijk doel voor je fysieke gezondheid of een betekenisvolle spirituele onderneming) en een heroïsche zelfdiscipline aan de dag legt. Maar er zijn ook momenten waarop je even onderuit moet zakken, meer rust moet nemen, weinig moet doen en gewoon een menselijk *wezen* moet zijn.

En met de titel van deze mentorboodschap bedoel ik dat het in bepaalde perioden van je levensreis prima is om een beetje slordig te zijn, en niet alleen dat je je bed niet opmaakt wanneer je er geen zin in hebt of je agenda leeg houdt om je te kunnen vervelen. Ik bedoel er ook mee dat het prima is om niet perfect te zijn in je innerlijke leven. Zelfbeheersing en persoonlijke groei mogen nooit een sleur worden. Daarmee haal je de magie uit de hele onderneming.

Gisteravond zag ik een video van iemand die zei dat we onszelf zouden moeten behandelen als een stuk steen, en dat we onszelf tot het uiterste moeten drijven om daar iets moois van te maken. Zijn energie was intens, agressief en leek nogal boos.

Ik begrijp wat hij wil zeggen. Echt. We kunnen niet constant toegeven aan slappe ingevingen, en dan toch hopen dat ons een uitmuntend, bevredigend en ontzagwekkend leven ten deel valt. Ik snap het. Geef me het T-shirt met die quote maar. Er zit een kern van waarheid in de boodschap van *kiezen op elkaar en doorr*r. Mooie dingen overkomen mensen die moeilijke dingen doen.

Maar voor mij geldt dat een glorieuze menselijke ervaring wat chaos bevat. Wat momenten van 'strategische luiheid'. Adembenemende dagen van ernstige slordigheid, waarin we onszelf gewoon toestaan om het bed niet op te maken, dat telefoontje niet aan te nemen en de afwas te laten staan. We zijn geen machines: we zijn mensen.

Ik zou graag willen dat je overweegt meer op de *flow* te vertrouwen. Houd natuurlijke ritmes niet telkens tegen. Omarm de seizoenen wanneer het lijkt alsof er niet veel gebeurt, net zoals een boer accepteert dat er een periode van braaklegging is naast perioden van oogsten. Begrijp dat een spectaculaire groei van het tweede echt onmogelijk is zonder dat eerste. Koester de dagen waarop je alle *drive* van de wereld hebt. En doe het rustiger aan op dagen dat het je daaraan ontbreekt.

5

Een geheugensteuntje (PENAM)

Heb je je ooit afgevraagd hoe je de persoon bent geworden die je bent?

Er ooit bij stilgestaan wat is voorgevallen zodat jij *jij* werd? (De enige persoon op aarde die precies is zoals jij – maar dat terzijde.)

Mijn antwoord kan worden samengevat in een acroniem van vijf letters: PENAM.

Ja, dat is mijn antwoord.

Jouw kernovertuigingen, basisgedrag, dagelijkse gewoontes en je algemene manier van zijn, dat alles is veroorzaakt en gevormd door de vijf invloeden waar het acroniem PENAM voor staat.

De 'P' staat voor je ouders (*parents*). Het spreekt voor zich dat ze waarschijnlijk goede bedoelingen hadden, maar feit is dat ze ook hun foute programmering op jou hebben overgedragen. Ze hebben gedaan wat ze konden, afgaand op wat zij wisten en wat *hun* ouders hun hebben geleerd. Als ze littekens hadden door geld en beperkte denkbeelden over financiële overvloed, dan heb jij die ook overgenomen (want een kind neemt het denken over en modelleert onbewust de gedragspatronen van de verzorgers die hem leren hoe de wereld werkt). Als jouw ouders geloofden dat het leven dramatisch hoort te zijn, dat de meeste mensen niet deugen en dat je geen invloed hebt op de manier waarop dingen aflopen, dan accepteerde je die overtuigingen en nam je die gewoontes over. En je herhaalde ze zó vaak dat ze daadwerkelijk jouw waarheden en realiteit werden. Ook als ze niet klopten.

De 'E' staat voor je omgeving (*environment*). Jouw ecosysteem heeft een dramatische impact op de manier waarop jij je dagelijks laat zien. Geef middelmatige input toegang tot je persoonlijke omgeving (denk aan gewelddadige tv-series, toxische nieuwsfeeds en boodschappen van narcistische online influencers), en die krachten zullen na verloop van tijd je positiviteit, prestaties en plezier aantasten. De omgeving waarin je bent opgegroeid in de vormende jaren waarin je identiteit is gevormd, heeft een enorm effect gehad op wie jij nu bent.

De 'N' staat voor land (*nation*). Als je in oorlogsgebied bent opgegroeid of in een explosieve sociale omgeving, dan heeft dit een diepgaande invloed op de manier waarop je tegen dingen aankijkt. Kom je uit een land waar voorspoed, stabiliteit en veiligheid heersen, dan schept dat de waarnemingslens waardoor je verwerkt wat voor jou mogelijk is. En wie je in de toekomst kunt worden.

De 'A' staat voor je gemeenschap (*associations*). De mensen met wie je omgaat hebben een gigantische invloed op jouw manier van denken, voelen en handelen. Je vriendenkring is bijvoorbeeld een sterke voorspeller van je inkomen, leefstijl en de invloed op je leven. Ga relaties aan met *drama queens* en *chaos kings*, en je zult na verloop van tijd diep door hun invloed zijn gevormd.

De 'M' staat voor *media*. Het maakt niet uit waar je woont: elke dag sta je via allerlei soorten media bloot aan een oneindige stroom van hypnose en verleiding. Denk aan advertenties die zijn bedoeld om jou producten te laten kopen, suggesties over welke waarden in het leven belangrijk zijn en subtiele raad over hoe te leven om op te kunnen gaan in de massa. Na verloop van tijd is je zelfidentiteit daarmee besmet en dat heeft invloed op de manier waarop jij met kansen omgaat.

PENAM. Die letters verklaren hoe jij jij bent geworden. Denk er alsjeblieft eens over na. Heb het erover met een vriend. En mediteer erop als je alleen bent. Want als je je beter bewust wordt van de vijf invloeden die jou hebben gevormd, dan groei je in je zelfbeheersing. En ga je betere keuzes maken, die je absoluut sensationelere resultaten zullen opleveren.

6

De beste manier om te beginnen is beginnen

Ik ben op reis voor een reeks presentaties voor topleiders en grote ondernemers terwijl ik dit voor je schrijf vanuit een hotelkamer in Barcelona. Ik word omringd door de boeken die ik voor deze reis heb meegenomen (waaronder *De profeet* van Kahlil Gibran, *The Stories of My Life* van James Patterson, *Het vreugdevuur der ijdelheden* van Tom Wolfe, *The Great Crashes* van Linda Yueh, *Onsterfelijke kwallen & eeuwenoude haaien* van Nicklas Brendborg, *The Art of Learning* van Josh Waitzkin en *Waarom ik schrijf* van George Orwell – ja, ik heb een grote koffer), mijn ochtendkrant en een pot heel goede koffie. Gisteren heb ik een intensieve mediadag afgerond voor *The Everyday Hero Manifesto*, dat hier onlangs is uitgebracht. Morgen sta ik op een podium voor zesduizend mensen. Het boezemt me nog altijd angst in. Want na al deze jaren maakt het me nog altijd heel veel uit.

Eerder kreeg ik de vraag die me vaak wordt gesteld nadat iemand iets heeft opgevangen over mijn ideeën en methoden over leiderschap, exceptioneel presteren en een oprecht, rijk leven waarop je achteraf met trots terugkijkt: 'Waar moet je beginnen?'

De vragenstelster voegde eraan toe: 'Ik wil ook een boek schrijven en ik vraag me af waar ik moet beginnen.'

Mijn antwoord was heel eenvoudig. 'Begin gewoon.'

Het is echt niet zo moeilijk en er is geen enkele reden om dingen ingewikkelder te maken als je het genie in jezelf gaandeweg meer materialiseert en optimaliseert. *Je begint door te beginnen.* Te veel nadenken en het begin te ingewikkeld maken is vaak een symptoom van sabotage, ontstaan uit angst. Eigenlijk verzet je je tegen vooruitgang omdat je bang bent: voor succes, voor mislukking of om boven het maaiveld uit te steken.

Hoe begin je met een boek? Door de eerste bladzijde te schrijven. En morgen de tweede. En overmorgen de derde. En daar ga je mee door totdat het verdomde ding klaar is. Ja, zo eenvoudig is het (je voornemen naleven is wat het moeilijk maakt).

Je moet absoluut doorgaan met het nakomen van de beloften die je jezelf hebt gedaan. Doe je dat niet, dan verlies je aan zelfrespect en ontzeg je de wereld de magie waarvoor jij op aarde bent. Echt, blijf de strijd aangaan! Tegen de twijfel aan jezelf en het gevoel dat je werk slecht is, en al die zinderende verleidingen van digitale afleiding. Tegen het aanlokkelijke verlangen naar een gemakkelijkere weg (de mooiste dingen in het leven komen altijd voort uit het doen van ongemakkelijke dingen – zo is het toch?).

Hoe begin je met fit worden? Je staat morgen vroeg op en doet een paar push-ups. De volgende dag nog een paar en de dag daarna nog meer. Totdat het uitvoeren van veel push-ups gemakkelijk wordt. Omdat je jezelf sterk hebt gemaakt.

Ja, mijn vriend. Je begint door te beginnen. Geen smoesjes. Niks rationaliseren. Niks uitstellen. Niet klagen. Je past gewoon je menselijke wil toe op het zetten van die eerste stap. En de volgende. Steeds weer, totdat je uiteindelijk een meester wordt in het afronden van die dingen die voor jou belangrijk zijn.

En zoals ik schreef in *The Everyday Hero Manifesto*: 'Alle verandering is in het begin moeilijk, halverwege rommelig en uiteindelijk heerlijk.'

Dus hup, aan de slag! Alsjeblieft. Je rijkste leven wacht op je. Maar pas wanneer je begint, gebeurt er iets.

7

Angsten zijn spookverhalen

Dus jij zegt dat je niet in spoken gelooft.

Meen je dat? Want dat doen we allemaal.

... We zeggen dat we niet moedig kunnen zijn in enge situaties, dat we onvoldoende zijn voorbereid of getraind, niet goed genoeg zijn om een prachtige kans te grijpen.

... We maken onszelf wijs dat we het niet volhouden wanneer we op het punt staan op te geven.

... We maken onszelf wijs dat het te moeilijk is om die persoon te worden die we altijd hebben willen zijn.

... We praten onze zwakheden goed, zijn geobsedeerd door problemen en verzinnen dan smoesjes om onzekerheden te verbloemen in plaats van groots te leven.

... We maken onszelf wijs dat positieve, creatieve, succesvolle en intens levende mensen uit ander hout zijn gesneden. En dat ze gaven hebben waarover wij niet beschikken.

De meeste van onze angsten zijn enorme leugens. Illusies. Flagrante onwaarheden. Spookverhalen. Als je begrijpt wat ik bedoel.

De wijze Osho vertelde een verhaal over een man die afdaalde van de top van een hoge berg. Hij was de hele dag al aan het afdalen en het werd donker. Hij zette zijn voeten behoedzaam neer, terwijl het steeds donkerder werd. Plotseling gleed hij uit, en omdat hij als de dood was dat hij duizenden meters in de diepte zou vallen, hield hij zich vast aan een tak.

De man hing de hele nacht aan die tak, doodsbang dat als hij los zou laten, hij zijn dood tegemoet zou vallen. Hij schreeuwde de hele nacht om hulp, maar niemand hoorde hem. Hij dacht aan alle dingen die hij nog nooit had gedaan, alle mogelijkheden die hij niet had benut, de groei die hij niet had doorgemaakt, de menselijke talenten die hij nooit had leren kennen en de familie waar hij zo van hield – als hij viel, zou hij dat allemaal kwijtraken.

Toen de zon weer opkwam onthulde het vroege licht een waarheid waarvan de klimmer nogal ondersteboven raakte: vijftien centimeter onder hem bevond zich een brede richel. Die had hij in het donker niet gezien. Hij begon te lachen – eerst zachtjes, en toen onbeheerst. De man besefte dat zijn angst maar vijftien centimeter diep was. Daaronder was het veilig.

Dus verander *jouw* verhaal. Weiger te luisteren naar de sprookjes die de spookverhalen jou willen laten geloven. Die verdienen het niet je geest bezig te houden of je succes, geluk en gemoedsrust in de weg te staan. Vijftien centimeter, meer is het niet!

8

Wat je niet meer moet zeggen

... Vraag iemand om een boek te lezen dat jouw leven heeft veranderd, en vaak krijg je een antwoord dat zo'n beetje grenst aan vloeken.

... Vraag je beste vriend of vriendin om een documentaire te bekijken die jou heeft geleerd hoe je je vakmanschap en productiviteit kunt vergroten, en die zal misschien antwoorden met diezelfde nare woorden.

... Vraag iemand om wie je geeft om een wond te laten helen, te werken aan zwakke punten of om een eetprobleem op te lossen, en je zult maar maar al te vaak hetzelfde te horen krijgen.

Wat zijn die woorden die, wanneer je ze uitspreekt, bijdragen aan een symfonie van negativiteit, en die je toewijding aan persoonlijke groei ernstig in de weg staan?

'Ik zal het proberen.'

Mijn hemel, mijn hemel, mijn hemel!

... 'Ik zal het proberen' betekent dat je je er niet op toe zult leggen.

... 'Ik zal het proberen' betekent dat je er geen moeite voor wilt doen.

... 'Ik zal het proberen' betekent dat je jezelf niet ter verantwoording zult roepen.
... 'Ik zal het proberen' betekent dat je er niet echt in bent geïnteresseerd.

'Ik zal het proberen' betekent meestal dat je bang bent om te veranderen wat nodig is om een geweldig leven te leiden. Maar bedenk dat je de wereld die je wenst niet krijgt zonder te doen wat daarvoor nodig is. Dat klinkt logisch, toch?

'Ik zal het proberen' is een reactie die grenst aan ontwijking, en de meeste mensen zeggen dit om zichzelf van verantwoordelijkheid te ontslaan. Deze zin doet geen recht aan je talenten. En heeft geen respect voor jouw genialiteit.

'Ik zal het proberen' berooft je hardhandig van menselijk potentieel, het is een uiterst listige dief die ijskoud je grootste, natuurlijke dromen om zeep helpt.

'Doe het, of doe het niet. Proberen bestaat niet,' stelde Yoda uit *Star Wars.*

Ik geloof echt dat hij gelijk had.

9

Wees de volwassene

Een tijdje geleden had ik een diepgaand gesprek met iemand met wie ik al dertig jaar bevriend ben.

Ze vertelde dat haar vader onlangs was overleden, en haar moeder kort daarvoor. En dat haar broer had gezegd: 'Dan zijn wij hier nu dus de volwassenen.'

Hmmm. 'De volwassenen.'

Ik weet niet hoe het met jou zit, maar ik ben bijna zestig en voel me nog steeds ongeveer hetzelfde als toen ik een kind was. In bepaalde opzichten, althans. Merkwaardig, hè?

Vanbuiten zie ik er ouder uit en mensen denken dat ik meer weet. Natuurlijk heb ik een hele hoop geleerd en tot nu toe een hele hoop levenservaring opgedaan.

Toch probeer ik nog altijd van alles uit te dokteren. Ik raak nog altijd in de war door het verloop van bepaalde gebeurtenissen, ik denk na over de vraag waarom sommige mensen mijn pad hebben gekruist en ik vraag me af of het leven zich ontrolt volgens een lotsbestemming, of dat het alleen maar uit een willekeurige reeks situaties bestaat, zonder echte betekenis (wat ik betwijfel).

Wat mijn vriendin zei, ging voor mij heel ver. *Wees de volwassene.*

Het herinnerde mij eraan dat niemand anders dan jij jouw leven uiteindelijk beter zal maken. Er komt geen hulp, er komt geen ridder in een blinkend harnas uit het niets om je een zilveren lepel in de mond te steken (en een kroon op je hoofd te zetten). Er is geen hulpbrigade en geen reddingsteam om te zorgen dat jij de persoon wordt die je altijd hebt willen zijn, en je werkelijkheid vervormt tot iets bijzonders, opwindends, bevredigends.

Dat deed me denken aan een jonge man die ik ooit heb ontmoet in een restaurant in Kaapstad, tijdens een van mijn vele reizen naar Zuid-Afrika. Hij had jarenlang in een extreem gevaarlijke bende gezeten en op een dag besloot hij om daar uit te stappen. De eigenaar van het restaurant wilde hem wel helpen, dus nam hij hem aan als afwashulp. De man greep de gelegenheid aan om zich op te werken en ontwikkelde al doende een passie voor koken. Uiteindelijk werd hij een van de topchefs van het restaurant. O ja, en dit restaurant belandde in de lijst van de vijftig beste restaurants ter wereld. En werd uitgeroepen tot het beste van Afrika.

Tijdens de lunch sprak ik met hem. Ik vroeg wat hem ertoe had bewogen zijn oude leven achter zich te laten. Hij dacht daar een tijdje over na en antwoordde toen: 'Ik zag te veel vrienden doodgaan. Ik wilde niet dood. Dus moest ik veranderen. Ik besefte dat niemand anders dat voor mij zou doen, dus moest ik het zelf doen.'

Precies. Je moet echt zelf degene zijn die jou helpt. En de absolute, persoonlijke verantwoordelijkheid nemen voor hoe je leven eruitziet (en voor het doorvoeren van verbeteringen waardoor je leven rijker wordt). Want in dit leven ben jij nu de volwassene.

10

Kleine stappen leveren gigantisch veel op

Al decennialang deel ik een vaste uitspraak met mijn coachingcliënten en tijdens lezingen ook met mijn publiek, en ik krijg altijd terug dat die hen enorm helpt. Daarom wil ik hem ook graag met jou delen: *als je ze in de loop van de tijd consequent doorvoert, leiden kleine, dagelijkse, ogenschijnlijk onbetekenende verbeteringen tot verbluffende resultaten.*

Een waarachtig rijk leven ontstaat eerder door evolutie dan door revolutie. Het zijn die constante, kleine micro-overwinningen die – als ze dagelijks plaatsvinden – evolueren tot een tsunami van victorie. En dat brengt me bij de Piramide van Cheops, op het plateau van Gizeh in Egypte.

Onlangs was ik in Caïro. Ik had een vrije dag en de organisator van het evenement had heel vrijgevig een rondleiding geregeld naar dit zevende wereldwonder. Toen we het geweldige monument (een getuigenis van wat mensen kunnen) binnengingen, hoorde ik dat het twintig jaar had gekost om deze piramide te bouwen. Er waren twee en een half miljoen stenen voor nodig en bijna vijftigduizend arbeiders hadden eraan gewerkt. Meer dan drieduizend jaar lang – tot het moment in 1887 dat de Eiffeltoren werd gebouwd – was dit fascinerende bouwwerk het hoogste ooit door mensen gemaakt.

De formule achter dit wonder? Het monument was gebouwd

door een steenblok op een ander steenblok te plaatsen, daarop nog een blok en daarop nog een, en dat steeds weer. De focus lag niet op de piramide, maar op de constante handeling van het plaatsen van de blokken. De aandacht lag op het proces, niet op het doel. Denk daar alsjeblieft even over na.

We leven in een tijdperk waarin heel veel mensen hun dromen onmiddellijk willen realiseren. Als het gaat om het project dat ons het meest inspireert (of dat gaat nu om een fitnessprogramma, je liefdesleven, een financieel doel of een spirituele zaak) vergeten talloze mensen de kracht van geduld, de magie van regelmaat en het wonder van dagelijkse kleine triomfen.

Je dagen zijn je leven in het klein. En terwijl je elke dag vormgeeft creëer je intussen je leven. Consistentie is echt de moeder van meesterschap, en de kleine dingen die je dagelijks klaarspeelt zijn vele malen belangrijker dan de grote dingen die je misschien eens per jaar doet.

Ik denk dat ik je wil meegeven je succes niet af te meten aan de prestatie die het eindresultaat zal zijn, maar aan de diepte van je toewijding aan je reis, van al die kleine stappen in de richting van je mooiste idealen (en aan hoe jij als mens bent geworden doordat je het pad bent blijven volgen waaraan jij je hebt toegewijd). Wat mij betreft staat stapsgewijs beter worden gelijk aan winnen. De voltooiing van het project is gewoon de kroon op je werk, niet de trofee waar het allemaal om draait.

Daardoor moet ik denken aan de woorden van de Schotse romanschrijver Robert Louis Stevenson, die zei: 'Beoordeel je dag niet op de oogst die je binnenhaalt, maar op de zaden die je zaait.'

Soms ziet het er niet naar uit dat de regelmatige maar schijnbaar onbeduidende handelingen waarmee je een proces gaande houdt ook daadwerkelijk vooruitgang opleveren. En toch gebeurt dat, geloof me! Groei is vaak onzichtbaar, net als zaadjes die ondergronds kiemen en die op een dag in de toekomst zullen veranderen in torenhoge bomen. Blijf gewoon gefocust, toegewijd, geduldig en bedenk dat je kleine dagelijkse triomfen uiteindelijk uitmonden in opmerkelijk grote overwinningen.

O ja: wanneer mensen om je heen je niet begrijpen (of weinig zin hebben om je te steunen), kritiek hebben of je belachelijk maken, denk dan aan de woorden van de prominente auteur Dale Carnegie: 'Elke gek kan kritiek geven, veroordelen en klagen. En dat doen de meeste gekken ook.'

11

Koester je wonden

Je bent niet kapot: je bent gewoon een mens. Je bent niet disfunctioneel: dat heet leven.

Als je bereid bent het spel te spelen, je aangeboren moed te gebruiken en wat risico's te nemen om je toekomstvisie te beleven, dan ontkom je niet aan pijn. Hoe hoger de berg, hoe groter het gevaar.

Het is niet fout dat je de hemel wilt bestormen (en probeert met de goden te wandelen). Nee, dat is zó hartstikke goed! Dat betekent dat jij de held bent van jouw leven, dat je de moed hebt om wat risico's te nemen en vertrouwen te blijven houden in jouw machtige missie. Het alternatief? Een levende dode worden.

Wat goed dat je nog steeds in jezelf gelooft! En bijzonder ook (in een cultuur waarin allemaal fijne mensen hun jeugddromen hebben opgegeven, het alledaagse hebben geaccepteerd en hun beste jaren jammer genoeg slijten als cyberzombies gekluisterd aan witte schermpjes).

Je hebt pijn geleden. En ja, je hebt ook littekens. Ik begrijp je. Dat is mij ook overkomen.

Maar mag ik je de nederige suggestie doen om je littekens te prijzen? Je wonden te vereren? Want ze hebben je prachtige diensten bewezen. Je leven gevuld met onzichtbare geschenken, verborgen schatten van wijsheid, begrip, veerkracht, compassie en een grotere connectie met je uniekheid. Het leven ontplooit zich voor je geluk, nooit voor je mislukkingen. Vertrouw op de vreemdheid ervan. En ga door. Je zult op weldaden stuiten die je niet kunt bevroeden. Je toekomst is (zo) mooi!

12

Wie het meest leest, wint

Ik verzamel boeken waaraan ik van mijn levensdagen niet toe zal komen.

Zo is het. Het is een bekentenis, maar niet van schuld. Dit is mijn zalige hartstocht.

Ik koop meer boeken dan ik ooit kan lezen. En ik gok erop dat jij dat ook doet.

Weet je: een boek lezen is alsof je een gesprek voert met de schrijver. En het juiste gesprek kan je leven in een compleet nieuwe richting sturen. Om je wereld op de kop te zetten, is er immers maar één idee nodig?

En als je het juiste boek vindt, op het juiste moment, dan blijft het sterrenstof van de schrijver aan je hangen.

En de hand die het boek uiteindelijk neerlegt, is een fundamenteel andere hand.

In mijn jeugd zei mijn vader vaak: 'Koop minder spullen. Eet minder. Maar lees meer boeken.'

Een staatshoofd in het Midden-Oosten dat een van mijn leiderschapsevenementen had bijgewoond, zei ooit tegen mij: 'Robin, we eten drie keer per dag om ons te voeden. Ik lees drie keer per dag om wijs te worden.' Ik vroeg: 'Wanneer leest u?' Hij antwoordde: 'Wanneer lees ik *niet*?'

Mijn huis? Boordevol boeken.

... over creativiteit
... over productiviteit
... over geschiedenis
... over psychologie
... over zaken
... over economie
... over communicatie
... over vitaliteit
... over karaktervorming
... over metafysica

De stapels wijsheid om me heen bieden me troost. Ze geven me een veilig gevoel in een soms wrede, maar meestal buitengewone wereld. Ze spreken me aan, met hun belofte van een betere tijd en al het moois dat er is voor wie het ambieert.

Ik ben nog altijd op zoek naar dat *ene* boek dat mijn beperkingen volledig vermorzelt, mijn innerlijke conflicten oplost en me tot nieuwe hoogten stuwt van persoonlijk meesterschap en spirituele vrijheid. En hoewel ik, vanwege mijn leeftijd, zeker niet alle boeken die ik heb gekocht zal doornemen, zal ik mijn bibliotheek vermaken (mooi woord, hè) aan mijn kinderen. Als mijn nalatenschap.

Dagelijks lezen vergroot je kennis en zorgt dat je moeilijke situaties kunt overkomen, minder fouten maakt en de toekomst kunt voorspellen. (Vooral als je geschiedenis studeert. Mark Twain zei: 'De geschiedenis herhaalt zich niet, maar vaak rijmt er wel iets.') In een wereld die wil dat je denkt, doet en bent als de meerderheid, maakt gretig lezen van jou iemand die voor zichzelf denkt. Hoeveel is dat jou waard?

En elke – elke! – dag dat ik leef, volg ik de 45/15-leesregel: ik lees (minimaal) 45 minuten (maar meestal een uur) en vervolgens vat ik in mijn notitieboek een kwartier lang samen wat ik heb geleerd. Daardoor begrijp ik het concept beter en *pas ik het toe* in mijn leven. Een idee dat niet wordt uitgevoerd, wordt een waanidee.

Dus, mede-boekenwurm…

… In een wereld die wordt verteerd door een digitale invasie en verslavende, alledaagse afleidingen kun jij je heerlijke liefdesaffaire met boeken weer nieuw leven inblazen. (Op papier is het beste, maar audioboeken zijn ook geweldig.) En breng (elke dag) een fijne tijd door met de pagina's en ideeën van legendarische denkers die jou eraan zullen herinneren wat mogelijk is. En wakker je verbinding met je verborgen nieuwsgierigheid weer aan.

Want wie het meest leest, wint.

13

Forse groei hoort gek te voelen

Alle verandering is in het begin moeilijk, halverwege rommelig en uiteindelijk heerlijk. Alle verandering is in het begin moeilijk, halverwege rommelig en uiteindelijk heerlijk. Alle verandering is in het begin moeilijk, halverwege rommelig en uiteindelijk heerlijk. Oké, ik zal ophouden dit te herhalen, als jij belooft dat je het nooit zult vergeten.

Diepgaande persoonlijke verandering en totale menselijke transformatie horen in het begin eng, lastig en verwarrend te zijn. Anders zou het geen echte verandering zijn. En zou het geen waarde hebben.

Wist je dat de spaceshuttle in de eerste zestig seconden na liftoff meer brandstof verbruikte dan in de hele reis rond de aarde?

Dat kwam doordat het in het begin de vreselijk sterke zwaartekracht moest overwinnen die de shuttle aan de grond wilde houden. Dus was er in die vroege fase gigantisch veel energie en veel werk nodig om het ruimtevaartuig steeds verder omhoog te stuwen, totdat de ontsnappingssnelheid werd bereikt. De zwaartekracht was dan overwonnen. En het ruimtevaartuig was vrij om te zweven.

Als we het hebben over het veranderen van de dingen die nodig zijn om het leven te leiden waarnaar je het meest verlangt, lijkt dat wel een beetje op dat ruimtevaartuig.

Je moet een hoop energie inzetten en hard werken om je eerdere manieren van werken te overstijgen. Om *jouw* zwaartekracht achter je te laten (de dingen die jouw oorspronkelijke grootsheid in de weg hebben gestaan).

In het begin is het dus *super*zwaar. Maar dat betekent niet dat er iets mis is; alleen dat de verandering waarmee je bezig bent, de moeite waard is, nuttig en rijk is. Alles wat je nu gemakkelijk vindt, heb je immers ook ooit lastig gevonden?

De nieuwe gewoontes, vaardigheden en gedrag zullen gemakkelijker door te voeren zijn naarmate de tijd verstrijkt. Daar mag je op rekenen. Dingen worden altijd gemakkelijker door te oefenen. En dat je gisteren iets niet kon, wil niet zeggen dat het je vandaag niet zal lukken. Je bent een dag beter. En een etmaal sterker.

14

Verwacht het beste van mensen (en je zult het meestal krijgen)

Ik schaam me wel een beetje om dit verhaal, maar ik wil eerlijk zijn. Dus daar gaat-ie.

Een tijdje terug was ik op weg naar een traditioneel restaurant waar ik niet zo vaak kom, maar wel altijd geniet.

Het is in een kleine Zwitserse stad en op de kaart staat het fantastische 'geschnetzeltes Kalbsfleisch an Rahmsauce mit Cognac verfeinert mit Rösti': kalfsvlees in een cognac-roomsausje met rösti. (Ik probeer gewoon even indruk te maken met mijn niet-bestaande Zwitsers-Duitse talenkennis.)

Ik was er met een goede vriend en we genoten samen van een heerlijke lunch. We praatten over films, familie en de toekomst. Heel waardevol, heel oprecht.

Toen de rekening kwam en in de wetenschap dat ik een dag later een reservering had in hetzelfde restaurant, vroeg ik de eigenaar of ik dan een rustig tafeltje ergens aan de zijkant kon krijgen. Ik wilde op een bezielde plek aan het manuscript voor dit boek werken, ergens waar mijn inspiratie werd gevoed.

Ze bleef beleefd maar ook wat bruusk en legde uit dat dit onmogelijk zou zijn: 'Morgen zitten we vol en het wordt heel lastig om u aan een tafel in deze zaal te plaatsen.'

Dat vond ik een beetje merkwaardig.

Natuurlijk begreep ik dat ze vol zaten, maar ik had wel een reservering (weken eerder gemaakt) en ik begreep niet waarom ze niet één rustig plekje kon vinden, misschien gewoon ergens in een hoekje – de zaal waarin we zaten had veel hoekjes.

En ik moet toegeven dat ik me, nadat we het restaurant hadden verlaten, nog een tijdje rot voelde. Ik bleef malen over de afwijzing en verzon verhalen over haar kilheid, haar vleugje arrogantie en het impliciet hatelijke hiervan. Maar als jullie mentor op afstand moet ik jullie wel vertellen dat ik die verhalen zelf verzon.

De volgende ochtend werd ik vroeg wakker. Ik stapte op de crosstrainer in de sportschool, dronk koffie, schreef in mijn dagboek en herlas delen van dit boek. Toen ging ik weer lunchen in dat bijzondere restaurant. Dit keer was ik alleen.

Toen ik aankwam bij het restaurant zag ik buiten een man staan in iets wat op een leren rok leek, een dikke bontjas en een kleurig gewaad dat een Viking niet zou misstaan. Hmmm, interessant. (Je weet dat ik dergelijke dingen niet kan verzinnen.)

Toen ik naar binnen liep, zag ik dat de hele grote zaal vol zat met mede-Vikings, of wat deze mensen ook maar moesten voorstellen. Ze lachten luidruchtig, klapten hard in de handen, stampten hard met de voeten en brulden voordrachten zo hard als ze maar konden met hun hese stemmen. Het zal wel de een of andere gilde-bijeenkomst zijn, of een belangrijke gebeurtenis om het traditionele leven van deze streek te vieren, gokte ik.

Niet alleen zat de grote zaal vol met deze herrieschoppers: ze sloegen ook heel enthousiast onwaarschijnlijke hoeveelheden donker bier achterover.

Wat was ik blij dat ik niet in die zaal was! Ik zou de enige niet-Viking in die ruimte zijn geweest en van de herrie zou ik hoofdpijn hebben gekregen, waardoor ik tijdens mijn eenzame lunch iets goeds schrijven en ook nog eens proberen lekker te eten wel op mijn buik kon schrijven.

Maar het wordt nog gekker.

Diezelfde vrouw die me een dag eerder had afgewezen loodste me beleefd langs de luidruchtige Vikings, hun bontjassen en donkere bier, naar een heel stil en eigenlijk super romantisch klein zaaltje waar ik nog nooit was geweest. Op de witte tafellakens waren zorgvuldig bloemen en kaarsen neergezet. Engelen met witte capes speelden op een harp terwijl schattige puppy's stonden te dansen. (Oké, die laatste zin is niet waar. Maar de zaal was echt in alle opzichten *fantastisch.*)

En het wordt nog mooier. De eigenaar van het restaurant zette me in een lieflijk zithoekje. Niemand naast me, nauwelijks mensen om me heen. Ze glimlachte breed en verwelkomde me nogmaals hartelijk. 'Geniet van je lunch, handsome,' zei ze zachtjes. (Oké, dat 'handsome' heb ik erbij verzonnen, maar de rest zei ze toch echt.)

Dus het idee dat ik was afgewezen, was zinsbegoocheling. Wat ze in feite had gedaan, was proberen mij te beschermen tegen die luidruchtige Vikings.

Wat je hieruit kunt leren? Dat niet alles om jou draait. Vat niet alles persoonlijk op. De meeste mensen bedoelen het goed en zijn uiterst beschaafd. Hoe meer we het beste van anderen verwachten, hoe meer ze worden gestimuleerd dat voor ons waar te maken.

Het Duitse literaire icoon Johan Wolfgang von Goethe zei het vele malen mooier dan ik ooit zou kunnen: 'Behandel mensen alsof ze zijn wat ze zouden moeten zijn, en je zult ze helpen te worden wat ze kunnen zijn.'

En als je dit regelmatig doet, help je niet alleen andere mensen te groeien: zelf groei je dan ook. En dat maakt je oprecht rijk. Echt heel rijk.

15

Eet redelijk vaak alleen

Hoe word je moediger? Heel simpel. Door regelmatig enge dingen te doen. Het ongemak van groei is altijd kleiner dan de pijn van spijt. En in je laatste uur zul je niet rouwen om alles wat je hebt gedaan, maar juist om alles wat je hebt gelaten. Alle dromen die je niet hebt nagejaagd, alle angsten die je nooit onder ogen hebt gezien, alle kansen die je niet hebt gegrepen, alle reizen die je niet hebt gemaakt, alle boeken die je niet hebt gelezen en alle liefde die je niet hebt gegeven. (Lees die laatste zin alsjeblieft nog eens, want die is heel belangrijk.)

Een geweldige manier om je zelfvertrouwen en algehele onbevreesdheid te verbeteren is door alleen te eten. Vandaag eet ik alleen in een eenvoudig Italiaans restaurant, in het dorp vlak bij de boerderij, en schrijf ik jou deze mentorboodschap.

Ik heb gemerkt dat de meeste mensen als ze alleen zijn liever thuis eten dan naar een restaurant te gaan, waar ze alleen aan een tafel zitten in een publieke gelegenheid, omringd door anderen die het geweldig naar hun zin hebben.

Als we alleen uitgaan, pakken we de telefoon erbij, scrollen we door onze feeds en kijken we naar video's van rare mensen die rare dansjes doen. Of naar beroemdheden die in kleurige outfits uit restaurants in Hollywood komen (of in het openbaar een scène schoppen) terwijl er volop wordt geflitst. Of naar influencers die het nieuwste schoonheidsproduct aanprijzen terwijl ze een gezichtsmasker dragen.

Dat iemand gewoon alleen zit, zie je eigenlijk maar heel zelden. Iemand zonder device. Zonder ontsnappingsroutes. In een druk restaurant. Met anderen om zich heen die lachen, drinken, eten en vrolijk zijn.

Het risico lopen dat mensen denken dat je niet goed genoeg bent om met een ander te gaan eten. Niet bang zijn dat je wordt gezien als een rare snuiter, zonderling en excentriek omdat je het aandurft alleen te eten. Bereid zijn naar je te laten staren: mensen die gauw wegkijken wanneer je merkt dat ze naar je kijken. Nou ja: dat is wat magische mensen doen. En ja, mijn vriend, daarmee bedoel ik jou.

De manier waarop je het ene doet, bepaalt hoe je alles doet. Wanneer je in één opzicht moedig bent, oefen je je om in elk opzicht dapper te zijn. En je moedigste zelf zijn is cruciaal om je rijkste leven te leiden. *Echt* rijk. Niks namaak. Het is zoals Frank Herbert, schrijver van *Dune*, het verwoordde:

> Ik moet niet bang zijn. Angst doodt de geest. Angst is de kleine dood die totale vernietiging brengt. Ik zal mijn angst onder ogen zien. Ik zal haar over en door me heen laten gaan. Daarna zal ik met mijn innerlijk oog haar pad zien. Waar de angst is verdwenen, zal niets meer zijn. Alleen ik ben daar nog.

16

Het is verstandig een dagboek bij te houden

De afgelopen 25 jaar heb ik op de meeste ochtenden een ritueel gevolgd dat ontzettend waardevol is gebleken voor mijn persoonlijke groei, het vergroten van creativiteit, professioneel leren en spirituele verheffing: journaling, oftewel een dagboek bijhouden.

In *The Everyday Hero Manifesto* schreef ik hoe ik tien jaargangen van mijn dagboeken ben kwijtgeraakt – maar dat is een ander verhaal. Misschien dat ik je dat ooit nog, als we elkaar in reallife treffen, uit de doeken zal doen.

Simpel gezegd zijn er zes belangrijke redenen om de dagelijkse routine van journaling te koesteren.

1. Journaling bevordert verstandig gedrag.

Vage gedachten leiden tot vage resultaten. Door je verlangens, intenties en beloften in een boekje op te schrijven zorg je voor duidelijkheid – en duidelijkheid is het DNA van meesterschap. Door jezelf goede vragen te stellen, zoals 'Wat moet er in de komende uren gebeuren zodat dit een goed geleefde dag uit mijn leven wordt?' of 'Welke drie kleine successen moet ik vandaag behalen om de zaken beter te laten gaan dan gisteren?' wordt je focus scherper en krijg je heel veel meer wilskracht om je doelen te bereiken. Door zorgvuldig te reflecteren op wat je wilt creëren, zijn je inspanningen beter geconcentreerd en leveren ze meer succes op. Journaling is bevorderlijk voor het houden van beloften.

2. Journaling verhoogt de artisticiteit en je krijgt grip op topideeën.

Aan een geniaal idee dat niet wordt opgemerkt, wordt zelden teruggedacht. Door je inzichten op te schrijven begrijp je ze niet alleen beter, het stimuleert vaak ook nieuwe ideeën. Een dagboek bijhouden is bovendien een fantastische discipline om je te helpen geweldige oplossingen te bedenken voor heikele problemen waar je aan hebt gewerkt, en om de levenslessen vast te leggen die je leert.

3. Journaling stimuleert je om je magische momenten vast te leggen, zodat je ze twee keer kunt beleven.

Schrijf je over een fantastische maaltijd, een magnifieke zonsondergang of een strandwandeling met je lief, dan geef je die ervaring een plekje in je geest, lichaam, hart en ziel, waarna je haar opnieuw kunt beleven. Stel je voor hoeveel groter en beter je energie, dankbaarheid, geluk en momentum worden wanneer je je fijnste momenten regelmatig herbeleeft. Bovendien leer je je hersenen te letten op je triomfen in plaats van op eventuele frustraties.

Sonja Lyubomirsky, prominent onderzoeker binnen de positieve psychologie, heeft via research ontdekt dat de gelukkigste mensen niet diegenen zijn in de gemakkelijkste omstandigheden (ze heeft ontdekt dat maar tien procent van iemands geluk te danken is aan de externe werkelijkheid) maar diegenen die het dankbaarst zijn. Hun waardering is niet willekeurig en chaotisch, maar 'doordachte dankbaarheid'. Jouw dagboek is een uitstekende plek om bewust en regelmatig een lijstje te maken van de zegeningen in je leven, zodat de neiging tot negativiteit in je hersenen plaatsmaakt voor onverslaanbare positiviteit.

4. Journaling is bidden op papier.

Bij het waarmaken van je idealen werkt bidden als een krachtige versterker van kracht. Elk gebed wordt gehoord door jouw hogere macht en elke dankzegging maakt je sterker, wijzer en rustiger. Dus schrijf op wat je nastreeft en leg vast wat je meer wilt zien in je leven. Dat waar je op focust groeit echt, en dat waar je aan denkt wordt groter.

5. Journaling biedt je een klooster waarin je pijn, verdriet en andere moeilijke emoties kunt verwerken.

In de ijzige winters van mijn leven – toen alles heel zwaar en teleurstellend leek – voelde het enorm helend om mijn lijden op een mooi leeg vel papier te schrijven. De wetenschap bevestigt dit. Onderdrukte pijn komt altijd terug en achtervolgt je op onverwachte manieren. Door over je pijn te schrijven schep je een veilige plek waar je die pijn kunt verwerken, totdat je die los kunt laten. Want om een wond te laten helen, moet je die wond voelen. En om een trauma los te laten, moet je vanbinnen opruimen.

6. Journaling is een geweldige kans om je kleurrijke leven vast te leggen.

Henry Wadsworth Longfellow schreef: 'Een leven dat het überhaupt waard is om over te schrijven is het waard om er minutieus en oprecht over te schrijven.' Wijze woorden, vind je niet? Jouw leven doet ertoe, is volkomen uniek en is iets van onmetelijke schoonheid (met alle hoogte- en dieptepunten). Is dat het niet waard om vast te leggen?

17

Je plaaggeesten zijn je helpers

Ik schrijf dit voor jou in de spartaanse schrijfkamer van mijn boerderij. Het raam staat open, de vroege lentelucht stroomt de ruimte in en in de verte hoor ik een paar herdershonden blaffen. Een haan kraait veel te hard. De olijfbomen zien er betoverend uit en de ochtendzon verlicht de wijngaarden tot zover het oog reikt, terwijl ik nip van een eenvoudige espresso (een van de kleine wonderen waar ik graag voor wakker word).

Oké. Laten we het hebben over je plaaggeesten. De mensen die met je solden, je misbruikten, je hebben verraden. De mensen die je vertrouwen beschaamden, je jouw vriendelijkheid afnamen en je misschien wat cynisch, kritisch en gesloten hebben gemaakt.

Ik ben ervan overtuigd dat die mensen met een reden in je leven kwamen.

Want weet je, de mensen die je pijn doen, kunnen in werkelijkheid diegenen zijn die je jouw kracht leren kennen. En het lijden dat ze hebben veroorzaakt kan – *als je daarvoor kiest* – een poort vormen naar sterke punten waarvan je niet wist dat je die had vóórdat de schade was aangericht.

Neale Donald Walsch van *Een ongewoon gesprek met God* schreef een kort kinderboek dat mij ongelooflijk heeft geholpen. Het heet *The Little Soul and the Sun.*

In het kort gaat dit boek over twee zielen die elkaar ontmoeten. Voordat ze mens worden.

Misschien klinkt dit je wat vaag in de oren. Dat begrijp ik helemaal. Toch lijkt het mij vrij goed mogelijk. Want dat we niet in iets geloven – of niets begrijpen van een nieuw concept dat onze werkelijkheid bijstuurt – wil dat nog niet zeggen dat het er niet is, toch?

Hoe dan ook. De twee zielen praten met elkaar over een belofte. De kleine ziel vertelt de vriendelijke ziel dat ze de volle omvang van al haar bijzonderheid, kracht en wijsheid wil leren kennen (net als jij). En daarom zegt de tweede ziel dat het de kleine ziel zal helpen, door haar in haar leven iets slechts aan te doen. De vriendelijke ziel krijgt dan de vraag waarom het ermee instemt haar natuurlijke glorie los te laten door iets te doen wat pijn doet, en antwoordt dan: 'Omdat ik van je houd.'

En zo werden beide zielen mens. En zowaar: de vriendelijke ziel die wilde dat de kleine ziel haar grootsheid zou ervaren door te leren lief te hebben (op een moment dat liefhebben het moeilijkst was), te vergeven (op een moment waarop vergeven het moeilijkst was) en nobel te zijn (op een moment dat beschaafd zijn veel gevraagd was), maakte het de kleine ziel heel moeilijk.

En de kleine ziel oefende haar bijzonderheid en leerde de andere ziel te vergeven voor haar gemene daad. Omdat ze wist dat de ziel dit uit liefde had gedaan. Om de kleine ziel te helpen zich alles te herinneren wat ze werkelijk was.

Ik vertel je deze schitterende parabel omdat het misschien – heel misschien – de werkelijkheid weerspiegelt. Want wat als jouw verleden niet een gevangenis is waarin jij opgesloten blijft, maar een school waarin het de bedoeling is dat je iets leert? Wat als iedereen die je op de een of andere manier pijn heeft gedaan – door tegen je te liegen, je te verraden, aan te vallen of gemeen tegen je te zijn – dat heeft gedaan om je op de een of andere manier te helpen?

Namelijk door je uit een leven van constant comfort en weinig persoonlijke groei naar een *veel* rijker leven te stuwen, waarin je – door het vuur van ontberingen te doorstaan – de grote deugden van de mooiste mensen ontdekt. Deugden als wijsheid, tolerantie, geduld, veerkracht, doorzettingsvermogen, vergevingsgezindheid en tederheid. Om je te helpen de schepper, krijger, leider, held en waarlijk rijke mens te worden waarvan je lotsbestemming alleen maar kan hopen dat je dit alles ooit wordt.

18

Als je met clowns omgaat, besef dan dat daar een circus bij hoort

Ik wil graag nog eens kijken naar het punt dat ik in een eerdere sessie maakte, omdat ik het je echt wil inprenten. Het gaat om opletten en zorgvuldig kiezen met wie je tijd doorbrengt. Want je kunt aan een uitzonderlijk groots leven werken óf je blijven omringen met toxische mensen – maar het kan niet allebei.

Je wordt met wie je omgaat en je gesprekken hebben merkbaar invloed op hoe je de wereld ziet, maar ook op hoe jij je in die wereld laat zien. Als jij je dagen slijt in gezelschap van slachtoffers, ongelovigen en criticasters, dan zullen hun ziekmakende gedachten en emotionele schaduwen afbreuk doen aan je genialiteit.

Investeer jij je waardevolle uren (heb je ze eenmaal verbruikt, dan zijn ze voor altijd weg) in mensen die jouw plezier vergallen, je ambities bespotten en jou besmeuren met hun gif, dan zul je vast blijven zitten en je voornemen loslaten om zinvolle dingen te bereiken, ware schoonheid te ervaren en te leven met een grote mate van vrijheid.

Mag ik je daarom uitnodigen de mensen die je in je kring hebt toegelaten aan een grondige inspectie te onderwerpen en eenieder te verwijderen (of er veel minder tijd mee door te brengen) die negatief is? En mag ik je verder vragen de banden aan te halen met diegenen die brandstof geven aan jouw geloof in kansen, moed en menselijke mogelijkheden?

Want als je blijft optrekken met clowns, dan moet je echt beseffen dat daar een circus bij hoort.

19

Laat zelfzorg je eigenwaarde niet om zeep helpen

Ik wil graag dat je weet hoe belangrijk het is om zelfzorg (waarbij het onder meer draait om het beschermen van je zuiverste geest, het helen van je goede hart, het versterken van een gezond lichaam en het voeden van je soevereine geest) niet te verwarren met het heroïsche doel om overmoedig te leven en een creatieve missie na te jagen die je eigenwaarde zal vergroten.

Veel mensen gebruiken 'innerlijk werk' als een manier om angsten niet onder ogen te hoeven zien en om niet het 'uiterlijke werk' te hoeven doen dat hun genialiteit tot realiteit zal maken. Kijk, ik predik al ruim een kwarteeuw om aan een rijker innerlijk leven te werken. Toen ik net begon als auteur en spreker lachten mensen me uit wanneer ik het had over een geweldige ochtendroutine, dagelijkse meditatie als manier om sterk en rustig te blijven, in de natuur te wandelen voor meer positiviteit en een betere creativiteit, meer te rusten om je levensduur te verlengen en om je leven op te bouwen rondom een doel. Met zelfzorg leg je de basis voor een vrolijk, evenwichtig, gezond en rustig leven.

Knoop dit in je oren: echt succesvolle mensen gebruiken de wijze behoefte aan zelfzorg nooit als excuus om de soms moeilijke dingen niet te hoeven doen die er ook toe bijdragen dat een mensenleven excellent wordt. Zij zitten niet het beste deel van hun tijd te weken in een badkuip vol badzout, terwijl er verse kamillethee staat te trekken onder de klanken van mystieke meditatiemuziek en iemand hun een voetmassage geeft.

Om uit te blinken moet je absoluut gefocust, productief, vasthoudend en onverslaanbaar zijn in het hartstochtelijk nastreven van projecten die soms misschien moeilijk zijn, maar die je pushen om je hoogste (en meest getalenteerde) zelf te onthullen. Met het consistent bereiken van schijnbaar onmogelijke doelen leer je jouw sterke punten en je talenten kennen, evenals krachten waarvan je het bestaan niet eens vermoedde. En door je diep geïnspireerde dromen te vertalen in gedisciplineerde, dagelijkse resultaten ontstaat er een spoor van overwinningen die je eigenwaarde doet zinderen. Je zult meer van jezelf houden wanneer je vaker dingen doet die je niet leuk vindt (maar die wel belangrijk zijn om te doen). En geloof me: door zelfs nóg productiever te worden zul je meer geluk ervaren.

Dus doe het allebei. Maak van goede zelfzorg topprioriteit. Een buitengewoon leven is een rechtstreekse weerspiegeling van innerlijk welbevinden. Maar breng het in balans door voortdurend te blijven bouwen aan een basis van opperste eigenwaarde die ontstaat uit uitmuntend optreden, buitengewone prestaties en het consistent creëren van regelrechte meesterwerken.

20

Word een ja-zegger

Een tijdje geleden zou ik in Londen voor een publiek van negenduizend topmensen uit het bedrijfsleven een presentatie geven over leiderschap, en kort daarvoor had ik een schitterend gesprek met de zoon van een beroemde spreker.

Hij vertelde dat zijn vader weliswaar bejaard is, maar nog altijd overal ja op zegt. *Op alles.*

Hij zegt ja tegen spreekbeurten, ja tegen het schrijven van meer boeken en ja tegen het coachen van jonge ondernemers. Ja tegen het reizen naar allerlei continenten, ja tegen het lezen van nieuwe boeken, ja tegen frisse uitdagingen, ja tegen nieuwe vriendschappen en ja tegen het ondernemen van opwindende avonturen.

Je zou deze man gerust een ja-zegger kunnen noemen.

En dat vind ik nogal wat. Onze kleine planeet, waarop zoveel gebeurt, heeft meer ja-zeggers nodig. Mensen die zo wijs zijn om hun apparaten terzijde te leggen en de wonderen van het moment van nu toe te laten. Mensen die echt begrijpen dat de illusie van veiligheid altijd gevaarlijker is dan het ongemak van groei. Mensen die het vertikken om tachtig keer hetzelfde jaar te beleven en dát dan een leven te noemen.

Angst, twijfel, ongeloof, apathie, middelmatigheid, cynisme en aanspraak willen maken houden je klein: het zit je aangeboren toegang tot uitmuntendheid, productiviteit, geluk en het leiderschap in de weg. Terwijl dat je geboorterecht is.

Het krachtigste woord ter wereld zou dan ook weleens een van de eenvoudigste kunnen zijn: 'JA.'

Om de eerste vorm van rijkdom te vergroten stimuleer ik je enthousiast ja te zeggen tegen dat riskante nieuwe project dat je groei zal bevorderen. Zeg ja tegen die reis die je jarenlang voor je uit hebt geschoven. Zeg ja tegen het geven van die toespraak waar je het Spaans benauwd van krijgt, tegen die nieuwe relatie die je emotioneel uitdaagt en tegen het boek dat zo moeilijk lijkt dat je het niet wilt lezen terwijl je weet dat je dat wel zou moeten doen, omdat het de wijsheid bevat waarvan je sterkste zelf wil dat je die kent.

Jouw grootsheid en je magie hangen ervan af. En je persoonlijke eer eist het van je. Dat je veel vaker ja zegt.

DE TWEEDE VORM VAN RIJKDOM

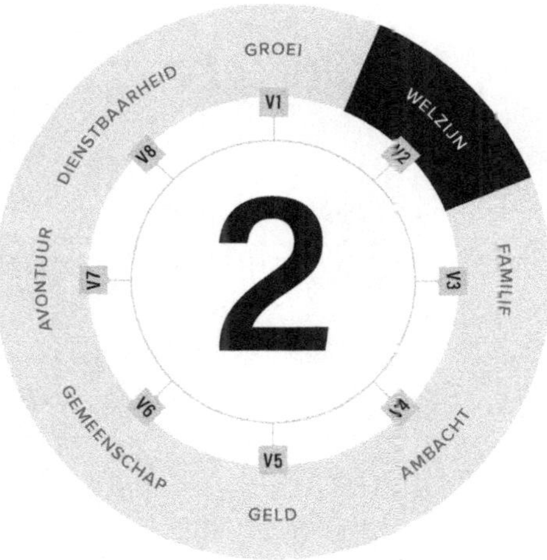

Welzijn

De gewoonte om je gezondheid gestaag te optimaliseren

Gezondheid wordt pas gewaardeerd als er sprake is van ziekte.

– THOMAS FULLER, ENGELS HISTORICUS

De tweede vorm van rijkdom

Welzijn | Een kort overzicht

Gezondheid is een soort rijkdom. Als je je lichamelijk, mentaal, emotioneel en spiritueel niet goed voelt, dan betekenen alle geld van de wereld, bezittingen en roem helemaal niets. Raak je je welzijn kwijt (en ik bid dat je dat nooit zal gebeuren), dan geef ik je op een briefje dat je het de rest van je dagen zult proberen terug te krijgen.

In een wijze traditie wordt het zo verwoord: 'Wanneer we jong zijn, willen we al onze gezondheid wel opofferen om rijkdom na te jagen. En eenmaal oud zijn we bereid al onze rijkdom op te offeren voor zelfs maar één dag van goede gezondheid.'

Gisteren sprak ik met een geweldige, echte vriend. Zijn oom was een miljardair die onlangs is overleden. Mijn maat vertelde zachtjes over de ernstige ziekte van zijn oom en hoe hij tegen het eind zijn familie vaak zei dat hij zijn hele fortuin wel wilde weggeven om zijn ooit zo vanzelfsprekend gedachte gezondheid terug te krijgen.

Het heeft geen zin om druk te doen, je uit te sloven, te hard te werken en niet te slapen om je persoonlijke Mount Everest te bedwingen, om vervolgens ziek in een steriele ziekenhuiskamer te belanden, met buisjes in je keel, naalden in je aderen en gekluisterd aan een bed. Ik weet dat je begrijpt wat ik bedoel.

En als ik het heb over het beschermen van je beste gezondheid, dan heb ik het zeker niet alleen over je fysieke wezen. Om je rijkste leven te leiden moet je ook de gezondheid van je geest voeden, over het welbevinden van je emotionele universum waken en regelmatig zorgvuldig voeding geven aan je spirituele leven. Zodat je je constant gelukkig en intens vredig voelt. Want hoe kun je nou zeggen dat je rijk bent zonder een leven van positiviteit, verwondering en bezieling?

21

Neem een bosbad

Oké, dit moet je misschien niet letterlijk opvatten (hoewel: als jij dat wilt, vind ik het prima). In Japan is *shinrin'yoku* – letterlijk 'bosbaden' – een enorm populaire bezigheid. Wetenschappelijk onderzoek heeft bevestigd dat wandelen in het bos je bloeddruk en vermoeidheidsverschijnselen, angsten, depressie en cognitieve verwarring aanzienlijk vermindert.

Een stevige wandeling in de natuur verlaagt daarnaast het stresshormoon cortisol en versterkt je geluksniveau. Deze gewoonte is niet alleen uitstekend voor je mentale, fysieke en emotionele gezondheid maar ook fantastisch voor je spirituele kracht. Door dicht bij de aarde te zijn, je te aarden tussen de bomen, frisse lucht in te ademen en afstand te nemen van onze lawaaiige wereld kom je opnieuw in contact met het hoogste deel van jezelf: het deel dat de antwoorden kent op je diepste vragen, de wijsheid bezit om je te begeleiden naar je beste beslissingen en verbonden is met het hele leven zelf.

Wandelen in de natuur is ook een van mijn favoriete activiteiten om creativiteit te stimuleren. De gevierde Engelse auteur Virginia Woolf wandelde dagelijks. Charles Darwin, de legendarische wetenschapper, wandelde het grootste deel van zijn leven elke dag drie keer drie kwartier. En Vincent van Gogh zei: 'Probeer te wandelen zoveel je kunt en blijf houden van de natuur.'

Ik raad je aan om vóór je werkdag begint een kwartiertje ergens te wandelen waar bomen, planten en bloemen zijn. Dat protocol zal een enorm verschil betekenen voor je vermogen je te concentreren, je energie en je algehele productiviteit.

Wij mensen zijn erop gebouwd om in de natuur te zijn. Dat samenzijn zal niet alleen je welzijn optimaliseren maar brengt nog veel meer verwondering, fascinatie en schoonheid in je leven. Zou dat niet gezond zijn?

22

Je genen zijn niet je lotsbestemming

Het vakgebied van epigenetica fascineert me enorm. 'Epi' is Grieks voor 'boven'. Dus epigenetica is niets meer of minder dan het onderzoek naar factoren in je genetische code die het in- en uitschakelen reguleren van de genen waarmee je bent geboren. Ik hoop dat dit logisch klinkt.

In het verleden werd algemeen aangenomen dat de genen die je van je ouders had geërfd jouw fysieke lotsbestemming bepaalden. Het 'nature-nurturedebat' (is het aanleg of opvoeding?) is opgelost en wetenschappelijk onderzoek bevestigt nu dat de manier waarop mensen zich ontwikkelen in termen van fysieke en mentale gezondheid *zowel* de natuurlijke genen omvat die we hebben gekregen van eerdere generaties *als* omgevingsfactoren, zoals de kwaliteit van ons denken, onze dagelijkse gezonde gewoontes, ons eetgedrag en ons slaapprotocol.

Ja, de keuzes die wij maken op het gebied van omgeving en leefstijl kunnen de geërfde genexpressie sterk veranderen. *Je hoeft geen slachtoffer te zijn van je genen.* Je kunt dus daadwerkelijk de genen in je genoom uitschakelen die je anders slecht zouden laten functioneren of je ziek zouden maken, en genen inschakelen die je welzijn optimaliseren en leiden tot een lang leven zonder ziekten. Dat doe je door gezondere dingen te doen, zoals 's ochtends sporten, stressbeheersing via regelmatige meditatie, wandelen in de natuur (zoals ik in het vorige hoofdstuk opperde), goed ademen, onbewerkt voedsel eten zonder chemicaliën, intermittent fasting, minder alcohol drinken, minimaal één dag per week je devices wegleggen, koud douchen of heet baden en goed uitrusten.

Dus als jouw zorgzame mentor op afstand raad ik je aan om nooit je vermogen uit handen te geven om de gezondste mens te worden die je kent, door excuses te verzinnen over de genen waarmee eerdere generaties je hebben opgescheept. Wijd je vanaf nu constant aan de gewoontes die je hopelijk voor altijd laten leven, en als je dat al doet, doe het dan nóg meer.

23

Het kortste hoofdstuk in de geschiedenis van gezondheidsinspiratie?

Weinig gewoontes zullen je zo goed helpen als dagelijks flink bewegen. Dat is het elixer voor een buitengewoon leven. En omdat ik graag wil dat jij je allerbeste zelf wordt, zeg ik nu vol overtuiging: als je nog niet sport, kom dan in de benen en begin!

Als je wel al regelmatig traint, doe het dan met nog meer enthousiasme. En daag jezelf fysiek uit. *Vandaag*.

Het leven is gewoon te kort om niet echt fit te worden. En zoals Mark Twain zei: 'Constante verbetering is beter dan uitgestelde perfectie.'

24

Zie voeding als medicijn

'Laat voeding je medicijn zijn en medicijn je voeding,' werd ons geleerd door Hippocrates, de vader van de geneeskunde.

Je voedingspatroon heeft een diepgaande invloed op je algehele welzijn. Van blauwe bessen, appels, zalm en groene thee is bijvoorbeeld bewezen dat ze je geluksgevoel bevorderen. Van voedingsmiddelen als avocado, paranoten en eieren is wetenschappelijk aangetoond dat ze sterk werken tegen vermoeidheid en je de energie geven om op je best te zijn.

In een onderzoek dat in *The Lancet* is gepubliceerd werd gemeld dat slechte voeding in het jaar waarin dit onderzoek werd uitgevoerd wereldwijd elf miljoen levens had geëist. Voeding met veel natrium was de belangrijkste risicofactor voor dit sterftecijfer. Dus mijn vriendelijke maar sterke aansporing is dat je vanaf nu *cleaner*, duidelijker en bewuster eet. 'Eet het niet als het niet aan een boom hangt, in de grond groeit of een moeder heeft' is een goed adagium om te volgen (tenzij je vegan bent). En bedenk dat je je nooit goed zult voelen als je slecht eet.

Hoe gek het ook klinkt: ik zie water ook als medicijn. Je zou als regel vier tot zes glazen water per dag moeten drinken en dat levert je allemaal schitterende gezondheidsvoordelen op, zoals een betere bloedsomloop, een vitalere huid en dito hersenfunctie, minder gewrichtspijn, een gezonder hart en een betere werking van de mitochondriën, zodat je langzamer veroudert en langer leeft.

Ik ga niet in op de vraag welk dieet het best zou zijn, want ik houd niet zo van diëten (zorgen voor een duurzame *leefstijl* waarin gezond eten is opgenomen is duizend keer verstandiger), en niet alles is geschikt voor iedereen.

Ik moet nu wel zeggen dat een van de beste investeringen die ik ooit heb gedaan een analyse van mijn genoom was (online kun je heel snel vinden waar dat kan) omdat die mij precies liet zien welke voedingsmiddelen voor mij het best zijn, afgaand op de vraag welke van mijn genen optimaal functioneerden en welke konden worden versterkt via mijn voeding. Ik adviseer je gewoon om voeding te zien als een soort medicijn en om te eten wat voor jou het beste is. Je mindset, stemming, energie, vitaliteit en kracht zullen je er eeuwig dankbaar voor zijn.

25

Bescherm je geestelijke gezondheid

Dankbaarheid is echt het tegengif voor piekeren. En behulpzaamheid is een geweldige remedie tegen angst. Laat ik dat even uitleggen.

Om te beginnen zou een deel over gezondheid niet compleet zijn zonder het ook te hebben over mentale fitheid (want wat heb je aan een gezond lijf als je geest niet in orde is?). Het beschermen van je mind versterkt ook het fysieke leven. Dus laten we eens kijken naar enkele van mijn aanbevelingen om je psyche in topconditie te houden.

Mensen hebben een ingebouwde neiging tot negativiteit. Jij en ik scannen de omgeving automatisch en zijn actief gefocust op dreiging. Die cognitieve neiging heeft ons duizenden jaren geleden goede diensten bewezen, toen we onophoudelijk gevaar zagen in onze omgeving. Het evolutionaire instinct stelde onze voorouders in staat te overleven. Maar inmiddels zijn de sabeltandtijgers geschiedenis, is de kans dat je van de kudde afdwaalt en verhongert veel kleiner geworden en is het risico dat je wordt gedood door een lid van een vijandelijke stam nagenoeg nihil.

Toch gaan we nog altijd gebukt onder de neiging van onze hersenen om te speuren naar problemen, te blijven hangen in teleurstellingen en veel meer belang te hechten aan negatieve dan aan positieve situaties.

… We piekeren over een vervelende opmerking die aan ons was gericht (en soms onthouden we die nog jarenlang) en vergeten alle lof die we ook hebben ontvangen.

… We zijn gefocust op de irritante trekjes van een collega in plaats van op diens vriendelijke eigenschappen.

… We blijven traumatische ervaringen herbeleven in plaats van die los te laten, verder te gaan en te genieten van de mooie dingen van het moment.

… De kans is twee keer zo groot dat we iets wat ons leven enorm zou kunnen verrijken *niet* doen (uit angst te verliezen wat we hebben) dan dat we het geluk beleven dat ontstaat door de positieve effecten van nieuw gedrag (lees dit alsjeblieft nog een keer).

Om je negativiteitsbias om te zetten in een positievere focus geef ik je hier vier oefeningen. Doe je die regelmatig, dan kunnen ze je een hoop meer geluk en mentaal welzijn opleveren:

Oefening voor positiviteit #1: Schrijf een alinea met als onderwerp 'Hoe zou dit erger kunnen zijn?' Schrijf in je dagboek een paar zinnen waarin je beschrijft hoe het scenario dat je dwarszit nog *dramatisch veel erger* zou kunnen zijn. Dat verandert de staat van je gedachten van toxisch in dankbaarheid, en dat zet je problemen in perspectief.

Oefening voor positiviteit #2: Leer goed te genieten. Massa's mensen haasten zich door het leven alsof ze vluchten voor een uitslaande brand. We proppen onze agenda's helemaal vol, zijn geobsedeerd door maximale productiviteit in elk uur dat we wakker zijn en verwaarlozen de dingen waarvan bekend is dat ze essentieel zijn voor een volop geleefd leven, maar gaan intussen wél online chatten met mensen die we niet eens leuk vinden. Positieve psychologen hebben ontdekt dat de gelukkigste, gezondste mensen iets gemeen hebben: ze maken werk van 'genieten'. Dat betekent dat wanneer er iets goeds gebeurt, ze even gas terugnemen en dit tot zich laten doordringen. Actief en consistent tijd nemen om je zegeningen te tellen en erbij stil te staan – ook al is het maar die lekkere kop koffie in de ochtend, dat dak boven je hoofd of dat goedlachse kind.

Oefening voor positiviteit #3: Verbeter je zelfpraat. De meeste mensen zouden anderen nooit zo venijnig toespreken als zichzelf. Begin met liever zijn voor jezelf. Geef jezelf meer complimenten voor goede daden of waardering omdat je jezelf trouw blijft en vier alles wat je wordt. Je hebt zoveel problemen overwonnen, zoveel goede dingen bereikt en bent een bron van moed geweest voor een hele hoop mensen: praat dan ook tegen jezelf op een manier die deze vooruitgang reflecteert.

Oefening voor positiviteit #4: Wees actief behulpzaam. Door iets van jezelf te geven om anderen te dienen bevrijd je jezelf van zorgen, negativiteit en angst. Vraag jezelf actief en consistent af: 'Hoe kan ik het leven van anderen beter maken?' en doe daar iets mee. 'De beste manier om jezelf te vinden is jezelf verliezen in het dienen van anderen,' sprak Mahatma Gandhi.

Hoe meer je deze vier voornaamste praktijken voor positiviteit oefent, hoe beter je jouw neurale banen kunt herstructureren en de neiging tot negativiteit verslaat die staat tussen jou en plezier, vitaliteit en sereniteit.

26

Micromeditaties

Ik schrijf dit vanuit een klein hutje in een Zuid-Afrikaanse wijngaard. Ik ben hier voor inspiratie en afzondering, zodat ik dit deel van het boek kan afronden. Er speelt countrymuziek, de zon komt op vanachter de bergen in de verte en ik geniet van het gelach van arbeiders die tussen de oude wijnranken door lopen.

Laten we dit hoofdstuk beginnen met een vraag: waarom zou je alles willen bezitten waarnaar je volgens de maatschappij zou moeten streven, als je jezelf vervolgens helemaal leeg voelt wanneer je dat eenmaal hebt? En bovendien constant bang bent om het allemaal weer te verliezen?

De sleutel tot een geweldig leven, zo heb ik ontdekt, ligt in aanwezig zijn in de wereld maar er niet aan vastzitten. Doe je best, en laat het leven zorgen voor de rest – zo is het toch? En alles wat gebeurt, gebeurt om een wonderbaarlijk goede reden, zelfs als het op het moment zelf heel beroerd lijkt – zo is het toch ook? Het menselijk bestaan is een soort spel. Je doet eraan mee omdat je op aarde leeft en je je er dus in feite voor hebt aangemeld. Maar je moet niet vergeten dat het allemaal een illusie is, in allerlei opzichten, en dat de dingen die de meerderheid belangrijk acht doorgaans heel onbelangrijk zijn.

Ik denk dat ik je dit probeer te zeggen: steek de beste dagen van je leven alsjeblieft niet in het beklimmen van een berg om pas wanneer het te laat is tot het besef te komen dat je de verkeerde helling hebt gekozen. Het verspillen van een leven is een tragische fout.

En dat brengt me bij mediteren. Dat hoeft echt niet elke dag, hoewel ik eigenlijk vind dat je dat wel zou moeten doen, zelfs als je een zakelijke grootheid bent, een topatleet of een staatsleider. Sterker nog: als je een van deze banen hebt, *moet* je gewoon mediteren. En dat doet me weer denken aan een andere stelling van Mahatma Gandhi: 'Ik moet vandaag zoveel doen dat ik twee uur zou moeten mediteren in plaats van een.'

En zelfs als je geen functie hebt waarin je veel onder druk staat, raad ik je nog altijd sterk en liefdevol aan om regelmatig te mediteren. Dat houdt je bij jezelf en maakt je sterk wanneer het moeilijk is, het helpt je optimistisch te denken en je heel ontspannen te voelen. Daardoor neem je de helderste beslissingen en presteer je op je best.

Mediteren zal ook ontstekingen verminderen die ziekten veroorzaken, en het helpt je veel langer te leven. Je hoeft het zelfs niet elke keer heel lang te doen.

Ik ben dol op meditaties van een of twee uur, maar als je wilt, kun je ook micromeditaties doen. Lukt een uur niet? Doe dan een halfuur. Is een halfuur te veel? Mediteer dan tien minuten. Lukt tien minuten niet, doe dan gewoon vijf.

Iets is beter dan niets. En *elke sessie telt*. Dat doet het echt, echt waar! Vooruitgang boeken is altijd beter dan perfect willen zijn. Regelmatige overwinningen helpen samen om jou dichter bij een leven te krijgen van constante tevredenheid en een blijvende innerlijke vrijheid.

27

De regel van naakt zonnebaden

Oké, misschien hoef je niet echt naakt te zijn (tenzij je dat graag wilt en dat vind ik prima).

Het punt dat ik nu graag bij je onder de aandacht wil brengen, terwijl je werkt aan de tweede vorm van rijkdom, is de duizelingwekkende waarde van tijd die je in de zon doorbrengt (niet te lang, want dat is slecht, maar toch wel een behoorlijke tijd, want dat is goed). Elke dag opnieuw. Of wanneer de zon ook maar schijnt.

Een bescheiden blootstelling aan de zon (tien tot twintig minuten) verhoogt je serotoninespiegel, en dat verhoogt weer je geluksniveau. Van deze hoeveelheid zonnebaden wordt bovendien gesteld dat het de hoeveelheid vitamine D verhoogt met 5000 IU. Er wordt zelfs vermoed dat een korte periode in de zon tussen 8 en 12 uur 's ochtends je helpt af te vallen. O ja, en zonnebaden in de ochtend – nog steeds met mate – zorgt dat er zonlicht in je ogen komt en dat verhoogt je mentale focus, je algehele alertheid in de loop van de dag en de diepte van je slaap.

En weet je wat? De *Journal of Internal Medicine* schreef over een onderzoek onder duizend Zweden waaruit bleek dat mensen die dagelijks een klein poosje in de zon doorbrachten, zes maanden tot twee jaar langer leefden dan mensen die dat niet deden.

Nu is een te grote blootstelling aan uv-stralen in zonlicht kankerverwekkend. Dat weet je.

Maar misschien kan een klein beetje meer zonnebaden nu nét die gewoonte zijn die je positiviteit laat groeien, je innerlijke rust vergroot en je rijkste leven verlengt.

28

Een work-out waarbij je flink zweet is altijd goed

Vanochtend werd ik wakker en had ik geen zin om te trainen. In mijn hoofd kwam een waslijst aan geweldige smoesjes opzetten: 'Vandaag zou een rustdag goed zijn' (ik had geen rustdag nodig want die had ik een paar dagen eerder al gehad) en 'Ik ben een kunstenaar, dus waarom zou ik niet van het moment genieten?' En: 'Morgen doe ik twee keer zo hard mijn best in de sportschool.'

Toch wist ik uit het enorme reservoir aan wilskracht dat we allemaal hebben (een spier die sterker wordt naarmate je die meer gebruikt) te putten en ik dwong mezelf naar de sportschool te gaan. Smoesjes zijn slap en van uitstel komt afstel. En ik herinnerde me wat bokslegende Mohammed Ali me leerde toen hij zei: 'Ik haatte elke minuut van elke training. Maar ik zei tegen mezelf: niet opgeven. Als je nu lijdt, leef je de rest van je leven als kampioen.'

En raad eens? De training werd gemakkelijker naarmate ik meer ging doen. Ja. Ik zette de muziek harder (dat was 'Anthem' van Greta Van Fleet) en ging wat sneller (ik was aan het hardlopen). Hoe meer ik zweette, hoe gelukkiger ik me voelde. Hoe langer ik hardliep, hoe meer energie ik had. Toen ik klaar was, voelde ik me *absoluut fantastisch*. Het besluit om te doen waar ik geen zin in had, veranderde de textuur, het gevoel en de energie van mijn hele dag volledig.

De les die jij hieruit kunt leren, mijn vriend? Een makkie. Al word je wakker met de gedachte dat sporten vandaag geen goed idee is: tegen de tijd dat je het hebt gedaan, zul je beseffen dat het juist wél een goed idee was geweest. Daar durf ik mijn trouwe, modderige mountainbike om te verwedden. Want je voelt je altijd zoveel beter na een pittige work-out dan voordat je eraan begon.

29

Daag jezelf uit: dertig dagen zonder suiker

Wanneer ik een miljardair coach, een beginnend ondernemer raad geef of een beroemd acteur adviseer: vaak geef ik ze een reeks uitdagingen die dertig dagen duren. Dat werkt bijzonder goed.

... Als je fitter wilt worden, zou de uitdaging kunnen bestaan uit dertig dagen lang elke ochtend tienduizend stappen zetten.
... Richt je je meer op positiviteit en mentale kracht, dan kun je denken aan dertig hele dagen niet klagen.
... Is het doel een veel hogere kwaliteit van je werk, dan zou de uitdaging kunnen bestaan uit dertig dagen zonder social media, of dertig dagen naar zee om je magnus opus af te ronden.

Je begrijpt het wel. En dit concept werkt echt ongelooflijk goed (vooral als je dagelijks een logboek bijhoudt of een online *habit tracker* gebruikt). Als je een dag overslaat is dat geen ramp, val jezelf dan niet te hard af. Klim morgen weer op dat paard. En gek genoeg brengt me dat bij het onderwerp suiker.

Suiker is gewoon vergif, wist je dat? Het kan leiden tot een lekkende darm, diabetes, vervetting van de lever en hartklachten. Het kan kanker versnellen, je hersenwerking verstoren en stofwisselingsstoornissen vergroten.

Ban suiker uit je leven en je fysieke welzijn, mentale focus, energiepeil en levensduur zullen stijgen.

Precies: gebruik dertig dagen lang geen suiker. De eerste twee dagen zijn een strijd, omdat je hang naar zoet schreeuwt om ijs, snoep, chocolade of frisdrank. Maar dan past je lichaam zich aan en krijg je een groter verlangen naar natuurlijkere voeding. Je begint je dan ook echt, echt, écht geweldig te voelen. Onthoud dat alle verandering in het begin moeilijk is, halverwege rommelig, maar uiteindelijk heerlijk. En dat niets zo goed smaakt als een optimale gezondheid voelt.

30

Doe een dopaminedetox

Een van de beste dingen die je kunt doen om je welzijn naar een heel nieuw niveau te tillen, is jezelf bevrijden van de veel te vaak voorkomende, onophoudelijke hang naar dopamine.

Socialmedia-apps zijn er helemaal op gebouwd je een hogere afgifte van deze neurogenerator te geven, zodat je je gedreven en opgetogen voelt. Elke keer dat je likes ziet onder een van jouw posts wordt het beloningscentrum van je hersenen geactiveerd en dat zorgt voor de afgifte van nog meer dopamine.

Op een soortgelijke manier kweken tv-programma's vol actie, een hectische dagindeling, zoetigheid eten en bezig zijn met andere vluchtmogelijkheden zoals te veel sms'en, eindeloos online scrollen, compulsief kleding kopen en alcohol drinken een dopaminefeedbackloop. Het doen van deze dingen geeft je à la minute gevoelens van plezier, waardoor dopamine in je hersenen wordt afgegeven, waardoor je weer gemotiveerd raakt nóg meer van dit plezierige (maar vaak toxische) gedrag te vertonen.

Hier is een belangrijk stukje informatie: als je meer dopamine produceert, heb je meer dopamine nodig voor eenzelfde kick. Dat leidt niet alleen tot een tekort aan dopamine, maar ook tot het psychologische fenomeen van hedonistische adaptatie – waarbij je alles doet waar je ooit gelukkig van werd, maar waarbij je nu alleen nog apathie voelt. Je gaat je afgemat voelen en merkt dat maar weinig dingen in het leven je nog plezier geven – en dat pusht je om zelfs nóg meer prikkels na te jagen in de hoop dat je meer het gevoel krijgt te leven. Wat een chaos!

De oplossing? Een dopaminedetox. Doe vijf tot misschien zelfs tien dagen het volgende:

... niet op je digitale apparaten kijken in de eerste twee uur nadat je wakker bent geworden;
... volledige onthouding van social media;
... tv-kijken, videogames en zelfs muziek vermijden gedurende je detoxperiode;
... thuis eenvoudige, lichte maaltijden eten in plaats van zware maaltijden in een restaurant;
... elke dag een paar uur lang alleen zijn, in stilte en in rust;
... geen alcohol of andere verslavende stemmingsverbeteraars gebruiken zolang je bezig bent met de dopaminedetox.

Hierdoor wordt je dopamineproductie weer gekalibreerd en voorkom je dat het beloningssysteem van je hersenen gegijzeld wordt. Het stelt je in staat te breken met slechte gewoontes zoals eindeloos kijken naar feeds op social media, het zoeken naar grappige filmpjes of het vullen van elk mogelijke moment met ‘haast en drukdoenerij’, alleen maar voor een heel klein beetje extra van dat goede gevoel.

Ik denk dat ik probeer je het tempo van je dagen wat te laten vertragen, ze wat eenvoudiger te maken. Doe minder, leef meer. Dat doet me denken aan wat Henry David Thoreau schreef in zijn schitterende boek *Walden*:

> Ik ging naar het bos omdat ik bewust wilde leven, alleen de essentiële levensfeiten wilde beleven en zien of ik niet kon leren wat het bos me kon leren – en niet op mijn sterfbed zou ontdekken dat ik niet had geleefd.

31

Word een professioneel slaper

Wil je je mooier voelen en veel gezonder worden, ga dan veel meer slapen. De afgelopen nacht heb ik tien uur geslapen! Dat is niet mijn normale routine, en toch, jeetje, wat voel ik me vandaag goed!

Eindeloos veel gerenommeerde onderzoeken vertellen jou, mij en de rest van de brave zielen die op aarde rondlopen dat een gebrek aan slaap de beste manier is om je levensduur te verkorten.

Hoewel ik mensen al jarenlang stimuleer om vóór dag en dauw op te staan (miljoenen mensen hebben *5 AM Club* gelezen en hebben de *20/20/20-formule* voor een ochtendroutine van wereldklasse geïnstalleerd en daarmee hun leven een dramatische upgrade gegeven), heb ik niet gezegd dat dit ten koste moet gaan van rust. Absoluut niet.

Slaap is geen luxe, maar een noodzaak. (Wil je die zin alsjeblieft nog vijf keer lezen en die dan in je hart en ziel griffen?) Want goed rusten behoort tot het fundament van een geweldig leven.

Onderzoek bevestigt dat wanneer we slapen, er een mechanisme in gang wordt gezet dat de hersenen reinigt. Goed slapen spoelt toxische stoffen uit je brein, repareert hersencellen die zijn beschadigd door stress en zorgt ervoor dat herinneringen samenkomen en dan zo efficiënt mogelijk worden geïntegreerd.

Goed rusten geeft ook meer creativiteit, een betere productiviteit (door het bijtanken van energie) en zorgt zelfs voor emotionele stabiliteit (door het reguleren van de amygdala, het deel van de hersenen dat stresshormonen afgeeft als reactie op een bedreiging, en verkleint de kans op gijzeling van je limbisch systeem). Is je ooit opgevallen hoe gemakkelijk je na een nacht slecht slapen overtrokken reageert en slechte keuzes maakt die grote problemen veroorzaken? Ik zou bijna chargeren door te stellen dat we het grootste deel van onze fouten maken wanneer we moe zijn. Een heerlijke nachtrust herstelt je perspectief en maakt gewoon *alles* beter.

Ik nodig je uit om een slimme slaaproutine op te bouwen, zodat je zo goed mogelijk uitrust.

Daarbij kun je denken aan het volgende:

... Ga een flink stuk wandelen nadat je je werk af hebt, zodat je tegen de tijd dat je naar bed gaat zo moe bent dat je slaapt als een roosje.

... Check na 20.00 uur geen digitale apparaten meer en stel je niet meer bloot aan het witte scherm, dat invloed heeft op de melatonineproductie. (Melatonine is nodig voor een levensbevestigend herstel via je slaap.)

... Een bedritueel waarbij je onder meer schrijft over je kleine overwinningen van die dag, over wat je hebt geleerd en ook over blije momenten – hoe klein ook. Ontspan in een warm bad met ontspannende muziek, vermijd notificaties, het nieuws en alles wat je spanning verhoogt en jou overprikkelt.

... Ruim alle rommeltjes in je huis op, leg je sportkleren en hardloopschoenen klaar op de avond voordat je 's ochtends gaat trainen (leg die pal naast je bed), zodat je geen enkele reden hebt om uit te stellen wanneer je wakker wordt.

… Pak je rust in een koele slaapkamer, vrij van technologie en verstoringen (woon je in een drukke stad, gebruik dan een witteruisapparaat om irritante geluiden te maskeren).

'Slaap is God. Aanbid het,' schreef de Amerikaanse auteur Jim Butcher.

Wijze woorden!

32

Laat je in de sportschool zien zoals je in het leven gezien wilt worden

Ik zit in de boerderij en het regent. De ramen zijn heel oud, dus is er wat regen naar binnen gesijpeld. Het sijpelt op mijn geliefde schrijftafel. Dat maakt niet uit: daar krijgt die tafel nog meer karakter van.

Mijn les in dit hoofdstuk is glashelder: *zoals je sport, zo leef je ook*. Hoe jij je laat zien in de fitnesszaal bepaalt de manier waarop je in alle andere delen van je leven te werk gaat (omdat de manier waarop je het ene doet eigenlijk een voorbereiding is voor de manier waarop je alles doet). Dus gebruik je training om een manier van *zijn* te vormen die je ook in de rest van je leven goede diensten bewijst.

Wanneer ik iemand zie met een heel goede conditie, dan weet ik dat diegene over vijf belangrijke eigenschappen beschikt die niet alleen goed zijn voor diens lichamelijke welzijn, maar ook bijdragen aan zijn of haar leven als geheel.

Focus. Als je traint, werk je eigenlijk aan je focus. Gebruik dit als een soort meditatie en blijf met je gedachten bij waar je mee bezig bent. Ga volledig op in het moment. Als je gedachten afdwalen, breng ze dan terug naar het heden. Hoe meer je dit oefent, hoe beter je in staat zult zijn je aandacht vast te houden, ook bij bezigheden buiten de sportzaal. En je blijft gericht op de activiteiten die ertoe doen in plaats van dat je eindeloos wordt afgeleid.

Toewijding. De beste trainingen zijn die waar je eigenlijk geen zin in had, maar toch ging doen – en uiteindelijk was je daar heel blij om. Consistent moeilijke dingen doen waar je misschien geen zin in hebt (terwijl je weet dat je het eigenlijk wel moet doen omdat het zo verduveld goed voor je is): dat is hoe helden helden worden. Dus houd je aan je voornemens en doe de oefeningen waarvan je had gezegd dat je die zou doen. *Elke* training draagt bij aan het bereiken van je grootste gezondheidsdoel. Als je regelmatig op deze manier te werk gaat, zul je merken dat je een totaal nieuw niveau van toewijding en consistentie bereikt, en dat kun je gebruiken om in andere delen van je leven winst te behalen.

Excellentie. Jazeker: dit betekent dat je zorgvuldig hardloopt. Dat je die yogahouding sierlijk, vaardig en evenwichtig uitvoert. Dat je goed oplet hoe je dat gewicht heft. Dat je bijna perfect sprint. Excellentie in de sportschool is een voorbereiding op excellentie in het leven. En het zorgt er waarschijnlijk voor dat er een stelsel van gewoontes in jou ontstaat dat ervoor zorgt dat je ook buiten de sportschool voor meer dan 'gemiddeld' gaat.

Volharding. Ik moet toegeven dat gisteren in de sportschool eigenlijk niks echt lekker ging. De burpees putten me uit, de push-ups waren bedroevend en ik wilde het ontzettend graag opgeven. Maar ik ben geen zwakkeling. *Ik geef niet op*. Ik weet dat ik optimaal leef en recht doe aan mezelf wanneer ik doorzet op momenten dat ik zin heb om te stoppen. Dus ik zette door. En dat kun jij natuurlijk ook. En wanneer je dat doet, word je in alle dimensies van je leven veel volhardender.

Verbetering. Professionele sporters zijn veel meer geobsedeerd door voortdurende verbetering dan door een ring om hun pink (want ze begrijpen dat dit precies de manier is om zo'n ring te bemachtigen). Ik heb gekeken naar een interview met wijlen NBA-legende Kobe Bryant, waarin hij het had over een doorlopende aandacht voor het proces en plezier hebben in elke training. Hij klonk bijna als een zenmonnik die de voordelen aanprees van leven in het moment versus constant denken aan het eindresultaat (het kampioenschap). Verder zei hij nog dat hij, doordat hij had geleerd van elke training te houden, dat vaker kon doen dan anderen in de league: een keer 's ochtends vroeg, een keer later op de ochtend, dan nog een keer 's middags en nóg een keer 's avonds. Met een brede glimlach concludeerde hij dat hij door dag in, dag uit, maand na maand, jaar in, jaar uit volgens dit schema te trainen, de vaardigheden en bekwaamheden steeds verder uitbouwde die hem zo'n enorm voordeel gaven op anderen en waardoor niemand anders in deze sport hem kon bijbenen. Nooit.

Als je dus naar de sportschool gaat, zorg dan dat je er volledig, helemaal bent. Want dat bepaalt precies hoe jij een leven vol ware rijkdom zult leiden.

33

Word goed in het verlengen van je levensduur

Op de radio hoorde ik iemand kritiek geven op 'biohackers' en een andere commentator stak de draak met de diensten van een Europese kliniek voor levensduur, ergens in de Alpen. Beide mensen zeiden dat veroudering natuurlijk en onvermijdelijk is en dat mensen dit moeten accepteren – je zou er nooit mee mogen stoeien.

Serieus?

Dat doet me denken aan de nee-zeggers die twijfelden aan de deugdelijkheid van Galileo's stelling dat de aarde rond zou zijn. Of aan de bekrompen cynici die zeiden dat auto's nooit paarden en rijtuigen zouden vervangen.

Maar de harde wetenschap is helder: veroudering *kan* worden vertraagd door de juiste dingen te denken, eten en doen. En sommige artsen met veel aanzien hebben zelfs bevestigd dat je veroudering daadwerkelijk kunt *omdraaien*. Ray Kurzweil, de eminente uitvinder en futurist, zei het heel slim: 'Leef lang genoeg om eeuwig te kunnen leven.' De vooruitgang in de geneeskunsde en ophanden zijnde innovaties zal je verbluffen, maar je gaat het geweldig vinden.

In de mentorsessie van vandaag wens ik je toe dat je serieus gaat investeren in het toevoegen van een paar extra decennia aan je leven. Stel je alleen maar voor (sluit je ogen en doe dit gewoon, al is het maar heel even) dat je twintig, dertig, veertig of vijftig (of nog meer) *extra* jaren aan je leven toevoegt door leefstijlgewoontes aan te nemen die variëren van het verstandig innemen van revolutionaire supplementen, tot plonzen in koud water en ijsbaden, warme sauna's, intermittent fasting, voldoende zon op je lijf, een voedingsschema dat goed is voor jouw genoom en regelmatige meditatie – en dat in combinatie met veel tijd in de natuur en een hoop goeie dutjes.

Door je levensduur exponentieel te vermenigvuldigen, profiteer je gigantisch van de magische kracht van *compounding*, niet alleen in je waardevolle financiële leven, maar ook op andere gebieden:

... Heb je twintig *extra* jaren om (bijvoorbeeld) je vak te bestuderen, uit te oefenen en te verbeteren, stel je dan eens voor hoe uitzonderlijk goed je zult worden in wat je doet!
... Heb je dertig *extra* jaren met familie en vrienden, stel je dan eens voor hoeveel meer avonturen je kunt beleven met je dierbaren, van welke geweldige ervaringen je zult genieten en met hoeveel goedheid je hen kunt overladen.
... Heb je veertig *extra* jaren, denk dan eens heel vrolijk na over alle overwinningen die je kunt behalen, boeken die je kunt lezen, reizen die je kunt maken, nieuwe talen die je kunt leren en de persoonlijke groei die je vast en zeker zult bereiken.
... Heb je vijftig *extra* jaren, denk dan eens aan alle mensen die je zult helpen, alle vriendelijkheid die je kunt laten blijken en de magnifieke impact die je zult hebben.

Word geweldig in het vermenigvuldigen van de duur van je bestaan en zorg voor meer uitzonderlijkheid in je leven. Begin zoals altijd met kleine stappen. Zet die consistent, en als je wilt stoppen, blijf dan toch lopen. Het is een waarheid als een koe dat we overschatten hoeveel vooruitgang we kunnen boeken in een maand tijd, maar toch onderschatten hoe ver we in een halfjaar kunnen komen.

Oké. Supermaatje, mijn hondje, wil dat ik met haar ga lopen. Dus ik moet gaan. Doei!

34

Eet één dag per week maar één keer

Dit is een spannende boodschap. We weten intussen dat caloriebeperking goed is voor onze gezondheid, en dat dit onze levensduur verlengt. Lees maar eens iets over *autofagie* – het kost je tien minuten van je kostbare leven, maar dat is het beslist waard.

Ik stel je vriendelijk voor om één dag per week te vasten. Precies. Eet elke week één dag maar één keer. Nog mooier is het om het eten dat je die dag anders zou hebben gegeten aan een dakloze te geven, of aan een plaatselijke voedselbank. Daarmee maak je twee levens beter. En dat herinnert me aan wat Hermann Hesse schreef in *Siddhartha*, een van mijn favoriete boeken: 'Iedereen kan toveren, iedereen kan zijn doelen bereiken, wanneer hij denken kan, wanneer hij wachten kan, wanneer hij vasten kan.'

Intermittent fasting geeft je lichaam een kleine dosis stress, waardoor je lijf uit de normale toestand wordt gedwongen en terechtkomt in wat *hormese* wordt genoemd: een fenomeen waarin celprocessen worden gelanceerd die ontstekingen verminderen, celschade herstellen, de veerkracht vergroten en de oxidatieve stress tegengaan die veroudering laat voortschrijden. Zelf vast ik twee tot drie dagen per week (hoewel ik daar niet heel strikt in ben: als mijn lijf me laat weten dat het echt voedsel nodig heeft, dan eet ik). Deze discipline heeft mijn leven veranderd wat betreft mentale helderheid, zelfdiscipline, creativiteit, energiepeil en gevoelens van jeugdigheid.

In vroeger tijden gingen de Romeinen, Egyptenaren en Grieken vasten om het lichaam te ontgiften, hun emotionele leven te zuiveren, standvastiger te worden en hun spirituele kracht te vergroten.

Tijdelijk honger ervaren helpt ook om meer empathie te voelen voor mensen in de wereld wier buik leeg blijft, en prikkelt je om meer te doen voor behoeftigen. Dus als je deze gewoonte nog niet hebt uitgeprobeerd, doe dat dan. In het begin is dat moeilijk. Maar het is heerlijk als het je nieuwe normaal wordt.

35

Lach meer, leef langer

'We stoppen niet met spelen omdat we oud worden: we worden oud omdat we stoppen met spelen.' Was getekend de Ierse toneelschrijver George Bernard Shaw. Pure wijsheid, vind je niet?

Onze wereld is complex, zit boordevol echte zorgen en het scala aan crises groeit. Ik som ze niet op want echt, dat zou me pijn doen. Hoe dan ook: een van de slimste dingen die je kunt doen in deze verwarrende tijd is de woorden van wijlen mijn geweldige vriend Richard Carlson ter harte te nemen: 'Maak je niet te sappel om kleinigheden – alles bestaat uit kleinigheden.'

Want weet je, steeds betere en absoluut bijzondere vriend: ik zeg niet dat de problemen waarmee onze beschaving nu kampt klein zijn. Echt niet! Maar het leven hoort toe aan de levenden. En zelfs als je een lang leven is gegund, lig je voor je het weet onder de grond. Het spijt me het te moeten zeggen, maar af en toe contact maken met je sterfelijkheid geeft meer leven aan je dagen. Je wordt je er immers beter bewust van dat die dagen beperkt zijn.

Een geweldige manier om luchthartig te blijven in deze tijden van talloze crises is om alles in perspectief te blijven zien. Wanneer ik word geconfronteerd met een probleem, vraag ik me vaak af: is er iemand doodgegaan? Zo niet, dan ga ik snel en vrolijk verder. Ik vraag me ook af: doe dit er over een jaar nog toe? En zelfs: welke kansen biedt dit?

Het klinkt misschien vreemd, maar daarna dwing ik mezelf te lachen. Dat doe ik echt. Soms doe ik dat voor de spiegel, soms in het bos. Het is belangrijk te weten dat glimlachen op zich al een lawine van neurotransmitters in je brein laat komen – denk aan oxytocine en serotonine. Glimlachen stimuleert bovendien de aanmaak van BDNF (*brain-derived neurotropic factor*): een modulator van neurotransmitters die een sleutelrol speelt in de neuroplasticiteit van je hersenen en vooral belangrijk is voor topprestaties bij het leren. En wist je dat van lachbuien is aangetoond dat ze stress verminderen, je mentale welzijn bevorderen, chronische pijn doen afnemen, de hartgezondheid verbeteren en een sterkere immuniteit opleveren?

Lachtherapie heeft diepe wortels. In de veertiende eeuw gebruikte een hoogleraar chirurgie humor als instrument bij de postoperatieve behandeling van zijn patiënten. Toen ik dat voor het eerst las, moest ik even glimlachen. Omdat het zo interessant is.

In 1964 werd bij journalist Norman Cousins een ernstige medische aandoening vastgesteld. Hij schreef een artikel in de *New England Journal of Medicine*, met de titel 'Anatomy of an Illness', waarin hij schreef dat zijn genezing van een degeneratieve bindweefselziekte te danken was aan hoge doses vitamine C en consistent lachen. 'Ik kwam tot de vreugdevolle ontdekking dat tien minuten oprecht lachen vanuit je buik een verdovend effect had, en dat gaf me minimaal twee uur lang pijnvrije slaap.'

Om zichzelf onder deze zware omstandigheden tot lachen te dwingen, keek Cousins naar films van de Marx Brothers en naar herhalingen van *Candid Camera*. Daarnaast vroeg hij het verplegend personeel hem grappige artikelen voor te lezen.

Tegen het eind van zijn leven schreef Cousins: 'Het is heel goed mogelijk dat deze behandeling het placebo-effect heeft bewezen. Maar als dat zo is, was de placebo – 'de arts die vanbinnen leeft' – een heel sterke.'

Nog één ding. Volgens een onderzoek lacht een gemiddelde vierjarige vierhonderd keer per dag, terwijl de gemiddelde volwassene vijftien keer lacht. Komiek Steve Martin lachte elke ochtend een paar minuten voor de spiegel om in een positieve stemming te komen. Misschien zou jij dat ook moeten doen.

36

Adem als een samoerai

Lees en verbaas je: eeuwen geleden bepaalden samoeraikrijgers of ze klaar waren voor de strijd door een veer onder hun neus te laten leggen. Als de veer niet bewoog, mochten ze vechten. De rustige ademhaling toonde aan dat ze over een hoge mate van focus, zelfvertrouwen en moed beschikten.

'Goed ademen is goed leven' leerden de grootste wijzen aller tijden.

Veel mensen zijn vergeten hoe ze goed moeten ademen: een gevolg van de verplichtingen en stress van het dagelijks leven, waardoor ze snel en oppervlakkig in- en uitademen in plaats van diep, via de buik. En via een negatieve-feedbackloop schakelt een oppervlakkige ademhaling het sympathisch zenuwstelsel (het deel van je zenuwstelsel dat verband houdt met de respons van vechten, vluchten of bevriezen) in, waardoor zelfs nog meer zorg en stress ontstaat.

Diep ademhalen (soms ook wel 'middenrifademhaling' genoemd) ontspant je op lastige momenten en geeft je mentale en emotionele welzijn een oppepper, en optimaliseert bovendien je aandachtsboog (in een omgeving waarin er onophoudelijk digitale afleiding is).

De sterke samoerai gebruikten ademwerk als methode om een rijk, dankbaar en vaak nobel leven te leiden. Laten wij van hen leren.

37

Chant als een monnik

Ik ben enorm gefascineerd door monniken, kloosters en de mentale, lichamelijke, emotionele en spirituele superkrachten die de besten onder hen ontwikkelen via hun door de tijd beproefde rituelen – die variëren van meditatie en gebed tot vasten en chanten. Tientallen jaren geleden schreef ik *De monnik die zijn Ferrari verkocht*, en zelfs vóór die tijd probeerde ik al uit te dokteren hoe deze opperste wezens het klaarspeelden om al die verbluffende dingen te doen (sommige monniken hebben zichzelf erin getraind om hun lichaamstemperatuur op commando te verhogen, doorstaan enorme hoeveelheden pijn of leven wekenlang alleen op water).

Een van mijn grootste fascinaties voor deze bijzondere mensen is de dagelijkse praktijk van chanten om 5 uur 's ochtends, en hoe ze die routine gebruiken om niet alleen te zorgen dat hun gezondheid optimaal blijft, maar ook om te garanderen dat hun spirituele leven sterk is.

De wetenschap begint de monniken te begrijpen, en er komt bewijs dat geluidstherapie en mantrameditatie (waarin een woord of zin telkens wordt herhaald) de nervus vagus in conditie brengt: cruciaal voor weerstand tegen stress en voor constante blijdschap.

Als onderdeel van mijn ochtendritueel chant ik, wanneer 's ochtends de eerste zonnestralen doorbreken, vaak een mantra (*man* staat in het Sanskriet voor 'geest' en *tra* voor 'vrijheid', dus mantra's maken de geest vrij) om de dag geweldig te beginnen.

Mijn favoriete mantra's zijn:

... 'Elke dag word ik in elk opzicht steeds sterker, gezonder en gelukkiger, en ook steeds vriendelijker.' (Deze mantra is afgeleid van een mantra die beroemd is gemaakt door de Franse psycholoog Emile Coué, in zijn boek *La maîtrise de soi-même par l'autosuggestion consciente* (Zelfbeheersing door bewuste autosuggestie).)

... 'Deze dag is een geschenk dat ik schitterend beleef, zorgvuldig gebruik en waarin ik zelfverzekerd gestaag vooruitga.'

... 'Ik voltooi lastige projecten met gemak en vol vreugde, en ik groei doorlopend in mijn energie, meesterschap en moed.'

... 'Door van nut te zijn, mensen in nood te helpen en goeds te doen voor zoveel mogelijk mensen leef ik mijn leven volop.'

Ik hoop dat ze je helpen! Vergeet niet dat je sterker bent dan je weet, dat je meer talent hebt dan je zelf wilt geloven en dat je toekomst heel sterke magie voor jou in petto heeft. Vertrouw op jezelf, geloof in jezelf (vooral wanneer niemand anders dat doet) en blijf doorgaan. Altijd.

38

Zie jezelf terugtrekken als een weg tot welzijn

We leren al heel jong om meestal in gezelschap van anderen te zijn. Mensen die alleen zijn, worden uitgemaakt voor kluizenaars en buitenstaanders.

Blijf bij de kudde. Zorg dat je erbij hoort. Denk net als ieder ander. Probeer niet op te vallen. Dát is wat we leren.

Daardoor zijn we zó losgeraakt van ons beste, meest wijze, creatieve, oprechte en vredige zelf dat we niet eens meer beseffen wat we missen. We weten niet wat we niet weten.

En in zo'n zeldzaam ogenblik waarin we merken dat we op de een of andere manier helemaal alleen zijn, grijpen we snel naar onze favoriete manier om ons te verdoven, variërend van technische gadgets, opzienbarende niewsfeeds en harde muziek tot oppervlakkig online chatten, digitaal daten, doomscrollen en overwerken, alleen om onze natuurlijke toestand uit de weg te gaan. Onze natuurlijke staat van zijn.

En toch leven we het meest in de aanwezigheid van onszelf. En de relatie met jezelf is echt bepalend voor je relatie met anderen. Je kunt je niet op je gemak voelen in de maatschappij als je je intens ongemakkelijk voelt als je alleen bent.

Probeer eens wat ik in mijn mentormethode de 3S-focus noem. Concentreer je vaak op zijn in Stilte, het zoeken van Sereniteit (en dat in een tijd van hyperactiviteit) en geniet van de buitengewone geschenken van Solitair zijn. Deze drie toestanden zullen beslist je dagelijkse ervaring van een welzijn dat geen grenzen kent naar een hoger niveau tillen. En geven rijkdom die niet te koop is.

'Ik vind het heilzaam om het grootste deel van de tijd alleen te zijn. Gezelschap, al is dat het best denkbare, is al snel vermoeiend en zuigt je leeg. Ik houd van alleen zijn. Ik heb nooit gezelschap gevonden dat me zo goed gezind was als afzondering,' schreef Henry David Thoreau, een van mijn favoriete filosofen.

En de dichter May Sarton merkte op: 'Eenzaamheid is de armoede van het zelf; teruggetrokkenheid is de rijkdom van het zelf.' Mooi, hè?

39

Maak je dankbaarheid heel groot

Nu ik je deze boodschap schrijf, ben ik in een ander deel van de wereld, waar helaas veel armoede heerst. Eerder vanochtend sprak ik met een man die in de sportschool werkt. Ik vroeg hem hoe het met hem ging en hij antwoordde met een enorme glimlach (bijna zo groot als de Piramide van Cheops waar we het eerder over hebben gehad), en een enthousiast 'heel goed'.

Toen groef ik dieper. Hij legde uit dat hij in een 'zinken huis' woont: een klein schuurtje van metalen platen. Om zichzelf te wassen, gaat hij naar een openbare gelegenheid om water uit een kraan te halen; dat verwarmt hij op een oude kachel en hij baadt in een kapotte emmer. Hij heeft geen toilet, weinig bezittingen en niet veel te eten.

Hij legde zachtjes uit dat hij voor een bezoek aan zijn vrouw en kinderen vier dagen met de bus moet reizen. Zijn gezin woont in een ander land, om geld uit te sparen (omdat het zelfs nog goedkoper was om daar te leven). 'We gaan de hele reis lang bijna niet uit de bus, we zitten er dag en nacht in. Maar dat is de enige manier om mijn gezin te kunnen zien. En we zijn eraan gewend.'

Hij bleef stralen, stond rechtop met een opvallend gevoel van waardigheid (stiekem is deze man als een koning voor mij) en voegde eraan toe: 'Ik ben dankbaar, zo enorm dankbaar dat ik leef!'

Hmmm. Zo enorm dankbaar. Gewoon omdat hij leeft. Ik hoop dat we leren van deze man, die zo rijk van geest is.

In *The Everyday Hero Manifesto* vertelde ik een verhaal over een man die ik had ontmoet in een pittig deel van deze aardbol, die ging stralen wanneer hij mensen zag. Ik vroeg hem hoe dat kon en hij antwoordde: 'Ik heb veel dode mensen gezien, dus wanneer ik een levend iemand zie, maakt dat me heel gelukkig.'

Wat een geweldige, majestueuze, fantastische benaderingen van het leven – in een tijd waarin veel te veel mensen (die zoveel hebben om dankbaar voor te zijn) mopperen en klagen als een vliegtuig is vertraagd of de rij bij de kassa te lang is. Een deel van het leiden van een echt rijk leven bestaat volgens mij uit het hebben van een gul, dankbaar hart.

Ik weet dat dit een eenvoudige wijsheid is, en toch wordt ze niet vaak in de praktijk gebracht. Dat herinnert me aan het Perzische spreekwoord: 'Ik vervloekte het feit dat ik geen schoenen had, totdat ik de man zag die geen voeten had.'

Je hebt veel meer macht over jouw kijk op het leven dan je op dit moment misschien beseft. Een van de beste menselijke keuzes is om te focussen op de lotus in het moeras, de rozen boven de doornen en de sterren in plaats van de stenen, als je begrijpt wat ik bedoel.

Vanavond voel ik me een gezegend man. Waarom? Omdat ik mijn geweldige dochter mee uit eten neem. Geen ander gezinslid, geen vrienden aan tafel met ons, ook niet de kleine hond – alleen een vader en zijn dochter. We praten over haar tenniswedstrijd, mijn recente reizen, haar komende reis naar India en allerlei mooie gebeurtenissen van de laatste tijd.

Daar ben ik erg dankbaar voor. Van haar laatste reis naar India had mijn tweede kind een cadeau meegebracht dat ze zorgvuldig had ingepakt en omwikkeld met een heel gewone maar prachtige rode draad. Ze lachte naar me toen ze het me gaf.

'Hier, papa, dit heb ik helemaal voor je mee naar hier genomen. Ik hoop dat je het leuk vindt.'

En dat vond ik echt. Ik vind het nog steeds. Ik bewaar die kleine, met de hand gesneden olifant in mijn schrijfkamer en dus zie ik die eigenlijk elke dag. Ik moet je zeggen dat dit meer waard is dan welke Ferrari (niet dat ik er ooit een heb gehad), speedboot (niet dat ik er een wil) of maatpak (niet dat ik dat zou dragen) ooit voor mij zou betekenen. Omdat mijn dochter het me heeft gegeven.

Inmiddels weet je dat de positieve psychologie de term 'doordachte dankbaarheid' gebruikt voor het soort dankbaarheid dat wordt geuit door de mensen op deze aardbol die mentaal het gezondst, fysiek het taaist, emotioneel het gelukkigst en spiritueel het sterkt zijn. Dit is niet de dankbaarheid die je eens per jaar op nieuwjaarsdag voelt, maar de waardering die je uit als een overwogen, bewuste en regelmatige handeling.

Wat zo fijn is als je doordachte dankbaarheid in je dag opneemt, is dat het niets kost. En het is heel gemakkelijk.

Begin gewoon met even de tijd nemen om dankbaar te zijn voor de zegeningen in je leven. En dwing jezelf om meer aandacht te schenken aan de dingen die je meestal voor lief neemt. Als je kunt zien, er eten op tafel staat, je werk hebt waardoor je jouw verplichtingen kunt nakomen en twee voeten hebt waarmee je kunt lopen, koester die geschenken dan. Je zou ze missen als je ze kwijt zou raken.

Ik vraag je om je dankbaarheid heel groot te maken, en om daar nu meteen mee te beginnen. Hoe meer je dat doet, hoe beter je erin zult worden (zoals geldt voor alle vaardigheden die je oefent). Na verloop van tijd verdien je een master in verbazingwekkende dankbaarheid en een doctoraat in dagelijkse verrukking, voel je de subtiele kostbaarheid van alles (zelfs de moeilijke dingen) die je wereld vullen. Dat wens ik je oprecht toe.

40

Koud douchen om de dokter buiten de deur te houden

Gedegen wetenschap bevestigt dat een gewoonte als 'koude onderdompeling', zoals ijsbaden, zwemmen in een ijskoud meer en koud douchen, kan leiden tot een betere stemming, een betere cognitieve functie en immuniteitsreacties, sneller herstel na sporten en een zelfs nog betere cardiovasculaire gezondheid.

In een onderzoek dat werd gepubliceerd in de *European Journal of Psychology* werd bevestigd dat onderdompeling in water van 14 °C de dopaminespiegel (je weet wel, die feelgood-neuroregulator die de focus en motivatie verbetert) met wel 250 procent verhoogt!

Ik wil wel benadrukken dat ik in dit boek geen enkel medisch advies geef, maar onderzoek wijst ook uit dat een betrekkelijk snelle koude douche je gezondheid een aantal heel mooie voordelen biedt, variërend van een betere hersengezondheid (door de afgifte van thermische-schokeiwitten, die beschermen tegen neuronaal verlies) tot een langere levensduur (ijskoud water activeert het proteasoom dat de levensduur verhoogt).

Waarom werkt dit? Het antwoord ligt in het woord dat ik eerder al eens noemde: 'hormese'. Weet je nog? Dat is het fenomeen waarbij als reactie op een stressvolle situatie voor het lichaam een reeks celreacties wordt geactiveerd om kracht, gezondheid, levensduur en veerkracht op te bouwen. Wanneer je het in gepaste hoeveelheden toepast, dwingen hermetische stressoren (zoals kou, intermittent fasting of HIT-trainingen) het lichaam zich aan te passen. Daardoor worden nieuwe mitochondriën gevormd, worden er meer toxinen uit je systeem verwijderd, verbetert de bloedsuikerregulering en bevordert dat wat Elissa Epel (directeur van het Aging, Metabolism en Emotion Center van de Universiteit van Californië, San Francisco) omschrijft als een 'grote schoonmaak op cellulair niveau, waardoor veroudering wordt vertraagd'.

Dus neem vaker een koude douche. Misschien hoef je dan weinig naar de dokter.

41

Train je spirituele welzijn

Ik ben zo blij dat onze cultuur steeds beter begrijpt dat een optimale gezondheid voor de mens uit meer bestaat dan enkel lichamelijke fitheid. Er komt steeds meer erkenning voor het feit dat een vitaal lijf niets waard is zonder mentale kracht en een geheeld emotioneel leven.

Toch zou ik willen dat het concept van 'spiritueel welzijn' voor de meeste mensen minder mysterieus en mystiek zou lijken. In mijn werk met succesvolle financiers, beroemde ondernemers en iconische atleten bestaat een van de leermodellen waarmee we beginnen uit het raamwerk van de Vier Innerlijke Imperia. Dat laat zien dat wereldklasse en een zeer bevredigende gezondheid van je vragen jezelf te trainen en te optimaliseren op *vier* belangrijke gebieden: Mindset (je psyche), Heartset (je emotie), Healthset (je lichamelijke gesteldheid) en Soulset (je spiritualiteit). Verbeter je niet *al* deze gebieden van welzijn, dan zul je van je levensdagen niet in staat zijn om je rijkste, mooiste leven te leiden.

Soulset heeft niets te maken met religie. Helemaal niets. Het trainen van je Soulset bestaat gewoon uit het verdiepen van de verbinding met je meest wijze zelf: dat deel van jou dat weet wat goed voor je is, dat sterk en gracieus overeind blijft als het moeilijk is. Het deel van jou dat begrijpt dat wanneer je jouw natuurlijke gaven en talenten niet verwezenlijkt, je de wereld tekortdoet (omdat de wereld dan mist wat jouw genialiteit zou produceren). Het deel van jou dat geeft in plaats van neemt. Dat een held is, geen slachtoffer.

Wil je je geest nieuwe brandstof geven, zorg dan alsjeblieft dat je vaker alleen bent. Ruim tijd in om minimaal een paar keer per week in stilte te zitten, idealiter elke dag een behoorlijke tijd. Loop door de bossen om je hoogste – beste – zelf te verkwikken. Bid eventueel, lees wijze boeken als je wilt en laat iemand in nood nooit alleen zonder dat je er alles aan hebt gedaan om diens pijn te verlichten, op welke manier ook. Hoe meer mensen je helpt, hoe meer je ziel zal groeien.

We zijn aan het eind gekomen van dit deel over de tweede vorm van rijkdom, en ik wil je op het hart drukken om ook je spiritualiteit in acht te nemen tijdens je reis naar een optimale gezondheid. Een goed verzorgde ziel is zo goed voor jouw leven van oprechte rijkdom!

DE DERDE VORM VAN RIJKDOM

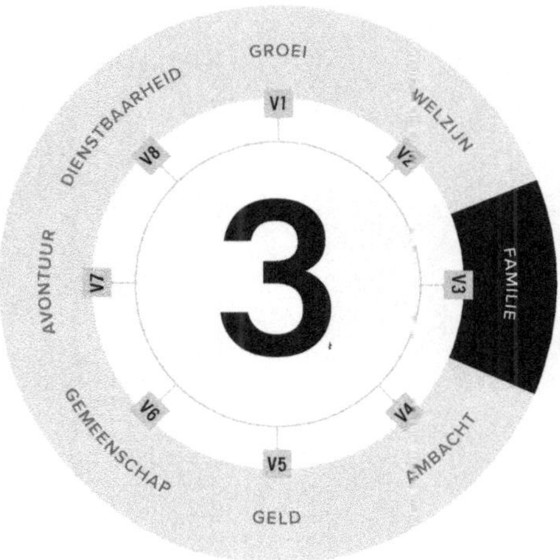

Familie

De gewoonte van een gelukkig gezin, een gelukkig leven

Een gelukkig gezin is niets meer of minder dan een vooruitgeschoven hemel.

– GEORGE BERNARD SHAW

De derde vorm van rijkdom

Familie | Een kort overzicht

De liefde kennen van een goede familie (al is die nooit perfect) is een van de fijnste beloningen in het leven. Het is een valuta die exponentieel veel meer waard is dan welke hoeveelheid geld ook.

Je kunt jezelf niet *echt* rijk noemen als je financieel rijk bent, maar arm op het gebied van menselijke verbindingen met de belangrijkste mensen in je universum.

Een sterk gezinsleven vol vreugde en geluk is een elementaire bouwsteen en een basaal fundament voor een persoonlijk verhaal dat je niet alleen helemaal zal bevredigen, maar ook de creativiteit, productiviteit en impact op anderen bevat waar het krachtigste deel van jou naar zoekt.

Je gekoesterd weten door diegenen die van je houden en de kameraadschap genieten van vrienden en mensen die het goed met je menen, is een trofee van een oprechte overwinning. Interessant is dat veel goedbedoelende mensen hun gezinsleven vanzelfsprekend vinden – totdat er een verlies is. Pas op dat moment komt de enorme schat van een goed gezinsleven beter in beeld. 'En altijd is het zo geweest dat de liefde haar eigen diepte niet kent, dan op het uur der scheiding,' zei de Libanese dichter Kahlil Gibran in zijn meesterwerk *De profeet*.

Investeer in de relaties die het dichtst bij je staan en verrijk de uren van jouw dagen met een hogere liefde. Dat is een van de slimste en waardevolste investeringen die je ooit zult doen. Dus laten we samen aan de slag gaan met ons werk aan deze derde – essentiële – vorm van rijkdom: familie.

42

Toen mijn moeder een motorbende aanpakte

Dit verzin ik niet: er kwam een motorbende in de straat waar mijn ouders decennialang hadden gewoond. Ze huurden het huis van een buurman en raceten door de straten, waardoor de ruiten van de huizen in deze ooit zo vredige, met bomen omzoomde buitenwijk in hun sponningen trilden.

Mijn moeder – onbevreesd als ze meestal is (ze is nu over de tachtig) – ging naar de winkel en kocht negen oranje pylonen (van die dingen die wegwerkers ook gebruiken) die ze zorgvuldig neerzette om de motorrijders langzamer te laten rijden.

Dat deed ze niet voor zichzelf. Ze deed het omdat mijn kinderen – die toen nog heel klein waren – vaak op straat speelden voor het huis van mijn ouders. En zij moest hen beschermen (super, Mama Beer!).

De strategie werkte – nauwelijks. De bende reed langzamer. Maar nog altijd te snel naar mijn moeders zin.

Op een dag, toen de motorrijders buiten hun clubhuis ontspannen op hun motoren zaten en luisterden naar de Jupitersymfonie van Mozart (oké, dat laatste is niet waar, maar de rest wel), zei mama tegen een buurvrouw dat ze ernaartoe zou gaan.

'Ik ga met ze praten zodat ze langzamer gaan rijden, voor mijn kleinkinderen. Ik wil niet dat er iets met de kinderen gebeurt.'

'Doe dat alsjeblieft niet,' smeekte de buurvrouw. 'Die lui zijn gevaarlijk.'

'Ik ga toch,' antwoordde Mama Beer.

En dat deed ze. Ze vroeg hun om rustiger te gaan rijden en voorzichtiger te zijn. En om betere buren te zijn.

Het resultaat van haar dappere daad? Ze hadden niet beleefder kunnen zijn. Hoffelijk zelfs. Deze stoere, ruig uitziende motormuizen hadden hartjes van goud. De leider zei, en nu ik dit schrijf, springen de tranen me in de ogen: 'Mevrouw, uw kleindochter is *onze* kleindochter. We zullen heel voorzichtig doen. Dank u wel.'

Mama liep terug naar huis. Ze bakte een gigantische hoop chocoladekoekjes en bracht die naar de motorbende. Serieus: ze bakte koekjes voor die motormuizen!

De leider zei dat als ze ooit hulp nodig had, de bende er voor haar zou zijn. Ze ging naar huis met een glimlach. Terwijl zij op de oprit op hun motoren koekjes zaten te eten.

Wat ik met dit verhaal wil zeggen? Heel eenvoudig. Voor een waarachtig rijk leven zijn maar weinig dingen belangrijker dan familie en goede buren. Zorg voor een goede verstandhouding.

43

Open een liefdesrekening

Wat zijn kleine dingen die je nu kunt doen om de banden te versterken tussen jou en de mensen die je het meest liefhebt? Welke willekeurige, fijne daden van vriendelijkheid en schoonheid kun je iemand bieden in een poging om zijn of haar dag een klein beetje mooier te maken? Het grappige van meer compassie is dat alleen al meer compassie tonen jou een beter gevoel geeft. En daardoor groeit je derde vorm van rijkdom enorm.

Wil je liefdevoller zijn, open dan een liefdesrekening. Doe elke dag een paar stortingen in dit heel bijzondere appeltje voor de dorst, door iets kleins te doen om het leven van een dierbare wat fijner te maken. Bijvoorbeeld verse bloemen kopen voor je partner, gewoon omdat het kan; een exemplaar van je favoriete boek naar je beste vriend(in) sturen (geef *5 AM Club*!); neem de tijd om je kinderen in klare taal te vertellen wat je voor hen voelt. (Ik knuffel mijn kinderen steevast zodra ik ze zie en wanneer ze weggaan. Je weet nooit wat er kan gebeuren.)

Deze kleine, dagelijkse stortingen op je liefdesrekening zullen je veel meer geluk opleveren dan een kluis vol sieraden. En zorg dat je eigenwaarde altijd hoger is dan je nettowaarde (hoewel financiële vrijheid natúúrlijk belangrijk is voor je best mogelijke leven, en ik zal daar later beslist nog op ingaan. Je zult daar veel aan hebben!). Ralph Waldo Emerson zei het prachtig: 'Zonder een rijk hart is rijkdom maar een nare bedelaar.'

44

Leef naar de wet van de ogen van je dierbaren

Dit is een geweldige wet om naar te leven als je waardevolle relaties wilt hebben met je partner, je familie en je beste vrienden: *als iets voor hen belangrijk is, maak het dan ook belangrijk voor jou.*

Met andere woorden: kruip achter de oogbollen van degene van wie je houdt. Probeer de wereld te zien zoals zij en voel dan wat zij voelen met betrekking tot een probleem, activiteit of iets spannends dat ze met je delen.

Dit draait om zoveel meer dan algemene empathie. Het draait om het aanzienlijk versterken van het belang dat je ergens aan hecht maar dat je meestal misschien toch niet genoeg aandacht geeft – omdat diegene om wie jij geeft dat zo belangrijk vindt.

Ben je eenmaal heel goed geworden in het leven naar deze wet, breid die dan uit naar je grotere gemeenschap. Leef op deze manier en je leven zal een geschenk worden. En een prachtig voorbeeld (voor velen).

45

Geniet van de kleine verrassingen van het gezinsleven

Ik weet dat dit heel gewoon is, maar voor mij betekent het zoveel dat ik vond dat ik er een korte mentorboodschap voor jou over moest schrijven.

Laten we weer beginnen met mijn moeder. Gisteravond hadden we een uitgebreid familiediner en mama had gevraagd, zoals altijd: 'Wat zal ik meenemen?' Zoals gewoonlijk antwoordde ik: 'Niks, mama, alleen jezelf (en papa). De rest is allemaal al geregeld.'

Mama arriveerde, en ze zag er zoals altijd prachtig en elegant uit, maar ze had ook een tasje bij zich met iets erin.

'Kijk, Robin, dit is voor jou. Het is verse munt voor de thee die jij 's ochtends drinkt. Ik heb het vanmiddag gekocht op de markt. Je vindt het vast heerlijk.'

In dit leven raak je zo gemakkelijk verstrikt in het najagen van die dingen die de maatschappij de grote prijzen noemt, om later te ontdekken dat die dingen juist heel onbetekenend waren. En in dit leven vergeten we vaak dat de ogenschijnlijk kleine dingen – zoals die heerlijke munt die mijn moeder uit een diepe liefde voor haar zoon op een boerenmarkt had gekocht, eigenlijk de echt grote dingen zijn.

46

Wees niet haatdragend

Het leven is te kort voor haat. In de autobiografie *Life*, van Keith Richards, gitarist van de Rolling Stones, las ik ooit een verhaal over die keer dat een goede vriend van hem geld van hem had gestolen. In plaats van die man uit zijn leven te bannen en er jarenlang verbitterd over te blijven, vergaf de muzikant hem vanuit de gedachte dat de vriend dat geld kennelijk harder nodig had dan hij. En toen ging hij terug de studio in om meer muziek te maken.

Ninja-achtig, vind je niet? Gedrag van het niveau van een zenmeester – voor mij althans. Zo'n eerbaar, heroïsch en liefdevol antwoord op de zwakten van een ander.

Sommige mensen hebben misschien een volstrekt andere filosofie. 'Leer ze een lesje' en 'Wie mij dat aandoet, komt daar niet mee weg' en 'Dat zal ik ze betaald zetten', van die dingen. Ik begrijp het. Zo denk ik ook weleens, dat geef ik toe.

Onlangs vertelde een cliënt van me dat zijn vader zou komen te overlijden. Hij had maagkanker en had misschien nog een maand te leven. De vader had al vijftig jaar geen contact meer met diens broer. Hij had hem verteld dat ze, toen beiden nog veel jonger waren, knallende ruzie hadden gehad. En nu komt het: de vader kon zich de reden van de ruzie niet meer herinneren. Maar beiden hadden zich ingegraven. Muren opgetrokken. Gevechtsposities ingenomen.

Een halve eeuw lang hadden deze twee broers, die elkaar ooit ongelooflijk na stonden, geen woord tegen elkaar gesproken. Niet één.

... Bedenk eens hoe vaak ze niet samen hebben kunnen vissen.
... Bedenk eens hoe vaak ze niet samen naar familie-uitjes hebben kunnen gaan.
... Bedenk eens hoe vaak ze niet samen hebben kunnen lachen, hoeveel herinneringen ze niet hebben kunnen maken en hoeveel broederliefde ze hebben verspild.

De afgelopen week vertelde mijn cliënt dat de broer zijn vader in het ziekenhuis had bezocht. Hij liep gewoon zijn kamer in. Met een kaart, bloemen en een doos chocolade (zorgvuldig ingepakt met een grote blauwe strik eromheen).

De zieke man zei: 'Ik ben zo boos op jou dat we al die jaren samen kwijt zijn.' Toen ontspande hij, hoestte even en begon te huilen.

De broer huilde ook toen hij zei: 'Ik heb je echt gemist.' Hij wachtte even, veegde zijn tranen weg en fluisterde toen 'Ik houd van je' in het oor van zijn broer.

De volgende dag overleed de vader van mijn cliënt.

Laat haatgevoelens los. Er komt nooit iets goeds uit.

47

Wees radicaal in liefde

Het is *niet* de bedoeling dat relaties genadeloos hard zijn. In relaties is het eerste wat je zou moeten doen duidelijk bepalen wat voor jullie beiden niet onderhandelbaar is, en wat jullie het belangrijkst vinden in een relatie. Vervolgens is het aan jou om je prioriteiten streng en rechtvaardig – maar soms ook radicaal – te bewaken. Je leert anderen namelijk hoe ze je moeten behandelen, en als je iedereen telkens toestaat jou te verraden en verslaan, gaan ze denken dat het prima is om dat te doen. Alleen raak jij bij elke keer dat dit gebeurt wat meer zelfrespect en persoonlijk eergevoel kwijt.

Relaties zijn soms hard maar het is niet de bedoeling dat ze dat *altijd* zijn. Zit je in zo'n verbintenis, dan heb je een toxische relatie, en als jouw mentor op afstand wil ik je op het hart drukken daarmee te kappen (vandaag nog). Ik weet dat je denkt dat je niet beters kunt krijgen en dat je hoopt dat de ander op de een of andere manier zal veranderen. Maar een rode vlag is een rode vlag en misschien verspil je wel de mooiste jaren van je leven met hopen dat die vlag groen wordt. Natuurlijk zul je een tijdje verdriet hebben om je 'verlies' en het zal even zwaar zijn. Maar de pijn van je hartzeer zal veel lichter zijn dan het verdriet om wat er gebeurt als je blijft.

Ik zeg het nog maar eens: als je een relatie hebt die *elke dag* zwaar is, dan is het tijd om die te verbreken. Dan is het geen goede plek om te vertoeven. Je kunt het zoveel beter krijgen! Hak de knoop door. Radicaal. *Nu*.

Ik zeg echt niet dat relaties heel gemakkelijk zijn en dat elke dag een feestje is. Waar twee mensen samen zijn, zullen er hoe dan ook strubbelingen zijn.

Ik zeg alleen dat relaties uiteindelijk een bron van kameraadschap, bemoediging, groei, geluk en liefde moeten zijn. Heb jij niet zo'n relatie, laat die dan los zodat er ruimte ontstaat voor iets in je leven dat plezieriger is. We weten allebei dat jij het beste verdient.

48

Je partnerkeuze vormt 90 procent van je vreugde

Ik vond vrij laat in het leven intense vreugde in mijn primaire relatie. Ik ben gewoon eerlijk. Dat ben ik je verschuldigd. Altijd.

Toen ik halverwege de vijftig was, vond ik mijn ware levenspartner. Een vrouw die me raakte, die iets in me losmaakte en me het gevoel gaf dat ik de persoon had gevonden met wie ik de rest van mijn leven samen wilde zijn.

Ik had een punt in mijn leven bereikt waarop ik klaar was met drama. Ik was niet geïnteresseerd in de pieken en dalen van intimiteit die enkel uit vurige passie bestonden maar nul stabiliteit kenden. Dat had ik gehad. En achter me gelaten.

Je kunt erop rekenen dat we dezelfde taaie ervaringen moeten ondergaan totdat we de les leren die we daaruit moeten trekken.

Hoe dan ook: Elle is het helemaal. Mooi, wijs, uitgesproken, meer dan zorgzaam, hilarisch, stijlvol, belezen en ze deelt echt dezelfde kernwaarden die voor mij het belangrijkst zijn. Zij ziet de wereld gewoon net als ik. Fascinerend is dat we in dezelfde stad zijn opgegroeid. Synchroniciteit is de manier waarop het universum je stilletjes aanmoedigt, denk je niet?

Kijk, zoals ik in de vorige boodschap stelde: alle romantische relaties kunnen in bepaalde perioden lastig zijn. De kans is klein dat je bij de eerste, tweede of derde meteen de persoon vindt die voor jou ideaal is. Kijk tijdens je zoektocht alsjeblieft uit naar een partner, niet naar een project. Wat betreft partnerkeuze denk ik dat dit voor iedereen een ongelooflijk belangrijk punt is om in het achterhoofd te houden.

En ja, ik ben het ermee eens en ik erken dat niemand perfect is. Zelf ben ik dat zeker niet. Ik moet de persoon nog tegenkomen zonder de zwakheden, littekens en eigenaardigheden die ons menselijk maken. Maar ik geloof wel dat er voor ons allemaal een goede partner bestaat. Zoals chef en tv-persoonlijkheid Julia Child ooit zei: 'Het geheim van een gelukkig huwelijk is het vinden van de juiste persoon. Je weet dat het goed zit als je het heerlijk vindt om de hele tijd bij die ander te zijn.' En dat heb ik nu. Ik wens jou hetzelfde toe (als je het nog niet hebt).

O ja: heb je die persoon gevonden van wie je weet dat hij of zij voor jou bestemd is, vecht er dan voor om samen te blijven op moeilijke momenten (en die zullen komen). Fantastische levenspartners zijn er niet bij de vleet. En voor prachtige liefdesverhalen is heel veel geduld nodig.

49

De regel van drie heel goede vrienden

Mijn lieve vader – die 54 jaar van zijn leven huisarts was – zei ooit: 'Robin, als je drie heel goede vrienden hebt, ben je rijk. Blijf in contact met je oude vrienden. Die zijn enorm waardevol – en moeilijk te vinden.'

Drie vrienden hebben die jou accepteren, stimuleren en van je houden om wie je bent (met al je eigenaardigheden) is een bijzonder geschenk in een wijs geleefd leven.

... Vrienden bij wie je jezelf kunt zijn in plaats van je anders voordoen om er maar bij te horen.
... Vrienden die met je lachen wanneer jij dat doet, en met je huilen als je verdriet hebt.
... Vrienden die je begrijpen en je visie toejuichen (hoe gek die ook lijkt).
... Vrienden die je om 3 uur 's nachts vanuit een vreemd land kunt bellen als je in de penarie zit, omdat je weet dat ze als de wiedeweerga de eerste de beste vlucht pakken om naar jou toe te gaan.

'Goede vrienden, goede boeken en een goed geweten: dat is het ideale leven.' Was getekend Mark Twain. Ik weet zeker dat hij gelijk heeft.

50

Leg je reis vast

De kern van dit idee heb ik jaren geleden al beschreven in het boek *Wie zal er om je huilen?* En in mijn eigen leven heeft dat zo goed gewerkt dat ik vond dat ik dit inzicht maar weer eens van stal moest halen om hier met jou te delen. Het past heel mooi in dit deel over de derde vorm van rijkdom: familie en rijke relaties.

Een stukje achtergrond: toen ik klein was, maakte mijn vader foto's van *alles*. Hij was dol op fotografie – en op camera's. Van die oude dingen. Waar je sterk voor moest zijn om ze te kunnen tillen, die dingen die je in een leren schoudertas droeg, met vakjes voor de verschillende lenzen die je gebruikte. Camera's die inmiddels in musea voor middeleeuwse kunst staan.

Hoe dan ook. Bijna elke familiegelegenheid werd op de gevoelige plaat vastgelegd:

… verjaardagen en diploma-uitreikingen;
… schoolconcerten en vakanties;
… uitstapjes naar de dierentuin om chimpansees te kijken;
… zweefsprongen op mijn goedkope kleine motorcrossfiets (die gemaakt was van een grasmaaier, echt waar!).

Ik zal je ooit een paar van onze familiefoto's laten zien. Maar je hebt nu vast wel een beeld. Papa fotografeerde echt *alles*.

Een snapshot hier, een klikje daar. Papa legde vrolijk en enthousiast de voortgang, gebeurtenissen en zinvolle (of minder zinvolle) ogenblikken vast van de reis van ons gezin.

Het was bijna *alsof hij niets vanzelfsprekend vond.* Alsof hij voor alles dankbaar was. Alsof hij duidelijk begreep dat momenten met de familie voorbijgaan. En dat zelfs in de gewoonste dingen magie school. Dus eerde hij de belangrijke ceremonieën en koesterde hij zelfs de kleinste gebeurtenissen. Heel wijs. En intens vriendelijk. Zo is mijn vader.

Op een dag vroeg ik hem waarom hij zoveel rolletjes vol schoot. Hij glimlachte alleen maar. En legde daarna zijn hand op mijn schouder.

'Niemand weet wat er in de toekomst gebeurt. Ik wil alle mooie dingen vastleggen waarvan jij, je broer, je moeder en ik samen hebben genoten. Op een dag zullen we misschien met elkaar alle albums gaan bekijken die ik heb gemaakt. En dan voelen we ons oprecht gelukkig.'

Toen mijn vader 85 jaar was, tijdens het bijzondere familiediner dat Elle en ik gaven voordat we naar Italië gingen, gaf hij me een stoffen tas waar een ouderwetse cd-rom in zat. Hij had zijn overstelpende hoeveelheid foto's en familiefilmpjes naar een winkel gebracht en *alles* op dit schijfje laten zetten. 'Alle films die ik heb gemaakt van jouw jeugd staan erop,' zei hij. 'Het is mijn geschenk aan jou. Geniet ervan, Robin. Je bent een goede zoon voor me geweest.'

Ik was ontroerd. Het was geen vreselijk duur cadeau, maar voor mij is het een van de grootste geschenken.

51

Stel de vraag van de tienduizend diners

Een van mijn favoriete zaterdagochtendrituelen is in een stad vlak bij ons een training met mobiliteitsoefeningen doen: stretchen en het loslaten van de stramheid die ik door de trainingen van de week ervoor heb opgelopen. Na afloop voel ik me verkwikt en weer helemaal opgeladen. Daarna ga ik naar een prachtig plein en koop ik de weekendkrant, die ik vervolgens lees in een gezellig café (waar veel dichters en kunstenaars komen) terwijl ik van een supersterke espresso nip. Intussen zitten de Italianen om me heen lekker te kletsen.

Een tijdje terug las ik – in dat café – een artikel over Ayesha Vardag, een van de beroemdste echtscheidingsadvocaten in Groot-Brittannië. Zij is de dame bij wie profvoetballers, beroemde miljardairs en machtige royalty's hun toevlucht zoeken wanneer hun huwelijken over en uit zijn. Zij doet al jaren echtscheidingen en heeft haar inzichten gedeeld over wat goede huwelijken in stand houdt. 'Aparte slaapkamers' luidde haar eerste instructie. Daarna volgde advies dat ik geweldig vind nu we bezig zijn met het opbouwen van de derde vorm van rijkdom in ons leven:

> De factoren die een huwelijk lang laten duren zijn onder meer dat je in de basis geniet van elkaars gezelschap, niet alleen fy-

> siek want dat neemt na verloop van jaren af. Je hebt iemand nodig met wie je plezier kunt hebben, door wie je wordt gestimuleerd. Je moet denken in termen van tienduizend diners: als jij je kunt voorstellen dat je tienduizend keer met iemand aan tafel gaat, dan is dat iemand met wie je zou moeten trouwen.

De mensen die het gelukkigst zijn in hun intieme relatie zullen je zeggen dat ze 'gewoon geluk hebben gehad' en dat ze *allebei* het gevoel hebben dat ze de jackpot hebben gewonnen (lees dat nog maar eens!). Geweldige relaties zijn echt als een loterij: als je wilt winnen, komt er een behoorlijke portie geluk bij kijken en voelt het – voor wie dat geluk hebben – alsof je net een gigantische prijs hebt gewonnen. Dat je bent gezegend door de Goden van de Vervullende Relaties. En een kus hebt gekregen van de Engelen van het Thuisgeluk.

Als jij niet het idee hebt dat je ontzettend boft met je partner, is hij of zij misschien niet de juiste voor jou. En zoals ik eerder al opperde: misschien wordt het dan tijd om je eigen weg te gaan.

52

Tegenpolen trekken elkaar niet aan

Natuurlijk begrijp ik de vaak geopperde wijsheid rondom tegenpolen die elkaar zouden aantrekken, universums die op elkaar botsen en de zinderende mix van vuur en water. Maar zo werkte het voor mij niet.

In mijn ervaring is de eenvoudigste, mooiste, meest bevredigende en aanhoudende intieme relatie die ik mocht beleven die met een partner die juist ontzettend op me lijkt.

... We vinden dezelfde dingen leuk, dus we hoeven niet te onderhandelen over het doen van dingen die ik leuk vind in ruil voor dingen waar ik een hekel aan heb (zoals naar pretparken gaan of naar een sportevenement met luidruchtig publiek en lange wedstrijden).

... We zijn beiden dol op familie en brengen daar veel tijd mee door.

... We houden beiden meer van rust dan van veel drama, en die enkele keer dat we 'ruzie' hadden, leek het in niets op een echt gevecht en hebben we het allemaal in een paar minuten opgelost. (Ik heb weleens gelezen dat de belangrijkste voorspeller voor een goede liefdesrelatie de manier is waarop het stel zich door een ruzie heen werkt.)

> … We genieten van elkaars gezelschap en een fijne vrijdagavond bestaat uit urenlang praten onder de sprankelende Toscaanse sterren, terwijl ik mijn favoriete alcoholvrije gin drink (gemaakt met botanicals) met verse limoen, een takje rozemarijn van onze boerderij en koude tonic. Mijn Supermaatje Holly ligt meestal met haar kop op mijn voeten, terwijl ze haar favoriete salamander in de gaten blijft houden.

Ik moet het nog eens herhalen om het te benadrukken: ik ben absoluut niet geïnteresseerd in een relatie waarbij ik het grootste deel van de tijd moet uitleggen waarom ik de gewoontes heb die ik heb, waarom ik doe wat ik doe, waarom ik leef zoals ik leef en waarom ik de drang heb om te geloven in mijn ongebruikelijke dromen (bijvoorbeeld over het verbeteren van de wereld en het verlichten van de wereld van mijn lezers).

Dergelijke dingen putten niet alleen je levenskracht uit en verspillen je kostbare tijd, maar scheppen daarnaast een eindeloze hoeveelheid misverstanden, chaos en algemene problemen (die meestal uitmonden in een ramp).

Uiteraard mag je doen wat goed voor je voelt. Je bent wijzer dan je weet en beter dan je denkt. Loop je eigen race en wees je eigen goeroe. Ik doe gewoon mijn best om je te adviseren over wat ik denk dat jou het beste helpt.

En ik besef dat wij (meestal) geen liefde kiezen. Liefde kiest ons.

En ik ben het er zeker mee eens dat mensen om bepaalde redenen in ons leven komen, tijdelijk of – als je geluk hebt – een heel leven lang. Mocht een relatie stuklopen, dan is dat geen mislukking: die relatie heeft er immers voor gezorgd dat jij bent gegroeid in je vermogen lief te hebben. Geen enkele groei in liefde is ooit een verspilling.

Toch zal het vinden van iemand die bij je *past* je leven zoveel gelukkiger, productiever, leuker en rustiger maken. Je ervaart dan meer creativiteit, je productiviteit groeit aanzienlijk, je verdient (en spaart) meer, geniet een veel betere mentale, emotionele, fysieke en spirituele gezondheid en hebt een leefstijl waarvan je werkelijk geniet.

Zo was het tenminste voor mij.

53

Zie kleine kinderen als grote geschenken

Toen mijn zoon op de basisschool zat, bracht hij voor Vaderdag een kaart mee die hij in de les zelf had gemaakt. Op de voorkant stond een afdruk van zijn kleine hand, en in de kaart, boven een fotootje, stonden deze woorden:

> Soms ben je moedeloos omdat ik zo klein ben en altijd vingerafdrukken achterlaat op meubels en muren. Maar ik groei elke dag en op een dag ben ik groot, en die kleine vingerafdrukken gaan vast een keer weg. Daarom komt hier een duidelijke afdruk, zodat jij je precies kunt herinneren hoe mijn vingers eruitzagen toen ik nog zo klein was.
> Liefs, Colby

Kinderen groeien heel snel op. Het leven gaat echt in een oogwenk voorbij. Het lijkt alsof het gisteren was dat ik in de verloskamer stond te wachten tot mijn heerlijke, altijd optimistische zoon geboren werd, en twee jaar later mijn wijze, absoluut prachtige dochter. Nu zijn ze volwassen en leiden ze zelf heel zinvolle levens (Colby is schrijver en Bianca doet liefdadigheidswerk).

Je belooft jezelf zo gemakkelijk dat je meer tijd met je kinderen gaat doorbrengen zodra het rustiger wordt op het werk, of zodra er minder verantwoordelijkheden op je schouders rusten.

Maar als jij niets doet aan het leven, heeft het leven de fascinerende gewoonte om iets met jou te doen. Want echt: dan worden de weken maanden, de maanden jaren en de jaren decennia. Die kleine kinderen met hun kleine handjes, van wie jij dacht dat ze altijd klein zouden blijven, zijn dan groot voor je er erg in hebt. En uitgevlogen.

54

Er bestaat pijn die niet bedoeld is om te genezen

Gisteravond zag ik een documentaire over de wereldberoemde Pamela Anderson. Die ging over haar ervaring als actrice, haar ontberingen als influencer en haar intense en turbulente relatie met rockster Tommy Lee van de heavymetalband Mötley Crüe.

In een van de scènes spreekt Anderson eerlijk en kwetsbaar over haar vele huwelijken, niet-bevredigende relaties en moeite om een partner te vinden die bij haar paste. Toen, terwijl je beelden zag van haar met Lee in iets wat een heerlijke tijd leek, werd ze zichtbaar emotioneel. Ze huilde, stond op en liep weg van de camera.

Het stel is meer dan een kwarteeuw geleden uit elkaar gegaan. Maar ik vond het ontzettend boeiend – en ontroerend – dat zichzelf zien in een magisch moment met Tommy Lee nog altijd zulke sterke gevoelens bij haar losmaakte. De liefde die ze voor hem voelde, was duidelijk nooit verdwenen. En het zien van hen samen, toen ze jonger waren – vol hoop, beloften en passie – greep haar enorm aan. Ik denk dat sommige vlammen nooit doven.

Wat ik maar wil zeggen is dat bepaalde pijn niet is bedoeld om te genezen en – hoe vreemd het ook lijkt – soms verdwijnt liefde niet, ook al is de relatie ten einde. Dat wil niet zeggen dat je weer samen moet komen. (Dat doet me denken aan die heel populaire zin: 'Soms komen mensen terug in ons leven om te zien of we nog altijd dom zijn.') Het betekent gewoon dat de liefde die jullie samen hadden oprecht was en belangrijk, en dat je die moet blijven koesteren (op een geheim plekje in je hart).

Het betekent ook dat jij heel sterk en vergevingsgezind bent, omdat je liefdevol bent gebleven in plaats van verbitterd. Wat heerlijk! Je bent gezegend!

55

Wees geen watje

Oké. Laten we vriendelijk zijn tegen je wederhelft, familie, vrienden of collega's niet verwarren met zwakte. De meeste zachtaardige mensen hebben veel geleden en nog meer overwonnen. Door hun pijn hebben ze hun kracht leren kennen. Vanbinnen zijn ze van staal.

Aan het eind van een mentorsessie over een relatieprobleem zegt een cliënt soms: 'Robin, als ik zorgzaam, meelevend en oprecht ben, maken mensen misbruik van me. Ik wil geen watje zijn.'

Mijn antwoord luidt meestal als volgt: 'Mensen maken alleen misbruik van je als je hun daar de kans toe geeft. Jij kunt grenzen stellen en voor jezelf opkomen. Doe dat dan ook, alsjeblieft.'

We leren mensen hoe ze ons moeten behandelen. En in relaties krijgen we zo'n beetje waar we genoegen mee nemen.

Het wankele evenwicht dat je moet leren beheersen ziet er zo uit: wees respectvol maar assertief. Beleefd maar moedig. Beschaafd maar eerlijk. Liefdevol maar met respect voor jezelf.

Afgesproken?

56

Weet dat gehechtheid geen liefde is

Er is een reusachtig verschil tussen gehecht zijn aan iemand en liefde.

Gehechtheid is behoeftig, plakkerig en angstig. Het komt voor uit gapende wonden en jeugdige kwetsuren die nog moeten helen (en daarom is het essentieel om oude pijn die je heeft beschadigd te verhelpen zodat je je verborgen pijn niet uitstort over mensen die je niets hebben misdaan). Gehechtheid is onzeker en zelfzuchtig. In relaties gaan we daardoor dingen doen die ongezond voor ons zijn. Zoals je aangetrokken voelen tot een partner die je slecht behandelt, te lang in een toxische relatie blijven zitten en denken dat je nooit iemand kunnen vinden die beter is dan de problematische persoon met wie je samenleeft.

Liefde is volstrekt anders. Liefde is genereus, onwrikbaar, meelevend en dankbaar. Is er liefde, dan groeien we. En vertrouwen we op hoe bijzonder we zijn. Het is beter alleen te zijn dan dit niet te hebben. En ik weet dat jij dit met me eens bent.

57

Knuffel meer

Ik snap dat dit advies je misschien wat irriteert. Toch ga ik het met je delen. Want echt, je zult heel gelukkig zijn als je het opvolgt.

De eerste stap: als je zo gezegend bent dat je moeder nog leeft (en in je buurt woont), laat dan alles liggen waar je mee bezig bent (ik kan wel wachten) en geef je moeder een knuffel! Er komt een tijd dat je dat niet meer kunt doen. (Natuurlijk doe je hetzelfde met je vader, als dat kan.)

Wist je dat iemand knuffelen zorgt voor de afgifte van dopamine, serotonine en oxytocine in je lichaam? Die stoffen helpen jou je bloeddruk te verlagen, spanning te verminderen en positiviteit te bevorderen. Cool, toch?

In een onderzoek onder meer dan vierhonderd volwassenen werd ontdekt dat de gewoonte om te knuffelen ziekteverzuim verminderde. En de gerenommeerde arts Dean Ornish heeft ontdekt dat mensen die zich regelmatig neerslachtig, eenzaam en geïsoleerd voelen een drie keer zo grote kans lopen om ziek te worden – en jong te sterven.

Dus knuffel meer. Je familie zal het geweldig vinden en onze maatschappij wordt er veel aangenamer door.

58

Word een mensenbouwer

Ik heb op bewegende trottoirs en transit-shuttles gestaan die *people movers* (mensenbewegers) werden genoemd. Dat vond ik altijd maar een vreemd woord. Ik weet niet precies waarom.

Een term die me veel meer raakt, is 'mensenbouwers'. Zouden we dat niet allemaal moeten zijn?

Zou het niet een van onze belangrijkste doelen moeten zijn – thuis, op het werk, op straat of in de gemeenschap die we ons thuis noemen?

Ik schrijf je deze oprechte overpeinzingen terwijl ik me heb verschanst in een Londense hotelkamer. Weg van het lawaai van een heel vol (en soms vermoeiend) leven waarin ik mijn gezin heb grootgebracht, mijn ethische ambities als kunstenaar heb vervuld en mijn best doe om een dienstbaar instrument te zijn voor zoveel mogelijk mensen voordat ik eindig als een smeulend hoopje as (waarvan ik hoop dat mijn familie dat uiteindelijk in zee strooit, langs de kust van het adembenemende Kaap-Bretoneiland, waar ik ben opgegroeid).

Degenen die geen idee hebben van hun geweldige talenten laten stralen, dat is het werk van helden. Er echt en oprecht voor zorgen dat de mensen in jouw leven groter, beter en moediger worden is meer dan goed voor de planeet: het is super brandstof voor je ziel. Dus word er genadeloos goed in, alsjeblieft!

59

Word schepper van het perfecte moment

Eugene O'Kelly had alles wat zijn hart begeerde. Deze wereldwijde CEO van boekhoudgigant KPMG had duizenden werknemers, was goed in zijn werk en genoot macht, aanzien en voorspoed.

Op een heel gewone dag ging hij naar zijn huisarts voor de resultaten van een routineonderzoek. De arts kwam binnen met een blik die je niet wilt zien op het gezicht van jouw dokter.

O'Kelly kreeg afschuwelijk nieuws. Hij had een niet-operabele hersentumor en naar schatting nog drie maanden te leven.

In plaats van te klagen en treuren over zijn nieuwe werkelijkheid nam deze leidinggevende een ingrijpend besluit: hij zou de laatste drie maanden van zijn leven zo inrichten dat hij echt succes zou kunnen boeken, net zoals hij zijn internationale onderneming had opgebouwd.

Hij zou volop en zinvol leven. Hij zou relaties herstellen die hij had verbroken en de banden met zijn familie aanhalen die hij veel te vaak had verwaarloosd. Met vrienden zou hij de wandelingen maken waarvan hij besefte dat hij ze nooit had gemaakt, en hij zou het rustiger aan doen om te genieten van de doorgaans onopgemerkte maar o zo waardevolle charmes van het leven.

Hij besefte dat hij in al zijn jaren als topzakenman nooit met zijn vrouw was gaan lunchen. En toen hij er dieper over nadacht, drong ook tot hem door dat hij veel bijzondere gebeurtenissen met zijn dochter had gemist, zoals kerstconcerten, sociale gelegenheden en sportwedstrijden.

Dus besloot hij wat hij 'schepper van het perfecte moment' noemde te worden.

In het laatste restje van zijn ooit zo prestigieuze bestaan zou hij actief, vaardig en strategisch te werk gaan om herinneringen te maken met zijn dierbaren, herinneringen die puur, prachtig en bijzonder waren. Ook al waren ze gekoppeld aan de eenvoudigste dingen.

Eugene O'Kelly stierf een paar maanden na dat bezoek aan zijn huisarts. Na zijn dood publiceerde zijn vrouw zijn memoires, *Chasing Daylight* – een boek dat mij ten diepste heeft beïnvloed. Al heel wat jaren lang.

Dit boek heeft mij ertoe geïnspireerd om dingen die mijn gezin graag doet niet uit te stellen. Dit zijn de mensen die ik het meest bewonder. Daarom plan ik gezinsvakanties een jaar vooruit en pas ik al het andere daarop aan. Het inspireerde me ook om de liefde die ik in mijn hart had niet te bewaren tot een mooier moment in de toekomst. Je hebt geen idee hoeveel beroemdheden ik heb geadviseerd, en die me toevertrouwden dat ze vooral spijt hadden van het feit dat ze een dierbare nooit hadden verteld hoeveel ze van hem of haar hielden – totdat die dierbare overleed. Laat dat je niet gebeuren!

O'Kelly's goede voorbeeld heeft mij ertoe aangezet met mijn gezin te gaan zwemmen met dolfijnen in Mauritius, om met mijn kinderen luchtige chocoladecroissants te eten in Parijs (na een hele nacht met de trein, door het Engelse Kanaal), om van een Italiaanse chef te leren hoe ik die heerlijke *pici al pomodoro* kon maken waarop Colby en Bianca zo dol waren en om lange zomerdagen over zee te zeilen en de telefoon thuis te laten, gewoon om echt aanwezig te zijn bij de mensen om wie ik het allermeeste geef.

Sta gewoon eens stil bij al die woorden die we nooit uitspreken, de dingen die we nooit doen en de vriendelijkheid die we nooit tonen omdat we wachten op het ideale moment – wanneer het minder hectisch, rustiger en op de een of andere manier meer perfect zou zijn.

Want de tijd staat voor niemand stil. Begin met het scheppen van perfecte momenten voor jouw dierbaren. Vandaag nog.

60

Geven in de verwachting dat je iets terugkrijgt is geen geven

Wil je je relaties met anderen verdiepen, zodat je leven voller, fijner en vrijer wordt, dan moet je het volgende onthouden: iemand iets geven en daarvoor iets terug verwachten is eigenlijk geen geven. Je bent dan aan het handelen.

Een tijdje geleden zat ik in een restaurant met een groep vrienden heerlijk te eten. Naast ons vierden toeristen een feestje.

Het leek een grote, warme, fijne familie die met elkaar zat te kletsen en plezier had. Toen het tijd werd om eten en wijn te bestellen, zag ik vanuit mijn ooghoeken dat de man aan het hoofd van de tafel wat onzeker was. Daarom keek hij naar wat wij aten. En toen – serieus – bestelde hij zo'n beetje alles wat wij hadden.

Toen de fles wijn kwam, keek hij me met een vriendelijke glimlach aan. 'Jij lijkt te weten wat je hier moet bestellen,' zei hij, 'dus heb ik jou maar nagedaan.'

Ik grijnsde breed. Ik vond hem meteen leuk en er volgde een fantastisch gesprek dat ging van mijmeringen over zijn carrière als leidinggevende in de marketing in New York tot het wonder van lokaal geproduceerd voedsel, de vreugde die familie brengt en de inspiratie die moderne kunst geeft.

Later op de avond vroeg ik de ober me een bijzondere gunst te verlenen: om mijn nieuwe vriend een fles van de wijn te geven die wij aan onze tafel dronken – als geschenk van mij. Want hij had weliswaar net zulke wijn besteld als wij, maar die was van een andere jaargang – en die van ons was van een geweldig jaar.

Toen hij de wijn kreeg, was hij *volkomen verrast*. Ik zag dat hij sprakeloos was. 'Wauw, dank je wel!' zei hij zacht. Toen ik zei dat het mij een genoegen was, werd hij emotioneel. En zijn familie begon te klappen. Ze gingen echt *applaudisseren* voor het gebaar van onze tafel.

Het punt dat ik wil maken is dit: ik gaf het geschenk zonder dat ik een tegenprestatie verwachtte. Een geschenk dat je geeft in de verwachting iets terug te krijgen is eigenlijk geen geschenk, maar een ruilmiddel.

En wil je dit alsjeblieft ook onthouden: gulheid maakt niet alleen de ontvanger blij. Het overspoelt jou ook met een bijna grenzeloze vreugde. En daardoor gaat het beide mensen goed.

61

Slecht gedrag van andere mensen is niet jouw verantwoordelijkheid

Als iemand je teleurstelt of op een andere manier pijn doet, is dat hun verantwoordelijkheid. Niet die van jou.

Zij zijn degenen wier reputatie en persoonlijk respect worden aangetast en die de liefde voor zichzelf kwijtraken. Elke keer dat iemand een ander iets aandoet, toont die persoon geen respect voor zichzelf, begrijp je? Onbewust veroorzaakt hun slechte gedrag meer schaamte, een groter gevoel van onwaardigheid en een slechtere verbinding met hun hoogste zelf.

Jij hebt niets verkeerd gedaan, dus waarom zou je jezelf daarover op de kop geven? Jij leeft jouw waarheid, houdt vast aan je waarden en behandelt anderen goed. Je beloning zal bestaan uit een goed karma en innerlijke rust.

Laat diegenen die zich slecht gedragen met rust. En laat hen het pad volgen dat ze geacht worden te volgen. Als jij toestaat dat ze jouw dagen verpesten en je rust verstoren, hebben zij gewonnen.

62

Luister beter dan je spreekt

Volwassenen zijn ontaarde kinderen. Als kind was je nieuwsgierig. En leefde je in het moment. Daardoor was je (meestal) een ongelooflijk goede luisteraar.

Social media heeft ons erin getraind een soort uitzendstation te worden in plaats van een ontvanger. Digitaal uiten we onophoudelijk wat we doen, delen we hoe we eruitzien en laten we weten waar we aan denken. Ikke, ikke, ikke.

Het resultaat? In echte menselijke interacties doen we hetzelfde. We praten meer dan we luisteren en we focussen op onszelf. Ikke, ikke, ikke. Wat saai! En soms misschien zelfs onbeschoft.

Ik ben in Rome, een stad waar mijn hoofd helemaal blij van wordt, en schrijf mijn boodschap voor vandaag aan jou. Het is december in de Eeuwige Stad, dus het is koud – of in elk geval frisjes.

Ik zit in bed te werken. Er klinkt countrymuziek. 'Second Chance' van 49 Winchester. Een goeie vibe. Je zou heel gelukkig zijn als je hier een espresso met me zou drinken.

Ik herlees momenteel een van mijn favoriete boeken van vroeger: *Mijn dinsdagen met Morrie*. Als ik lees hoe beschaafd, integer en bijzonder vriendelijk Morrie was, spijt het me toch wel dat hij er niet meer is.

Ik zou willen dat ik iets van zijn grootsheid had, al was het maar een fractie.

Morrie was een voormalig hoogleraar aan een universiteit, die van dansen hield en sociologie doceerde voordat hij de vreselijke ziekte ALS kreeg. In een deel las ik dat hij geweldig kon luisteren.

Ik stopte meteen met lezen en stond stil bij de kracht van die geweldige gewoonte.

Om naar een ander te luisteren. Volledig. Helemaal. Echt. Waarachtig.

We leven in een wereld vol mensen die niet stil kunnen zitten. Die altijd bezig zijn. Die constant willen presteren. Die niet kunnen stoppen met praten.

Maar door naar een ander te luisteren vanuit de diepte van je ziel geef je hun iets kostbaars en – durf ik het zo te verwoorden? – bied je iets *heiligs* aan. Dat je iemand laat zien dat je om hem geeft in een tijd waarin dat er niet is als het niet hoeft, om iemands aanwezigheid te eerbiedigen en te bevestigen dat hij ertoe doet: dat is een oefening in goedheid.

Een oud inzicht dat de moeite van het delen waard is: als het de bedoeling was dat we twee keer zoveel zouden spreken als luisteren, hadden we wel twee monden en één oor gekregen. Toch?

Hier zijn wat snelle regels om magisch goed te worden in die o zo belangrijke superkracht in relaties, luisteren:

... Onderbreek anderen niet. En maak hun zinnen niet meer af. Zij doen hun best die zelf af te maken.

... Besef dat de persoon die de vragen stelt degene is die het gesprek verrijkt.

... Vertrouw erop dat de persoon die luistert degene is die leert. Leg je oor dan ook te luister.

... Als de spreker is uitgesproken, wacht dan een paar tellen om te verwerken wat hij of zij heeft gezegd. Heel veel mensen formuleren al een antwoord terwijl de ander nog praat. Dat is niet oké. Dat kun jij beter.

... Wat je nooit, echt nooit mag doen, is je telefoon checken of opnemen terwijl een gezinslid of vriend tegenover je zit. Dat is een van de meest respectloze dingen die je kunt doen.

De mensen die het best communiceren zijn geweldige luisteraars. En er is maar weinig wat een gezinslid, vriend, collega of volslagen vreemde het gevoel geeft te worden gezien, gewaardeerd en toegejuicht als wat o zo ongewoon luisteren.

Het spijt me dat ik er nu vandoor moet, maar ik heb een lange wandeling voor de boeg naar het Piazza Navona. Daar ga ik drie uur lang lunchen met mijn ongelooflijk slimme, interessante en meelevende vriend Luigi. Ik ben dol op hem en wil niet te laat komen.

63

Onze wereld is jouw familie

Het is slim om alles in perspectief te blijven zien. Zodat je leven zo rijk mogelijk blijft.

Wist je dat er in ons sterrenstelsel een miljard andere steenachtige planeten zijn die heel erg lijken op de aarde? Elke daarvan draait om een zon, net als onze aardbol.

Wat ik daarmee wil zeggen? Dat is niet zo moeilijk, mijn vriend. De aarde is maar klein. Eenieder die erop leeft, uit welk land en welke cultuur, van welke geloofsovertuiging of kleur dan ook leeft *samen* met anderen op die wonderbaarlijke bol.

Op aarde zijn we allemaal broeders en zusters. Leden van een stam en een familie die 'mensen' wordt genoemd. Als kind oordeelden we niet en voelden we geen weerstand tegen mensen die anders waren. Nee, als we in de speeltuin een ander kind ontmoetten, gingen we daar gewoon mee spelen en tien minuten later stelden we onze ouders voor aan onze nieuwe beste vriend.

Het belangrijkste punt dat ik wil maken nu we aan het eind zijn gekomen van de tijd die we samen aan de derde vorm van rijkdom besteden, is dit: we zijn geprogrammeerd om ergens een afkeer van te hebben, worden getraind in wantrouwen en leren haten. Misschien is dit wel de dag dat je jouw schild iets kunt laten zakken. Zodat er meer liefde binnen kan stromen. Want op aarde is echt de hele wereld jouw familie.

DE VIERDE VORM VAN RIJKDOM

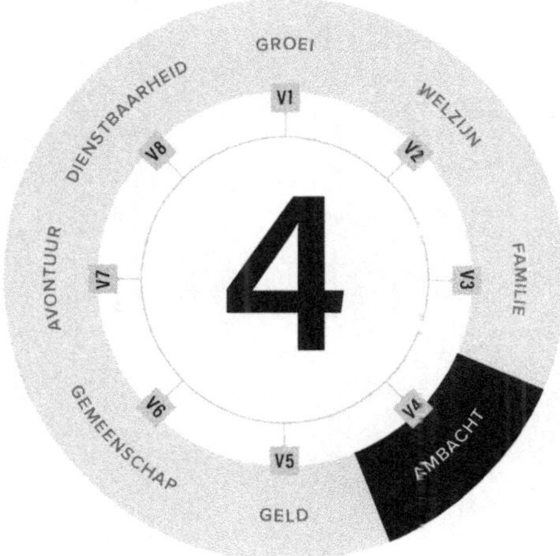

Ambacht

De gewoonte van werk als platform voor zingeving

Het verlangen te scheppen is een van de diepste verlangens van de menselijke ziel.

– DIETER F. UCHTDORF

De vierde vorm van rijkdom

Ambacht | Een kort overzicht

Een van de sterkste verlangens van de mens is de behoefte aan zingeving. Te veel werken kan schadelijk zijn voor je gezondheid en relaties, en je ook minder levendig maken zodat je de essentiële verbinding kwijtraakt met je aangeboren creativiteit, positiviteit en gevoel voor persoonlijke vrijheid. Maar een verstandige balans tussen het werk dat je doet en je voornemen daar al je bekwaamheid in te steken – om recht te doen aan je talenten en om andere mensen iets zeer waardevols te bieden – is een stoutmoedige, intelligente manier om te bouwen aan een leven dat oprecht rijk kan worden genoemd.

Een baan is alleen een baan als je die als zodanig ziet. En werk wordt alleen maar vervelend als je de kans laat liggen het echt te leren beheersen. Het besef dat alle werk belangrijk is, dat alle arbeid een diepe waardigheid kent en dat je hetgeen je voor de kost doet kunt zien als jouw ambacht (waarmee je jouw verborgen persoonlijk sterke punten en talenten kunt ontdekken) zal je leven vullen met veel meer geluk, energie en zingeving. Dat wens ik je echt toe, in deze tijd waarin veel fijne mensen een verstoorde relatie hebben met hun werk.

De meeste mensen ervaren hun baan als een blok aan hun been in plaats van als een offer of een zegen. Maar in werkelijkheid is werken een gelegenheid om een inkomen te verdienen waarmee je je gezin kunt onderhouden, een kans om aangeboren mogelijkheden te benutten, een vooruitzicht om geweldige projecten op poten te zetten en een roeping om bij te dragen aan je gemeenschap.

Precies: je werk is een uiterst waardevol betaalmiddel en een geweldige vorm van rijkdom. Wijsheid gebiedt dat je er meer waarde aan hecht! Laten we daarom beginnen met een gezamenlijke verkenning van die indrukwekkende kracht die ontstaat wanneer je jouw baan tot ambacht verheft en van je arbeid je kunst maakt.

64

De goede non in een plattelandskerk

Gisteren heb ik gewandeld. Je weet dat ik daar dol op ben.

Ik kwam voorbij olijfgaarden, paarden en wijngaarden met oude ranken met blad eraan, die heen en weer bewogen door een briesje. Ik liep ook langs een ezel die me alleen maar aanstaarde.

Ik was een eind op weg met het manuscript van dit boek voor jou, en had een frisse plek om te schrijven nodig, weg van mijn werkkamer in de boerderij. Dus huurde ik een eenvoudige kamer in een dorp in de buurt van een klooster.

Toen ik over de oude, slingerende weg liep, diep in gedachten verzonken, stuitte ik op een kleine kerk van steen. Die was eigenlijk best bijzonder. Als je met me mee had gewandeld, was je het vast met me eens geweest.

De deur van de kerk stond open, een teken dat ik er welkom was. Dus ging ik naar binnen.

Voorin zat een non, die op een klassiek orgel speelde. Ze zong met een oprechte, sprankelende overtuiging, met een zuiverheid die je zelden meemaakt in deze huidige jachtige, gepolariseerde en rommelige tijd.

Nu komt het: de kleine kerk *was helemaal leeg*. Er was niemand anders. En toch zong ze alsof ze voor een uitverkocht stadion stond.

Ik nam plaats op een bankje, niet zo ver van de heilige zuster. En deed mijn ogen dicht. Luisterde naar haar betoverende lied. Ik bleef doodstil zitten, helemaal gebiologeerd.

Ik huilde. Een beetje. Ik voelde me vol leven. Uitgelaten. Zelfs wat bevoorrecht. Je vraagt je vast af waarom.

Om het moment. En om de verfijnde schoonheid van dit tafereel – een menselijk wezen dat vanuit het diepst van haar hart iets liet zien dat me zo raakte: *toewijding.*

Dus als je vriendelijke mentor op afstand – die echt goed op je let – doe ik jou nederig suggesties aan de hand om je volgende wauw-niveau en grotere hoogten als schepper te bereiken, zodat je groeit in de vierde vorm van rijkdom:

... Wees toegewijd aan je hoop, idealen en machtige missie.
... Wees toegewijd aan consistentie, meesterschap en alleen aan dat wat goed is.
... Wees toegewijd aan het hebben van een opgeruimd karakter en een rijk hart.
... Wees toegewijd aan de gewoontes die kampioenen gebruiken om te winnen, en aan de dagelijkse routines van excellentie.
... Wees toegewijd aan het versterken van je verbinding met anderen, en laat ze zich groter voelen in jouw aanwezigheid.
... Wees toegewijd aan het doen van alles wat nodig is om uitmuntend te worden in wat jij voor de kost doet.
... Wees toegewijd aan het beter achterlaten van de aarde dan hoe je haar hebt aangetroffen.

65

Wees niet zo rationeel dat je de magie niet meer ziet

Wat mij dus irriteert (nou ja, niet echt) is dat mensen zo met hun hoofd bezig zijn dat ze hun hart niet meer voelen. Hoe kun je de wereld ooit verwondering laten voelen als je die verwondering zelf niet kunt toelaten? Verwondering is een essentieel onderdeel van het werken aan je vierde vorm van rijkdom: *ambacht*. Dat is het echt, écht waar.

Misschien schijnt wat ik vertel jou niet logisch toe. Laat ik nog een poging wagen.

Een van mijn favoriete films is *The Banshees of Inisherin*, omdat die zo vreselijk hilarisch, gevaarlijk en mooi is. En gewoonweg *magisch*.

Het is een film over een vriend die niet langer wil dat zijn beste vriend zijn beste vriend is. Zijn beste vriend weigert hem los te laten. De eerste vriend hakt daarom elke keer dat zijn gewezen beste vriend bij hem op bezoek komt een van zijn eigen vingers af. Dit in een poging hem te laten ophouden nog te komen. Hilarisch, niet?

Ik las een review van deze film waarin stond: 'Ik kon het niet verdragen omdat alles zo ongeloofwaardig was.' Huh? Sinds wanneer is de genialiteit van een film afhankelijk van de geloofwaardigheid ervan?

Wat is er gebeurd met ons kinderlijke gevoel van speelsheid, overdrijving en grootsheid in dit tijdperk van die enorme ernst, wetenschappelijkheid (is dat een woord?) en wiskundigheid (en dit?)?

Toen ik dit hoofdstuk schreef, borrelden vanuit mijn onderbewustzijn woorden van Steven Pressfield in me op (de geweldige auteur van *The War of Art*). Het is een smeekbede aan jou om niet te star vast te houden aan een beperkte creatieve werkelijkheid:

> Een kind heeft geen moeite met het geloven van het ongelooflijke. Dat geldt ook voor een genie of een gek. De enigen die twijfelen, te veel nadenken en aarzelen zijn jij en ik, met onze grote hersenen en kleine hartjes.

Jij kunt wonderen verrichten! Je wordt betaald en uitgedaagd (door de giganten van je aangeboren grootheid) om ongebruikelijk bijzondere projecten te lanceren in onze vermoeide, cynische, onrealistisch logische cultuur – en er wordt ook van je verwacht dat je dat doet. Zorg dat je je lef terugvindt. Laat de teugels los die je zijn aangemeten door de status quo (die jou een filosofie heeft opgedrongen over wat mogelijk, lovenswaardig en noodzakelijk is). Ga weer dromen. Ga op je bek. Neem moedige risico's. Laat je bloed maar vloeien. Kom dan weer overeind (je bent nu sterker en heldhaftiger) en ga door. Het succes van je ambacht hangt ervan af.

66

Geluk overkomt je niet: je maakt het

Voordat ik je deze boodschap schreef in een notitieblokje dat een van mijn dierbare lezers me gaf toen ik boeken signeerde, was ik net geïnterviewd door Virgin Radio, in Dubai. De absoluut geweldige interviewer, die heel vriendelijk was, vroeg: 'Robin, is alles wat gebeurt een kwestie van geluk hebben, of bepaalt wat we doen ons geluk?'

'Ja.' Dat was mijn antwoord. Gewoon 'ja'.

Daarmee wil ik zeggen dat het allebei klopt. Ik geloof heel sterk in APV: *Absolute Persoonlijke Verantwoordelijkheid.* We moeten vroeg opstaan, ons sterkste en moedigste zelf ontwikkelen, onze beloften nakomen. We moeten ons goed inzetten op het werk (veel mensen doen *alsof* ze werken en verlangen toch topresultaten, maar dat werkt niet), buitengewoon veel waarde leveren aan diegenen die op ons rekenen, ons gezin stimuleren, tijd maken voor gezonde ontspanning en doen wat we kunnen om een positieve impact te hebben. Dat zijn allemaal belangrijke factoren voor wereldse overwinningen.

Goede dingen overkomen mensen die goede dingen doen. Vooral mensen die hun werk met hart en ziel doen, alsof ze er werkelijk om geven, alsof het ze echt kan schelen – zelfs (of misschien vooral) wanneer iedereen om hen heen als een wazige zombie naar het digitale universum ontsnapt in plaats van in het hier en nu te zijn. Want weet je, mijn vriend: geluk overkomt ons niet: we maken geluk. Je speelt zelf een enorme rol in hoe je leven eruit zal zien!

Maar ik geloof ook in lotsbestemming. Ik denk dat onzichtbare handen onze reis sturen, achter momenten van synchroniciteit zitten en ons beschermen in tijden van tegenslag. Dat is gewoon wat ik geloof – misschien denk jij er anders over en dat is helemaal prima.

Ik heb het gevoel dat de hemel mensen helpt die zichzelf helpen. Doe je best en laat het leven *dan* de rest doen: dat is wat ik je eigenlijk probeer te laten inzien, met liefde en respect.

Gaat iets niet goed (zoals wanneer je je baan kwijtraakt of een relatie beëindigt), trap dan alsjeblieft niet in de valkuil van zelfbedrog. Ga niet klagen, anderen de schuld geven en smoesjes verzinnen. Kijk in plaats daarvan eerlijk en goed naar jouw aandeel in dit verlies. En verbeter wat er verbeterd moet worden, zodat het niet blijft gebeuren. Dát is APV. En het hoort bij een hoog functionerend, echt rijk mens zijn.

Wees niet die persoon die van de ene in de andere relatie rolt en dan zegt: 'Waarom zijn er voor mij geen buitengewone mensen?'

Ben je je bewust van het belang van APV, heb je in de spiegel gekeken en een grote verantwoordelijkheid genomen voor jouw aandeel in het resultaat, *laat het dan los*. En *vertrouw erop* dat als het de bedoeling was (en als het in jouw belang was) dat je zou zijn waar je wilde zijn, je daar ook zou zijn – als je begrijpt wat ik bedoel. Ben je niet waar je hoopte te zijn, dan ligt er iets nog beters voor je in het verschiet.

Train je inherente wijsheid om te weten dat falen pas falen is wanneer jij het als falen ziet. Elk zogenaamd falen bevat een geheime schat, die je gewoon smeekt er aandacht aan te besteden.

Ik ben vooral gegroeid door de meest tragische dingen die ik heb meegemaakt. Toen wilde ik dat daar een eind aan kwam. Nu

– na verloop van tijd – zie ik dat die dingen zijn gebeurd om me te helpen. Om mij te helpen mijn ego los te laten, mijn wijsheid te vergroten, vertrouwd te raken met mijn gaven en mijn hart open te stellen voor een grotere liefde. Ik raad je aan om een moeilijke periode niet te verspillen. Sterker nog, en hoe vreemd het ook mag klinken: probeer er zo lang mogelijk in te blijven. Want de groei die je daar uit kunt halen is onbetaalbaar.

En nu ik erover nadenk, ben ik echt dankbaar dat ik niet alles heb gekregen wat ik wilde. Want waar het leven me uiteindelijk heeft gebracht, is het veel lichter. En dat geldt ook voor jou.

67

Maak een 'stop met-lijst'

De meeste mensen hebben wel een to-dolijst. Toen ik nog procesadvocaat was, was mijn hele leven gevat in zo'n lijstje. Ik schreef alles op en leefde naar die lijst met een militaire precisie. Het was niet erg leuk, maar ik kreeg wel een hoop gedaan.

De to-dolijst die veel mensen hebben bevat vaak werkafspraken, teamvergaderingen, deadlines voor rekeningen, boodschappen en sociale gebeurtenissen.

Dat is prima. Eigenlijk gewoon heel goed. Blijf het gebruiken als het je helpt. Toch wil ik je ook graag iets vertellen over wat ik nu anders doe en wat me heel goed bevalt: een *stop met-lijst.* Want weet je, een geweldig en prettig leven (en een dito carrière) draait veel meer om dat waarmee je wilt *stoppen* dan om dat waarvan je hebt gezegd dat je eraan zult beginnen.

Je lijst kan bijvoorbeeld beslissingen bevatten:

... Stop met jouw echte leven te vergelijken met de fake levens die online in elkaar worden gezet (boordevol filters).

... Stop met het kopen van allerlei dingen die je gewoon niet nodig hebt, en besef dat zuinig zijn heel slim is in een tijd waarin influencers je stimuleren te gaan eten in dure restaurants, luxe kleding te kopen en om ergens naartoe te gaan dat je je eigenlijk niet kunt veroorloven.

... Stop met het accepteren van alle sociale uitnodigingen die je krijgt omdat je verslaafd bent aan leuk gevonden worden.
... Stop met je druk maken over problemen die niet echt zijn en met je zorgen maken over dingen die waarschijnlijk nooit zullen gebeuren. 'Bedenk dat vandaag het morgen is waar je gisteren over piekerde,' zei Dale Carnegie.
... Stop met klagen dat de opdracht waaraan je werkt onmogelijk is, en klaar de klus gewoon. (Elk meesterwerk ontstaat stapje voor stapje – denk aan de Piramide van Cheops waarover we het eerder hebben gehad.)
... Stop met ja zeggen tegen zakelijke kansen waarop je eigenlijk nee zou moeten zeggen.
... Stop met het verspillen van de beste uren van je dag aan oppervlakkige afleiding en digitaal vermaak.
... Stop met minder dan je uiterste best doen wanneer je met je werk bezig bent.
... Stop met het volgen van de kudde en begin een leider te worden.
... Stop met scrollen wanneer het tijd is om iets te maken, en met kletsen wanneer je moet produceren.

Je hebt alleen *dit* leven om te leven. Jouw geluk, gezondheid, grootsheid en rijkdom zijn afhankelijk van een goed gebruik van je tijd. Dus focus minder op de dingen die je moet doen en zorg dat je een duidelijker beeld krijgt van de dingen waarmee je je tijd *niet* meer moet vullen. Meesterschap draait veel meer om het nastreven van eenvoud dan om de verleiding van complexiteit. En een zinvol en bevredigend leven draait soms meer om wat je eruit haalt dan om wat je erin stopt.

68

'Het valt toch niemand op' is een leugen

Steve Jobs' grote held was zijn adoptievader: een opvallend goede ambachtsman die in zijn vrije tijd perfect meubilair maakte met zorgvuldig uitgewerkte details. Als jongen keek Jobs vaak toe hoe hij het hout met grote precisie mat, de hoeken bijna obsessief uitlijnde en heel monomaan gefocust was op het klaren van de klus op topniveau.

Op een dag droeg zijn vader hem op om het hek buiten te gaan schilderen, en hij deed wat hem was gevraagd. Een paar uur later kwam zijn vader kijken. 'Steve, heb je het hek geschilderd?'

'Ja papa, kijk,' zei de jonge Jobs, terwijl hij naar het hekwerk wees. Zijn vader inspecteerde het zorgvuldig en merkte toen op: 'Je hebt de buitenkant van het hek heel netjes geschilderd, maar je hebt de *binnenkant* niet gedaan.'

Steve antwoordde: 'Maar papa, die ziet toch niemand?'

Zijn vader glimlachte, wachtte even en zei: 'Maar jongen, *wij* wel.'

Vele jaren later werkte Jobs met zijn ontwerpers aan de eerste Apple Macintosh. Zijn instructies voor het team? Maak de computer mooi vanbuiten. Bijzonder, prachtig, sensationeel. Maar de ware missie – zo zei hij – was om van de *binnenkant* van het apparaat een kunstwerk te maken.

Iemand van het team grapte: 'Maar Steve, niemand ziet de

binnenkant.' En natuurlijk wachtte Jobs even, om daarna te antwoorden: 'Maar *wij* wel.'

Weet je, wát je ook doet op het werk: het dapperste en meest wijze deel van jou ziet *alles* – en ik bedoel ook echt *alles* – wat jij doet. En elke keer dat jij je grootsheid verraadt door iets te doen waarvan je weet dat het je genialiteit geen recht doet, sterft er een klein stukje van jou. Een deel van jou verliest dan het zelfrespect. Dan verdwijnt een deel van je enthousiasme, optimisme en hoop. Elke daad van middelmatigheid ondermijnt je talenten. En niet geuit potentieel verandert in pijn.

Dus wanneer je de neiging hebt om je gaven te bagatelliseren of je persoonlijke magie klein te houden, onthoud dan dat er altijd iemand naar je kijkt. Altijd. Die 'iemand' is je hogere zelf!

69

Een beveiliger voor je werk

Een tijdje geleden hoorde ik in een podcast dat Amerikaanse auteur Neil Strauss een vreemde maar creatieve manier heeft om een groot project af te ronden. Hij huurt een beveiliger die ervoor moet zorgen dat hij het huis onder geen beding verlaat zolang het boek niet af is.

Je kunt de hele tijd lol trappen, maar ook je persoonlijke potentieel waarmaken. Maar allebei, dat gaat niet, toch?

Net als Strauss moet jij strategieën en protocollen ontwikkelen die je dwingen het werk af te ronden waarvan je weet dat het af moet om leidend te zijn in jouw werk en om de wereld een stukje vriendelijker te maken doordat je jouw kunst erin hebt toegepast.

Misschien ga jij niet voor een beveiliger. Maar je moet wel iets drastisch verzinnen om je waardevolste project af te ronden.

Voordat de kans op afronding is verkeken.

70

Gebruik het algoritme voor virtuositeit

Als jij nu voor me zou zitten en me vroeg om in een eenvoudige formule samen te vatten wat de beste CEO's, miljardairs, ondernemers, topsporters en leiderschapsteams zo geweldig maakt, dan zou ik je dit laten zien:

$$\frac{\text{GROEI} \times \text{OEFENEN} \times \text{LERAREN} \times \text{RELATIES}}{\text{VEERKRACHT} + \text{LEVENSDUUR}} = \text{MEESTERSCHAP}$$

Ja, precies dát zou ik voor jou op een servetje krabbelen.

'Groei' betekent dat je moet studeren en je ambacht meer moet verfijnen dan anderen die gemiddeld presteren op jouw vakgebied, zodat je het *inzicht* hebt om enkel te doen wat de besten doen.

'Oefenen' in deze vergelijking heeft natuurlijk te maken met de uren aan training die je erin steekt, zodat je de ervaring krijgt die nodig is om je aangeboren talenten om te zetten in praktische genialiteit.

'Leraren' is een codewoord voor het aantrekken van geweldige mentoren, die je gaandeweg leren beter te focussen en jaren van verspilde tijd schelen door het doen van de verkeerde dingen.

En 'relaties' verwijst naar de mensen met wie je omgaat. Ga

vooral om met mensen die vastbesloten zijn uit te blinken in hun vakgebied, en je zult hun energie, meesterschap, durf en arbeidsethos oppikken.

De noemer in deze formule heeft twee belangrijke woorden waarvan ik graag wil dat je er even bij stilstaat. 'Veerkracht' is de eigenschap om falen te veranderen in brandstof, en struikelstenen in opstapjes. De meeste doeners geven snel op, maar daardoor krijgen ze geen grip op hun inspirerende visie. Geluk houdt van mensen die doorzetten. Onthoud dat.

En 'levensduur' is het elementaire maar zeer belangrijke idee dat ongewoon succes ontstaat door je langer in te spannen dan de wereld redelijk, verantwoord en rationeel vindt. Om de beste van de wereld te worden, moet je langer doorgaan dan je gelijken. En de sleutel voor het uitgroeien tot een legende ligt in het verlengen van je levensduur in jouw domein.

Mijn laatste overweging in deze boodschap is een aanmoediging om te vertrouwen op de rustige woorden die je op de meest onverwachte momenten worden ingefluisterd en die je laten zien hoe groot de krachten zijn die jou verlichten. Dat project zal op een dag, wanneer je het vol concentratie, zorg en moed hebt uitgevoerd, ook de wereld verlichten.

'Je moet het lichtschijnsel zien te ontdekken en observeren dat van binnenuit door de geest flitst: dat is belangrijker dan het licht aan het firmament van barden en wijzen. Toch verwerpen we onze gedachten zonder waarschuwing vooraf, omdat die van onszelf zijn. In elk geniaal werk herkennen we onze eigen afgewezen gedachten: die komen bij ons terug met een zekere vervreemde grootsheid,' schreef de grote filosoof Ralph Waldo Emerson.

Neem nu even vijf minuten de tijd om hierbij stil te staan. Jouw intuïtie is buitengewoon en je inzichten zijn sterk. Negeer de haters en vergeet de criticasters. Breng je virtuositeit op een hoger plan, dan zul je beslist de geneugten, bevrediging en doorgaans verzwegen schatten ervaren die erbij horen wanneer je je werk beschouwt als een ambacht: de vierde vorm van rijkdom.

71

Leren is je superkracht

Iemand die bekrompen is, verheft de wereld niet. En iemand die buitengewoon presteert maar stopt met consistent groeien, optimaliseren en zich ontwikkelen in zijn vakgebied gaat achteruit – vaak zonder het te beseffen, totdat het te laat is. Dat brengt ons bij de kracht van leren, essentieel voor onze missie.

Onderwijs is als een vaccinatie tegen ontwrichting. En de creatieve maker die het meeste leert, wint.

Jarenlang heb ik de miljardairs, CEO's en *movement makers* in mijn clientèle een belangrijk principe geleerd: de *2x3x mindset*. Die helpt je jouw dominantie te verbeteren in elk veld waarin jij een leider wilt zijn. Dat principe werkt als volgt: om je inkomen en impact te verbeteren *verdrievoudig* je je investeringen in twee kerngebieden: je persoonlijke meesterschap en je professionele vermogen.

Veel geweldige mensen gaan gebukt onder de beperkende overtuiging dat genialiteit een goddelijke gave is in plaats van een dagelijkse praktijk. Het kostte Mozart tien jaar focussen, trainen en doorzettingsvermogen voordat de *eerste* tekenen van zijn meesterschap zich begonnen af te tekenen. Jane Goodall, de gerespecteerde primatendeskundige, had decennialang chimpansees bestudeerd voordat haar buitengewone kennis werkelijk duidelijk werd. Einstein werkte als postbode en ploeterde jarenlang in volstrekte anonimiteit voordat hij de relativiteitstheorie formuleerde, waarmee hij een revolutie teweegbracht in ons begrip van de natuurwetenschappen. Aristoteles Onassis kwam na een verraderlijke reis vanuit Griekenland aan in Buenos Aires met maar 60 dollar op zak, voordat hij begon aan het lange traject van het opbouwen van de ondernemingen en het imperium waardoor hij de financieel rijkste ondernemer van zijn tijd werd.

Al deze mensen begonnen klein, *leerden* wat ze moesten leren om te winnen en hielden nooit – echt nooit – op met het verbeteren van waar ze goed in waren. Hoe eenvoudig het ook klinkt: hun winnende formule bestaat eruit dat ze door zichzelf te onderwijzen altijd beter wilden worden.

Besef goed dat als je denkt 'Ik kan geen belangrijke kracht worden in mijn werkveld' of 'Supersterren ontstaan uit sterrenstof dat anders is dan dat van mij' of 'De besten zijn gezegend met zeldzame talenten die ik gewoon niet heb', in plaats van beseffen dat genialiteit in een ambacht ontstaat uit een geweldige alchemie van focus, leren, oefenen, mentorschap, uitvoering, doorzettingsvermogen en het verstrijken van tijd, die gebrekkige gedachte zich uiteindelijk zal vastzetten in een beperkende, onbewuste overtuiging. Met andere woorden: als jij jezelf een psychologisch verhaal voorhoudt dat stelt 'Ik ben gemiddeld, dus moet ik gewoontjes functioneren', dan zal dat zich manifesteren als jouw werkelijkheid. *Want je dagelijkse gedrag weerspiegelt je diepste overtuigingen.*

Beperkt denken schept altijd een gebrekkig programma, dat een verhaal schrijft dat vervolgens jouw zelfidentiteit wordt. Op zijn beurt bepaalt die weer van welke kant jij je dag in, dag uit laat zien. Ja, jouw denken is een selffulfilling prophecy. En wat jij gelooft over je potentieel wordt werkelijkheid.

De gerespecteerde Amerikaanse psychologe Carol Dweck heeft door haar grondige onderzoek ontdekt dat doeners van wereldklasse een 'mindset van groei' hebben in plaats van een vaste mindset. Anders gezegd: ze kijken zodanig naar kansen dat als ze niet over een bepaalde vaardigheid beschikken, ze begrijpen dat ze die kunnen aanleren. En willen ze een onderwerp beheersen, dan oefenen ze zo intens en geconcentreerd dat ze het daardoor onder de knie krijgen.

Wie ervoor *kiest* om te werken vanuit een mindset van groei heeft macht over zijn leven en een diepgewortelde overtuiging dat *alle* mensen over de macht beschikken om beter te worden, elke dag opnieuw. Door te leren wat ze moeten leren en dan te werken aan de verbeterpunten, in plaats van te wachten tot de sterren gunstig staan.

Leer, leer, leer. En lees, lees, lees! Ik ken maar weinig andere investeringen die je het exponentiële rendement opleveren van een heel goed boek. Voor een paar euro kun je in de geest kruipen van de grootste mensen die ooit hebben geleefd. Je kunt hun filosofieën ontdekken, hun dagelijkse gewoontes omarmen, begrijpen hoe ze hun meesterwerken met hun handen hebben gemaakt, ontdekken hoe ze tegenslag hebben overwonnen en geïnspireerd raken door de weg die ze hebben afgelegd.

Het slachtoffer zegt dat een topprestatie te moeilijk is, en verspilt daarom kostbare uren voor een groot tv-scherm. De superster begrijpt dat meesterschap studie, inspanning, geduld en toewijding vergt. Bovendien steekt hij veel tijd in het opbouwen van een grote bibliotheek.

'Ik heb mijn leven lang niet één wijs persoon gekend die niet voortdurend las – niet één,' merkte de legendarische Amerikaanse investeerder (en zakenpartner van Warren Buffett) Charlie Munger ooit op. Prachtig, vind je niet?

72

Ontwikkel een hartstocht voor boeken

Het spijt me, maar ik blijf je stimuleren meer boeken te lezen! Want ik wil dat je je geest en hart en huis ermee vult. Omringd worden door wijsheid doordat je stapels tekst hebt (ja, ik houd het meest van de papieren versies) is een van de mooiste dingen in het leven. Voor mij althans. En ik weet bijna zeker dat dat voor jou ook geldt.

Ik zal je kort een paar redenen geven waarom je elke dag minimaal een uur zou moeten lezen (de rest van je leven):

Reden #1: Door te lezen – in een tijdperk waarin online algoritmen jou van informatie en media-bias voorzien – kun je de revolutionaire stap maken om voor jezelf te denken. Door content van veel auteurs te consumeren (met andere meningen) kun je *je eigen* conclusies trekken over onderwerpen die ertoe doen. En zo vermijd je dat je anderen napraat.

Reden #2: Lezen helpt om je dieper onder te dompelen in een cultuur die oppervlakkig is geworden. Door niet langer digitaal te snacken van informatie bestaande uit eenregelige berichtjes en video's van tien seconden ontwikkel je je tot een zwaargewicht onder de denkers. En daardoor werk je aan je gigantisch competitieve vermogen om een van die zeldzame mensen te worden met de mentale weerbaarheid om moeilijke problemen op te lossen.

Reden #3: Lezen verlengt je aandachtsspanne in een omgeving waar de meerderheid lijdt aan de onmetelijke zwakheid van het niet kunnen focussen. Alle genieën hebben een uitzonderlijk hoog niveau van concentratie, waardoor ze regelmatig urenlang in een flow kunnen geraken waarin ze toegang krijgen tot de welhaast magische ideeën die hen uiteindelijk legendarisch maken.

Reden #4: Lezen vergroot je basiskennis, en dat helpt je om meer magie op de markt te brengen. Doordat je inzicht groeit, vermindert ook het aantal fouten dat je zult maken: je maakt immers gebruik van de wijsheid van de giganten die je bestudeert. Dat leidt tot minder verspilde tijd, minder persoonlijke pijn en veel minder tegenslag.

Reden #5: Lezen vergroot je inspiratie. Je kunt je volgers, klanten en sector niet inspireren als je eigen bron van inspiratie leeg is. Een geweldige manier om optimistisch, enthousiast en bruisend van aanstekelijke, positieve energie te raken is door het lezen van heroïsche stukken. Duik in biografieën van avonturiers die de hoogste toppen hebben beklommen en verlaten woestijnen hebben verkend. Bestudeer de autobiografieën van de uitvinders die tegenslagen overwonnen en ondernemers die gebruikelijke grenzen overschreden. Begeef je in het gezelschap van de grote mannen en vrouwen uit de geschiedenis die naties bevrijdden, wereldwijde bewegingen opzetten en het beste lieten zien dat de mensheid te bieden heeft, door te lezen over hun leven en door hun boeken te gaan.

Ik zou nog veel meer redenen kunnen opsommen waarom ik wil dat je alles leest wat je maar in handen kunt krijgen, dat je pagina's omslaat in plaats van naar grappige filmpjes te kijken (die je uiteindelijk vaak intellectueel leger en spiritueel armer maken dan je eerst was).

Ik zeg het nog maar eens, omdat jouw groei echt belangrijk voor me is: lees elke dag! Lees elke dag! Lees elke dag!

73

Leef volgens de wet van de beginnende grootmeester

Voordat ik ging zitten om deze mentorboodschap voor jou te schrijven in mijn rommelige schrijfkamer liep ik met Supermaatje over een nieuw pad in het bos. Tot mijn verrassing sprong er een witstaarthert uit de bosrand, vlak voor me langs. Het was pure magie! Een teken, misschien?

Nou ja, genoeg daarover. Laten we meteen met de les beginnen die ik vandaag met je wil delen, zodat je positiviteit, productiviteit, leiderschap en dienstbaarheid aan de maatschappij volop kan bloeien.

Dit is het: *het bijzondere aan grootmeesters is dat ze altijd denken als beginners.*

Dat is een goed mantra om op te mediteren, over te schrijven en bedachtzaam omheen te werken.

Veel superproducenten en toppresteerders bereiken de top en denken dan dat ze het allemaal weten, dat ze onoverwinnelijk zijn en nooit van hun hoge troon kunnen worden gestoten. Natuurlijk is die mentaliteit het begin van het einde. Want meesterschap zonder nederigheid is een voedingsbodem voor middelmatigheid.

Op het hoogtepunt van zijn kracht en de top van zijn moed kwam Kobe Bryant altijd al bij het ochtendgloren naar de sportschool. Hij verzon geen smoesjes. Hij klaagde niet. Hij verzon geen verhalen waarom hij een training zou kunnen overslaan omdat hij een superster was en kon doen wat hij maar wilde.

Hoewel hij een meester was, gedroeg hij zich als een beginner: leergierig, geobsedeerd door verbetering, fanatiek bezig met groei.

In de fascinerende documentaire *The Redeem Team* vertelt een basketballer uit Team USA hoe hij en zijn teamgenoten de hele nacht feestvierden in een club en plezier maakten in de vreemde stad waar ze toen waren.

Daarna vertelde hij dat, toen ze de lobby van het hotel binnengingen, ze Kobe daar zagen staan in zijn sporttenue. Hij had een tas bij zich met handschoenen voor gewichtheffen. Het zweet liep in straaltjes van zijn gezicht na een vroege ochtendtraining. Kobe keek hen aan. *Heel intens.*

Het was vier uur 's ochtends. (Ik denk dat de 5 AM-club voor hem te laat begon.)

Het voorbeeld dat Kobe die dag stelde, had een diepe uitwerking op het hele team. Zijn toewijding werd besmettelijk.

Een heleboel mensen hadden het nog dagenlang over wat ze die ochtend hadden gezien. Over Kobe Bryants toewijding, zijn sterke liefde voor zijn sport en zijn niet-aflatende verlangen om olympisch goud te winnen.

En raad eens wat?

Tegen het eind van de week was het hele team als bedwelmd door zijn toewijding. Bij het krieken van de dag stonden ze in de sportschool om te doen wat nodig was om het gewenste doel te bereiken (en dat ze ook behaalden).

Wat ik hiermee wil zeggen, met veel liefde en respect, is het volgende…

... Zodra je denkt dat je onverslaanbaar bent, treedt het verval in.

... Zodra je jouw succes vanzelfsprekend gaat vinden, moet je weer gaan focussen op het herhalen en verbeteren van je vaardigheden en het optimaliseren van de prestatie die je nog verder zal brengen.

... Zodra je stopt met vroeg opstaan, regelmatig oefenen, investeren in je leerproces, proberen meer te bereiken en alles doen wat nodig is om indruk te maken op alle toeschouwers (en recht doen aan je natuurlijke belofte) kom je terecht op het pad van irrelevantie en dreigt veroudering.

Jaren geleden werd ik gevraagd te spreken bij een leiderschapsconferentie, met de illustere zakelijke grootheid Jack Welch van General Electric. Interessant was dat hij zich de hele dag niet in de green room liet zien om te borrelen met beroemdheden, en hij ging ook geen champagne drinken in de viplounge en onderwijl praten met influencers. Nee, niets van dat alles.

De hele conferentie lang zat hij op de voorste rij en maakte aantekeningen van alles wat ik en de andere sprekers vertelden. Hij begreep dat zodra je jezelf gaat zien als expert, je denkt dat je alles al eens gehoord hebt, waardoor je niet meer openstaat voor nieuwe ideeën (en voor het ontwikkelen van nog veel betere vaardigheden). Omdat je dan ten prooi valt aan de dodelijke spiraal van denken dat je alles wel weet.

Hij toonde de nederigheid die leidt tot het meesterschap dat uiteindelijk de broedplaats van onsterfelijkheid wordt. En dát is mijn nederige wens voor jou.

74

Creëer jouw opus magnum

De Taj Mahal. Pavarotti's 'Nessun Dorma'. Een maaltijd bij Cal Xim in Penedès. *De geboorte van Venus* door de schilder Sandro Botticelli. Het geheime communicatiesysteem dat is uitgevonden door Hedy Lamarr. De uitvinding van wisselstroom door Nikola Tesla. 'Bohemian Rhapsody' van rockgroep Queen. De Acropolis in Athene en het Colosseum in Rome.

Allemaal meesterwerken die getuigen van de vindingrijkheid en expertise van mensen die zich hard maken voor mogelijkheden en vakmanschap in een tijd van toenemende middelmatigheid. (Wanneer heb jij voor het laatst iets magisch op de markt ontdekt?)

Ik denk terug aan die keer dat ik mijn moeder meenam naar de Galleria dell'Accademia in Florence. Haar blik toen ze door de hoofdzaal liep en Michelangelo's *David* zag, zal me altijd bijblijven. Mijn moeder was verrukt. Door de schoonheid, vaardigheid en grootte van het kunstwerk.

Wat ik je hier wil vertellen is niets meer of minder dan dat jij een van die zeldzame en opmerkelijke makers kunt worden die niet zomaar elke schitterende kans aangrijpt maar de discipline (en moed) heeft om zich te richten op *een enkel* werk dat, wanneer eenmaal verfijnd, gekalibreerd, gepolijst, geoptimaliseerd en vervolgens bijna geperfectioneerd (ook al duurt het een eeuwigheid om dit geweldige project af te krijgen), alle monden in de wereld laat openvallen.

Ieder van ons heeft een meesterwerk in zich. Een grootse, glorieuze onderneming waarvan je – bij de gedachte alleen al – een gevoel van opwinding, betovering krijgt, en het intense gevoel dat je leven ertoe doet.

Ja, begin aan *jouw* opus magnum.

Jouw Eiffeltoren. Jouw *Mona Lisa*. Jouw relativiteitstheorie. Jouw penicilline. Jouw Concorde. Jouw Empire State Building. Jouw *Guernica*. Jouw *Titanic*. (Oké, die laatste is misschien niet zo'n goed voorbeeld, maar je begrijpt wat ik bedoel.)

Ik heb het idee dat we steeds betere vrienden worden. En vrienden zijn open tegen elkaar. Daarom moet ik je dit zeggen: *je zult niets zo intens voelen als aan je einde komen terwijl je grootsheid nog binnen in jouw vastgenageld zit.*

Om je rijkste leven te leiden moet je echt in je ziel duiken (nu meteen!) en beginnen te ontdekken wat dat *ene* project is dat (ook al kost het je je hele leven om het te voltooien) zal getuigen van jouw beste creativiteit, je hoogste productiviteit en het ronduit poëtische in jezelf. Geen honderd projecten, geen vijftig, geen twintig. Nee. Wat is dat *ene* initiatief waarvan jouw hart je heeft verteld dat je dat echt moet doen om recht te doen aan de grootsheid in jezelf?

Heb je dat eenmaal ontdekt, begin er dan mee. Meteen.

75

Hard werken is fijn

Dat waartegen je je het meest verzet, is juist iets waaraan je zou moeten beginnen.

We denken vaak dat we het project waar we zo tegen opzien maar beter links kunnen laten liggen. Maar dat is *juist* het project dat je moet oppakken. Want angsten die we niet onder ogen zien, worden muren. En kansen waar we voor weglopen, nemen ons onze genialiteit af.

Onthoud ook dat het zwaarste werk vaak de beste brandstof biedt voor je bevrediging. Wat een paradox, vind je niet? Maar het is echt zo dat door consistent moeilijke dingen te doen, je in contact komt met de pracht, kracht en goedheid die op dit moment ongebruikt in je sluimeren. Het leren kennen van deze meestal onzichtbare delen zorgt voor blijvende vreugde. Kennis van je heroïsche zelf levert een enorm geluksgevoel op. En tijdens het oplossen van lastige problemen worden vervulling, betekenis en intentie onze constante metgezellen. Daarom vind ik het moedig nastreven (en pushen) van je competentie enorm waardevol. En een ongelooflijke bron van rijkdom in je leven.

In bepaalde kringen heeft hard werken tegenwoordig een slechte naam. Natuurlijk moeten we rusten, herstellen en genieten van wat het werk ons oplevert. Maar honderd procent gaan voor de professionele doelen waarop jij je wilt toeleggen geeft ook gigantisch veel energie, zelfvertrouwen, enthousiasme en rust. De gewoonte van echt hard werken doet wonderen. Het geeft je een enorm voordeel ten opzichte van alle mensen die weliswaar zeggen dat ze een rijk leven willen leiden, maar daar niets voor willen doen. En het maakt je leven zoveel specialer.

76

Eerste versies mogen belabberd zijn

Ernest Hemingway zei iets wat mij, als kunstenaar die altijd probeert beter te worden, enorm heeft geholpen: 'De eerste versie van alles is shit.'

Ik houd niet van schuttingtaal maar ik wil hem wel nauwkeurig citeren. En het is van kolossaal belang dat wij begrijpen wat het idee was achter zijn woorden.

Wanneer ik aan een boek werk, haast ik me om het aanvankelijke manuscript af te krijgen. Ik let niet erg op spelling, schrijftechniek of de perfecte afstemming van woorden. In plaats daarvan doe ik mijn best om de belangrijkste ideeën te formuleren.

Dat geeft me vervolgens het gevoel dat het werk grotendeels af is, ook al is het pas het begin. Psychisch geeft het me het gevoel dat het gewichtheffen voorbij is, al is dat niet het geval. In de volgende versies schrap en herschrijf en verplaats en polijst ik de tekst (en dan nog eens, en nog eens, en nog eens).

In *Bird by Bird* vertelt auteur Anne Lamott hoe haar vader haar broer eens advies gaf. De jongen had moeite met een project over vogels. 'Doe het gewoon vogel voor vogel,' luidde het advies. Mooi!

Lamott zei ook dat eerste versies per definitie slecht zijn. Onthoud dat. Rond de vroegste versie van jouw opus magnum snel af. Het geeft je momentum (en het gevoel dat je het zwaarste werk al hebt verricht). Ga dan verder, bladzijde voor bladzijde, penseelstreek voor penseelstreek, vogel voor vogel. Als je begrijpt wat ik bedoel.

Bij elke volgende versie voeg je iets toe en haal je iets weg. Verbeter en herhaal je. Blijf je continu veranderingen aanbrengen, hoe subtiel ook, om jouw werk van alledaags naar een niveau van meesterlijk te tillen. Totdat je het beste resultaat hebt bereikt dat je in je hebt, en je het in een universum kunt deponeren dat hunkert naar jouw magie.

77

Stop met het kopiëren van je helden

'Het kan me niet schelen dat ze mijn idee hebben gejat. Maar wel dat ze zelf geen ideeën hebben,' zei de opzienbarende uitvinder Nikola Tesla ooit. Hij verdient overigens veel meer eer voor zijn ideeën en uitvindingen dan hij krijgt. Doorat Tesla beter was in bedenken dan in promoten zijn minder briljante geesten bekender geworden dan hij.

Hoe dan ook wil ik graag dat je ergens over nadenkt bij het opschalen van je creativiteit, het upgraden van je productiviteit en het kalibreren van je vaardigheid, op je queeste naar het vergroten van de vierde vorm van rijkdom in je leven: een buitengewoon vertoon van originaliteit.

Prent deze heel belangrijke stelregel in je hoofd: *je kunt je helden kopiëren óf je werkveld beïnvloeden, maar niet allebei.*

Mensen kopiëren vaak vanuit een bepaalde schaarste. Ze zijn bang dat ze over onvoldoende creativiteit beschikken om te kunnen winnen. Daarom kiezen ze voor de gemakkelijke weg en pikken ze andermans ideeën. Of ze zijn zo los geraakt van de verbeelding en het talent dat ze in de kern bezitten dat ze de aanwijzingen missen die hun muze hun aanbiedt.

Nog een sleutelconcept: de markt beloont het leveren van *originele* magie. (Stop even met lezen en schrijf deze zin een paar keer over in je dagboek zodat de woorden beter tot je doordringen.)

Tesla en Gaga. Da Vinci en Jobs. Ali en Jordan. Dickinson en Einstein. Ze hebben allemaal één ding gemeen: ze hebben een *frisse* wind laten waaien in het gebied waarin ze invloed kregen. In plaats van de kudde te volgen, te denken als de meerderheid en er passief bij te horen, vielen ze op, werden ze heel, heel, heel goed in wat ze deden en deelden ze hun virtuositeit met vele anderen.

O, en wanneer je je creativiteit eenmaal laat stromen en je tot innovatie en adembenemend toffe uitvindingen in jouw werkveld komt, weet en vertrouw er dan op dat de markt zal antwoorden met dat wat ik in mijn mentormethode *de drie beloningen van meesterschap* noem:

Beloning #1: *Inkomen*. Inspireer meer mensen, maak ze blij en wees dienstbaar, en je zult meer verdienen. Want geld is een nevenproduct van opgeloste problemen en verleende behulpzaamheid.

Beloning #2: *Invloed*. Hoe sterker je focus, wijsheid en uitvoerend vermogen om je natuurlijke genialiteit aan de wereld kenbaar te maken, hoe meer mensen je expertise zullen waarderen en toejuichen. Dat geeft je de tweede beloning voor meesterschap: macht, als gevolg van invloed.

Beloning #3: *Vrijheid*. Het derde geschenk dat je beslist zult krijgen wanneer je virtuoos wordt, is de vrijheid die gaat stromen terwijl je inkomen groeit en je invloed groter wordt. Je zult alles kunnen doen wat je wilt, met wie je dat wilt en wanneer je dat wilt.

Het belangrijkste wat ik je wil meegeven voordat ik je verlaat om een pastamaaltijd te bereiden met verse basilicum, rijpe tomaten van eigen kweek en olijfolie zo goed dat ik het wel van de daken wil schreeuwen is dit: stop met het kopiëren van je helden. Niemand op deze aardkloot kan precies zo scheppen, leveren en werken als jij. Dus in plaats van hard te werken om de op een na beste versie te worden van iemand die jij bewondert, doe ik je de beleefde suggestie aan de hand om de allerbeste versie van jezelf te realiseren die je voor je ziet.

78

Wees gewoon vriendelijk

Excelleren in je werk is eenvoudig omdat er tegenwoordig amper nog mensen zijn die grootse successen najagen in hun werk.

Succes schuilt in een meesterlijke consistentie rondom de basisbeginselen. En maar heel weinig mensen zijn echt goed in die basis. Zoals werken met een gevoel van trots, zorg en vriendelijkheid voor anderen. Ik geef je een voorbeeld om mijn punt te maken. Met een beetje humor.

Ik was in een grote stad in Noord-Amerika en wandelde door de regen (wandelen als het regent is een van mijn favoriete bezigheden).

Tijdens mijn wandeling viel mijn oog op een kleine winkel waar werd geadverteerd met koffie met adaptogenen – substanties die een versterkende werking hebben op de focus van je hersenen, je geheugen, je energie en je weerstand tegen toxische gevolgen van ongebreidelde stress. De manier waarop alles was gelabeld en verpakt fascineerde me. Dus liep ik naar binnen.

De jonge hipster met het coole hoedje achter de toonbank zei niets. Hij keek me gewoon met een lege blik aan en verdiepte zich toen weer in zijn telefoon. Er was verder niemand in de winkel, en toch leek hij niet blij me te zien.

Maakt niet uit. Ik glimlachte. En zei 'Hoi.' Hij gromde een soort groet terug, zoals veel mensen doen die te veel online zitten, omdat ze niet meer weten hoe ze contact moeten maken met andere mensen. En de zachtaardigheid van deze specifieke gewoonte zijn vergeten. En geen idee meer hebben wat het belangrijkst is in een rijk geleefd leven.

Ik bestudeerde de koopwaar. Het zag er ongelooflijk goed uit. De oprichter van dit bedrijf had duidelijk veel gedachten (en geld) gestoken in het scheppen van excellente producten die mensen zouden helpen om op de top van hun kunnen te presteren.

Ik vroeg de jonge man of dit een filiaal uit een keten was, of een unieke winkel.

'Uniek,' zei hij, en het klonk als een koude douche. Toen begon hij mee te deinen op de hipstermuziek die uit zijn mobieltje klonk. Ja, echt! Hij maakte wat rare bewegingen op de muziek in plaats van serieus in te gaan op mijn vraag. Ik wou dat je erbij was geweest. Jij zou dat dansen ook raar hebben gevonden.

Ik vroeg of de supplementen ook in pakjes werden verkocht die ik mee naar huis kon nemen in plaats van ze in de winkel te consumeren in de koffie die ze daar schonken.

'Nee, dat hadden we wel, maar nu niet meer,' antwoordde hij zonder op te kijken van zijn telefoon.

Er volgde nog een dansmove als die van een buitenaardse robot. Toen een *tik-tik-tik* met zijn vinger op het apparaat, om iets te checken dat duidelijk belangrijker was dan ik.

Aanwezig zijn voor een ander. Een medemens het heerlijke geschenk geven van zelfs maar een sprankje enthousiasme door die ander te begroeten. Een geweldige productkennis aan de dag leggen en een ongebruikelijke expertise wanneer je die ander helpt. En een oprechte toewijding aan je werk te tonen, waarmee je de dag van een ander mooier maakt: dát is hoe je triomf in je werk ontdekt terwijl je je vaardigheid bijslijpt. Tegelijkertijd vergroot je op die manier je eigen zelfrespect, inspiratie, carrière en leefstijl. Je vergeet het zo gemakkelijk, maar voer gewoon de basisbeginselen uit en focus daarop. Want er zijn nog maar heel weinig mensen die dat doen!

Als je je ooit afvraagt hoe je je moet gedragen wanneer er een klant, teamgenoot, leverancier of een ander voor je staat, denk dan terug aan die hipster met zijn idiote danspasjes. Die met dat coole hoedje.

En wees gewoon vriendelijk.

79

Bereik elke dag vijf doelen...

Ik adviseer mijn cliënten een protocol voor productiviteit dat ze bijzonder nuttig vinden: *de dagelijkse vijf.* Het is heel eenvoudig, zoals alle waardevolle instrumenten. Bepaal voor elke dag gewoon vijf kleine overwinningen of minidoelen, en beloof jezelf die te halen voordat de dag om is. Want inmiddels ben je hier wel van doordrongen: *kleine, dagelijkse, schijnbaar onbetekenende verbeteringen leiden tot verbluffende resultaten, als je ze in de loop van de tijd maar consistent uitvoert.* En je wordt niet heel goed door iets af en toe te doen, maar door het elke dag te doen.

Het maakt niet uit wat je te verhapstukken hebt en hoe je leven op dit moment verloopt: je kunt *absoluut* vijf micro-overwinningen halen.

Voorbeelden van eenvoudige doelen die je zou kunnen stellen:

... Maak je bed op zodra je opstaat.
... Doe twintig push-ups nadat je je tanden hebt gepoetst.
... Doe voor het ontbijt een meditatie van vijftien minuten.
... Sla je ontbijt over en ga een paar uur vasten.
... Noteer in je ochtenddagboek een paar dingen waarvoor je dankbaar bent.
... Begin met een liefdesbrief aan je partner.
... Besteed de eerste uren van je werk aan echt werk in plaats van drukdoenerij.

... Schrijf met de hand een bedankje voor iemand die je heeft geholpen verder te komen.
... Bekijk een instructievideo om je belangrijkste vaardigheid nog meer aan te scherpen.
... Ga een uur aan de slag met het project dat jouw carrière het meest vooruit zal helpen.
... Bedenk iets bemoedigends om tegen een teamgenoot te zeggen.
... Merk iets in je dag op dat je het gevoel geeft dat je optimaal leeft, en geniet ervan.
... Doe iets voor een vreemde die je op straat tegenkomt.
... Ga eten met je gezin zonder schermen aan tafel.
... Schrijf voor het slapengaan drie dingen op waarvoor je dankbaar bent.

Het krachtige punt dat ik wil maken en waarmee jij zou moeten spelen is dit: vijf micro-overwinningen per dag worden honderdvijftig in slechts een maand tijd, en meer dan achttienhonderd verbeteringen in een jaar. De komende twaalf maanden worden gewoon de meest productieve, succesvolle en fenomenale twaalf maanden van je leven (tot nu toe) als je die achttienhonderd kleine doelen realiseert.

80

Denk als een kunstenaar

Ik houd enorm van het fantastische werk van de Amerikaanse kunstenaar Jean-Michel Basquiat. Ik ben een groot fan van de abstracte schilderijen van de Oostenrijkse uitblinker Martha Jungwirth. Ik kan urenlang staren naar een portret van de hedendaagse Zuid-Afrikaanse meesterlijke schilder Lionel Smit en verlies mezelf dan volledig in zijn prachtige creatie.

Kunst maakt mijn leven mooier, gemakkelijker en beter. Het geeft meer glans aan saaie dagen. En in de aanwezigheid van artistieke grootsheid word ik door iets van dat talent geraakt. Dan wordt mijn werk ook wat beter.

Oké. *Denk als een kunstenaar.* Dat is de aanwijzing en het verzoek dat ik voor je heb. Wat je ook doet voor je werk: je bent creatief. En dat wat je maakt (of dat nu pizza's zijn of tv-scripts, bedrijven of programmeertaal, start-ups of spinning-lessen) is jouw kostbare kunst. Jouw goede naam is eraan verbonden. Dus doe dat wat je doet buitengewoon goed, of doe het niet.

Vier praktische lessen om je hierin te stimuleren:

Les #1: Doe het werk van vandaag beter dan wat je gisteren hebt gepresteerd, en het werk dat je dit jaar doet exponentieel veel beter dan dat van vorig jaar.

Les #2: Geef meer om kwaliteit dan wie dan ook in jouw vakgebied. Meesterschap of niets! Besef dit: *meesterschap is een energie.* Mensen voelen dat aan zonder dat jij het hoeft te benoemen.

We merken het allemaal wanneer we omringd worden door grootsheid.

Les #3: Maak gebruik van je eigenaardigheid en koester dat waarin je afwijkt. Dat wat 'ongewoon' is aan jou, is juist dat wat je aangeboren genialiteit werkelijkheid kan maken. Denk erover na, schrijf erover in je dagboek en mediteer op je unieke invallen, talenten en sterke punten die je onderscheiden van ieder ander. Ga die vervolgens ontwikkelen en versterken.

Les #4: Vertrouw erop dat fouten tot artisticiteit leiden, en dat mislukkingen moeten plaatsvinden opdat je je talent volledig kunt ontplooien. Gebruik je onvolkomenheden, tegenslagen en geklieder als brandstof voor artistieke kracht. Nietzsche zei het al: 'Om een dansende ster het levenslicht te laten zien is chaos nodig.'

Leef je uit op jouw dunne takje (dat lijkt misschien gevaarlijk, maar het is wel de plek waar alle vruchten zitten!). Neem meer creatieve risico's. Wees niet bang om voor gek te staan en blijf bedenken dat geen mens iemand serieus neemt die zichzelf te serieus neemt.

Denk als een kunstenaar. Want dat ben je.

81

Vind je persoonlijke GoldenEye

Om je meesterwerk te creëren moet je veel alleen zijn. Ik zeg niet dat het niet belangrijk of nuttig is om met een team te werken. Hoe groter de droom, hoe belangrijker het team. En eerder vertelde ik je al dat een sterke verbinding met familie en vrienden een belangrijk fundament voor echt succes is.

Maar mijn punt nu is dat je jezelf in een tijd van extreme technologische prikkels, hyperafleiding en cognitieve overload echt, echt, echt regelmatig moet *dwingen* je los te maken van je gebruikelijke leven, om werk van wereldklasse te leveren – ook al doe je dat maar een paar uur per dag.

Alle kunstenaars hebben een atelier waarin ze zich dagelijks terugtrekken. Alle wetenschappers hebben een laboratorium waarin ze werken en experimenten uitvoeren. Alle professionele sporters hebben een sportzaal. En alle legendarische muzikanten hebben een oefenruimte.

'Alle medicijnmannen wonen in grotten,' constateerde Jean-Michel Basquiat. Voor mij betekent dit dat je in de ruis van de wereld vertoeft *of* meesterwerken maakt door alleen te zijn – maar nooit beide tegelijk. Je genialiteit smeekt om meer stilte, eenzaamheid en rust. En alle makers van meesterwerken begrijpen dat je werkplek een diepgaande invloed heeft op de kwaliteit van het werk. Daarom zorgen ze voor een inspirerende setting.

Ian Fleming, de beroemde auteur van de boeken rond James Bond, kocht een prachtig huis op Jamaica, aan de oceaan, waar hij de rust vond en in die o zo belangrijke toestand van flow kon raken om de verhalen te scheppen die miljoenen mensen hebben vermaakt. Hij noemde deze plek GoldenEye.

Als deze fenomenale schrijver zoveel inspiratie, werkenergie en productiviteit kreeg door afstand te nemen van de drukte van alledag, moet jij dan ook niet op zoek naar jouw GoldenEye?

82

Zet die extra stappen

Toen ik *5 AM Club* schreef (waarvoor ik maar liefst vier jaar nodig had, en dat boek zo goed mogelijk maken werd een missie die grensde aan een obsessie), nam ik de trein naar een klein stadje in Europa en betrok een hotel waar ik een week kon schrijven. Ik boekte in die ene week meer vooruitgang met mijn manuscript dan in de maand ervoor, waarin ik thuis had gewerkt.

Tijdens mijn verblijf werd er 's ochtends citroenthee bezorgd en daarbij viel me iets op wat me altijd is bijgebleven: de pitjes waren uit de halve citroenen gesneden.

Ik weet niet of ik duidelijk genoeg ben, dus laat ik het verder uitleggen: de citroen was niet gewoon in tweeën gesneden zodat ik het sap in het water kon persen, maar de een of andere toegewijde ziel had de tijd en moeite genomen om de pitten er zorgvuldig uit te snijden, zodat die niet in mijn thee terecht zouden komen.

Deze ongebruikelijke daad van onverwachte perfectie maakte zoveel indruk op me dat ik het in mijn boek noemde. Ik noemde dit concept *citroenpartjes ontpitten*: een metafoor voor de minutieuze aandacht voor detail die het fundament vormt voor meesterschap in jouw stiel.

Nu ik de mentorboodschap van vandaag voor je schrijf, ben ik weer in hetzelfde hotel. En raad eens? Ik heb een nieuwe metafoor voor je, gebaseerd op de kop thee die ik vandaag kreeg.

Ik bestelde verse muntthee. Eva, de vrolijke en bruisende jonge vrouw die de telefoon had aangenomen, was fantastisch. Gespitst op details, een groot verantwoordelijkheidsgevoel en enorm zorgzaam.

'Het duurt een kwartiertje, is dat goed?' zei ze met haar zangerige stem.

En echt *precies* vijftien minuten later (ik ben nu eenmaal in Zwitserland) stond Eva voor de deur. Met een glimlach zo groot als de zon en ogen die sprankelden als sterren. En met een uitstraling die me nog eens deed beseffen hoe heerlijk het is om mens te zijn.

Terwijl ik naar het dienblad keek dat ze voorzichtig op de tafel voor me had gezet, zag ik dat Eva niet alleen een bosje verse munt in de theepot had gestopt maar nóg iets had gedaan: er lag, heel artistiek, één enkel groen muntblaadje in mijn ivoorwitte theekopje.

Misschien denk je nu: Robin, dat is zoiets kleins. Nee. Voor mij was het *enorm*.

In een tijd waarin zo weinig mensen iets toezeggen of boven verwachting leveren, waarin zoveel mensen de geneugten van hun rijkste leven willen ervaren zonder zich erop te willen toeleggen of de inspanningen te hoeven leveren die een buitengewoon lonend leven van je vraagt, straalde Eva in al haar doen en laten. Zij was een toonbeeld van deze vierde vorm van rijkdom. Ze werkte met haar creativiteit en liet een uiting van meesterschap zien door dat ene muntblaadje te pakken en heel nauwkeurig in het theekopje te leggen, waarmee het een klein kunstwerk werd.

Dus nu heb ik een nieuwe metafoor om op je werk die extra stappen te zetten waarmee je iedereen op je pad betovert: haal het maximale uit het muntblaadje. Als deze gewoonte voor Eva werkte, weet ik zeker dat die ook voor jou zal werken.

83

Wees geduldig als een professional

Ik zal je een geheim verklappen dat eigenlijk geen geheim is. Het zal je nog beter maken in wat je doet. Ik noem het een geheim in de hoop dat je er daardoor meer aandacht aan zult schenken.

Het geheim is... *geduld.*

Zo eenvoudig. Praktisch. Oogverblindend voor de hand liggend. Het is een strategie die zich pal voor je neus bevindt. Daarom zijn er maar zo weinig mensen (echt!) die er consistent gebruik van maken. 'Rivieren weten het: haast bestaat niet. Op een dag zullen we er komen,' schreef de Britse kinderboekenschrijver A.A. Milne.

Vandaag ben ik in de stijlvolle stad Milaan. De bomen dragen bloesems en de bloemen bloeien uitbundig. Mijn Italiaanse vrienden en Milanese lezers zullen me erom haten, maar ik ging hier voor het eerst naar Starbucks. (En dit zeg ik bijna stiekem: het was heerlijk.)

Ik heb staan luisteren naar een fantastische straatmuzikant die iets van Coldplay speelde, toen iets van Drake en daarna 'Love Yourself' van Justin Bieber. (Dit zeg ik ook bijna stiekem: een heerlijk nummer.)

Toen liep ik naar de Duomo, het beroemde monument. Fascinerend. Adembenemend zelfs.

Ik zag de torenspitsen, bogen en het uiterst gedetailleerde ambachtswerk. Wist je dat de bouw van de Duomo in 1386 is begonnen en dat pas in 1965 de laatste details werden afgerond? *Zeshonderd jaar*. Voor één enkel project.

Laat ik je dit nu eens op mijn allervrolijkst vragen: beschik *jij* over de toewijding *zeshonderd jaar lang* te blijven sleutelen aan het perfectioneren van jouw opus magnum? Tot dat project af is? Tot in de puntjes afgewerkt? Zoals gedaan moet worden? Om recht te doen aan jouw natuurlijke talenten? Dat doet me denken aan wat Michelangelo zei: 'Genialiteit is eeuwigdurend geduld.'

We maken deel uit van een beschaving waarin de meeste mensen de aandachtsspanne hebben van een mus. Wil jij serieus iets bereiken op je werk, met zo'n voorsprong op je gelijken dat ze je nooit kunnen inhalen (in nog geen *zeshonderd jaar*)?

Ja? Prachtig!

Word dan die werknemer met het grootste uithoudingsvermogen, word de meest onvermoeibare maker in jouw vakgebied. Zwoeg op die oneindig vele details. Streef naar de normen van supersterren. Laat nooit los. Geef nooit op. Breng je kleinste penseelstreken op grootmeesterniveau. En maak het dan nóg beter. Ik daag je uit.

84

Wees als een hond met een bot

Precies. Wees als die hond met het bot dat hij nooit loslaat. Want weet je: een van de belangrijkste sleutels voor meesterschap is volharding. En het is echt opvallend hoe ver je kunt komen bij het bedwingen van je persoonlijke Mount Everest als je gewoon weigert op te geven, maar dan ook absoluut, totaal.

Het is zo simpel. Maar zo weinig mensen doen het. Laat ik je een van mijn favoriete voorbeelden geven.

Jimmy Iovine, nu een titaan in de muziekindustrie en een legendarisch platenproducer, wilde Trent Reznor van Nine Inch Nails wegkapen van een kleine, onafhankelijke platenmaatschappij die de rechten op zijn muziek had. Maar de eigenaar van dit label bleef erbij dat hij zijn gewaardeerde muzikant niet wilde laten gaan.

Iovine's oplossing – zoals hij vertelde in de schitterende documentaire *The Defiant Ones* – begon met elke ochtend vroeg opstaan om een ritueel uit te voeren. Hij ging naar de badkamer, waar een telefoon lag. Dan deed hij de deur dicht en belde die platenbaas. Dit deed hij *bijna een heel jaar lang*, elke ochtend om 6 uur.

Uiteindelijk gaf de platenbaas toe – omdat Jimmy Iovine niet te houden was. De platenbaas erkende dat hij het gevoel had dat hij begrepen en gerespecteerd werd. Daarom ging hij akkoord en gaf hij de rechten op, en dat leidde tot een enorm succesvol partnerschap.

In de documentaire kreeg Iovine de vraag voorgelegd waarom hij niet wilde stoppen met het losweken van Reznor uit die specifieke stal van muzikanten, en waarom hij bijna 365 dagen lang elke dag opnieuw 's ochtends vroeg belde. Hij antwoordde dat het belangrijk was je ego niet in de weg te laten staan van de resultaten die je per se wilt bereiken.

Die les is me altijd bijgebleven. Dat je je er door je trots en het feit dat anderen je een dwaas vinden niet van laat weerhouden je doel te verwezenlijken. Ik hoop oprecht dat je deze aanwijzing nooit zult vergeten.

En als anderen je uitlachen vanwege je niet-aflatende geloof in jezelf en je ethische ambitie om een stoute droom te verwezenlijken, denk dan aan wat de Amerikaanse kinderboekenschrijver en tekenaar Dr. Seuss ooit schreef: 'Wees wie je bent en zeg wat je voelt, want diegenen die zich eraan storen doen er niet toe, en diegenen die ertoe doen storen zich er niet aan.'

85

Geniet van de tijd die je verspilt

'Tijd die je met plezier verspilt, is geen verspilde tijd,' merkte muzikaal genie John Lennon ooit op.

Ik heb er een groot deel van mijn jongvolwassen leven over gedaan om die uitspraak te begrijpen.

Als ik niet werkte, bezig was mijn tijdschema te halen of dingen op mijn to-dolijst af te strepen, voelde ik me schuldig. En schaamde ik me ook een beetje, denk ik. Ik ben gewoon eerlijk.

Het valt me op dat veel offline goeroes en online influencers hun volgers adviseren 'druk te zijn en je uit te sloven', en om 'elk moment dat je wakker bent productief te zijn en door te gaan'. Bah!

Is dat soort advies niet gewoon een geloofssysteem dat ons wordt opgedrongen door een cultuur geobsedeerd door doen, presteren, streven en winnen? Maar waarom kan winnen alleen maar 'meer bereiken dan anderen' en 'de top bereiken van werelds succes' betekenen? Waarom worden roem en rijkdom hoger ingeschat dan innerlijke rust en persoonlijke vrijheid?

Waarom worden de ondernemer die onnoemelijk veel aflevert en de miljardair meer gewaardeerd (in onze o zo vreemde cultuur) dan de monnik die de hele dag in een klooster mediteert? Of de vrolijke tuinman die felgele tulpen teelt?

Hoe kan het dat iemand die zijn werk goed doet en de avond

vrijhoudt voor zijn gezin, hobby's en menselijk enthousiasme als minder 'productief' wordt beschouwd dan diegene die 24 uur per dag, 365 dagen per jaar beschikbaar is? Wie heeft ons dit lijstje gegeven waarop staat wat productiviteit zou betekenen? En waarom zouden we het *niet* waard zijn om succesvol gevonden te worden als we niet elk vrij moment aan werk besteden?

Ik ga nog een stapje verder. Waarom wordt nietsdoen gezien als iets slechts? Leg het me maar eens uit. Echt. Wie heeft ons het idee opgedrongen dat iets doen beter is dan niets doen? In werkelijkheid – en ik weet niet goed of je me nu nog kunt volgen – zijn het gewoon verschillende dingen. Het ene is niet echt beter dan het andere, toch? Dat maken je oordelen en overtuigingen ervan.

We hebben gewoon geleerd van mensen die we vertrouwen (en ons beïnvloeden) dat het ene beter is dan het andere.

Ik heb geleerd om heel effectief te worden in nietsdoen. Omdat een sterke werkethiek zonder een diepe rustethiek de tand des tijds niet zal doorstaan.

Wanneer ik werk, werk ik snel, aandachtig en nauwkeurig – extreem gefocust op de paar dingen die ertoe doen. (Confucius zei het prachtig: 'Wie op twee konijnen jaagt, vangt er geen.') En werk ik niet, dan geniet ik van mijn leven, van de vruchten van mijn werk. Ik staar naar bomen terwijl ik door mijn olijfboomgaard loop. Ik wandel met Elle over kronkelige paden op het platteland, bereid avondeten voor mijn dochter, bezoek een kunstgalerie met mijn zoon. Ik lees interessante boeken, ga fietsen op mijn trouwe mountainbike, schrijf in mijn dagboek, luister naar countrymuziek, ga zwemmen in zee.

Ik wil je dringend aansporen af en toe een meesterlijke luilak te zijn. Een kampioen in nietsdoen als je even moet bijtanken. Zoals ik gisteravond deed. Ik ging gewoon buiten zitten op een koele avond – een deken over mijn benen, de blik op de sterren gericht. Nietsdoen was echt iets speciaals.

86

De regel van 60 seconden tegen uitstelgedrag

Laten we na het vorige hoofdstuk even naar een andere versnelling schakelen. Alle toppresteerders hebben één ding gemeen: ze dromen niet alleen geweldige dromen, maar doen ook alles wat nodig is om die dromen te verwezenlijken.

Zij begrijpen dat ideeën bedenken zonder ze uit te voeren gelijkstaat aan waanvoorstellingen. En dat zelfs de kleinste handeling zoveel meer is dan de grootste voornemens. Daarmee geven ze blijk van betrokken vakmanschap en serieus meesterschap.

Dus mijn boodschap aan jou luidt als volgt: *laat een spectaculair idee nooit varen zonder dat je iets hebt gedaan – wat dan ook – om het te verwezenlijken.*

Herhaal de volgende mantra en blijf dat doen: 'Ik doe het nu.' Want dat waar je over praat, wordt dat wat je in de wereld maakt. En als je dan gedurfde, gewaagde inspiratie voelt opkomen, onderneem dan razendsnel actie – binnen 60 seconden – om een heel klein beetje vooruitgang te boeken. Zodat je uitstelgedrag de kop omdraait. En je steeds vooruit blijft gaan.

'Tot het moment dat iemand zich ergens aan verbindt is er aarzeling, een kans om zich terug te trekken. En inefficiëntie. Met betrekking tot alle initiatieven en creatieve daden geldt één elementaire waarheid die, als die wordt genegeerd, talloze ideeën en schitterende plannen in de kiem smoort: op het moment dat iemand zich definitief committeert, treedt de voorzienigheid ook in werking,' aldus de Schotse bergbeklimmer en schrijver William Hutchison Murray.

Volgens mij wilde hij ons daarmee laten zien dat er een verschil is tussen druk doen en productiviteit, beweging en vooruitgang.

En dat er pas iets gebeurt als je begint.

87

Blijf je al werkend verbeteren

Onlangs ving ik een gesprek op, en daar wil ik je iets over vertellen.

Ik zat te lunchen in een restaurant. Een man wilde een glas rode wijn. Hij wees naar een wijn op de menukaart. De ober keek ernaar en zei: 'Deze? Ik spreek de naam vast niet goed uit, maar ik ga het proberen.'

Vervolgens kraamde hij de naam van de wijn uit. En hij liep weg om die voor de gast te halen.

Toen dezelfde ober aan onze tafel kwam, vroeg ik hem hoelang hij al in dit restaurant werkte. Gewoon uit nieuwsgierigheid.

'Dit wordt mijn elfde jaar,' antwoordde hij trots.

Hmmm… Elf jaar. In dit restaurant. Bestellingen opnemen van gerechten en wijn. Hij was hier een groot deel van zijn kostbaarste uren. Stak zijn ongelooflijk waardevolle levensenergie in deze baan. Had de kans om een expert te worden in wat hij deed. Om een adembenemend goede verkoper te worden. Enorme fooien te krijgen.

En om de een of andere reden leek hij zijn werk – zijn vak (een vaardigheid die hem niet alleen professioneel, financieel en persoonlijk enorm veel kon opleveren, maar ook spiritueel) toch niet heel erg serieus te nemen. Hij had althans nooit de tijd genomen de wijnen te bestuderen zodat hij de namen goed kon uitspreken. Volgens mij kwam hij alleen maar omdat het moest, dag in, dag uit. Elf jaar lang.

Kijk daarentegen eens naar de Spaanse kok Ferran Adrià, oprichter en chef van het iconische driesterrenrestaurant El Bulli. Hij is toonaangevend op het gebied van moleculaire gastronomie, schotelt zijn gasten maaltijden van 34 gangen voor en betovert zijn medechefs met zijn monomane obsessie voor foutloze details – en op het hoogtepunt van El Bulli's roem (toen elk seizoen twee miljoen mensen probeerden een van de schaarse tafeltjes te boeken) sloot Adrià de zaak.

Hij had een fortuin kunnen verdienen met zijn creaties (zijn 'kip kerrie' zette het oorspronkelijke recept op de kop door een saus van kip over kerrie-ijs te gieten) en werd door superchef Joël Robuchon uitgeroepen tot 'beste kok ter wereld', maar hij sloot zijn toko omdat hij het gevoel had als chef niet verder te kunnen groeien. Hij had behoefte aan frisse uitdagingen voor zijn groei als kunstenaar.

Dit is wat je daaruit kunt leren: zodra je op de top van je kunnen bent en het hoogtepunt van je macht hebt bereikt, moet je jezelf dwingen je winnende formule te vermorzelen, de vaardigheden die je zulke goede diensten hebben bewezen opnieuw te kalibreren en nieuwe manieren te bedenken om jezelf helemaal opnieuw uit te vinden. Het alternatief? Middelmatigheid. En een snelle afdaling in de vergetelheid.

88

Werk voor de magie, nooit voor het geld

Topatleet en -ondernemer Shaquile O'Neal kwam naar mijn faculteit en deelde drie krachtige lessen waarvan ik bijna zeker weet dat jij er ook veel aan kunt hebben. Ik steek meteen van wal:

Les #1: Houd je kinderen bescheiden en geaard. Als zijn kinderen iets zeiden als: 'Pa, zullen we dit kopen – we zijn rijk,' dan antwoordde hij: 'Jullie zijn niet rijk, *ik* ben rijk.' Het Chinese gezegde 'Rijkdom overleeft nooit drie generaties' klopt in het algemeen wel. Financiële rijkdom wordt vaak verdiend door de eerste, genoten door de tweede en verloren door de derde generatie.

Les #2: Vergeet nooit waar je vandaan komt. Veel mensen hebben veel succes in hun werk, maar vergeten vervolgens wie hun daartoe de kansen heeft gegeven. Shaq vertelde mijn publiek dat wanneer de Lakers een thuiswedstrijd speelden, hij altijd naar zijn voormalige buurt reed (in een arm deel van Los Angeles) en op straat ging ballen met kinderen. Daarna stapte hij weer in zijn auto om naar de wedstrijd te gaan. Ik vroeg hem waarom hij dat deed. Zijn antwoord was: 'Omdat ik vroeger die kinderen was.'

Les #3: Werk nooit alleen om het geld. Shaq vertelde dat wanneer hij (als ondernemer) een deal sloot met alleen een enorme bom duiten in zijn achterhoofd, die ondernemingen altijd mislukten. Maar greep hij een kans omdat die hem inspireerde en hij daardoor zou groeien als leider (maar ook omdat het gewoon goed voelde), dan waren de resultaten zonder uitzondering uitstekend.

Ja, mijn vriend: doe je werk voor meer dan alleen geld. Doe het omdat je erdoor groeit. Doe het om zo je talenten te ontdekken. Doe het voor de persoon die je erdoor wordt. Doe het om de betekenis die het je geeft. En doe het uiteraard – altijd – bijzonder goed (met positiviteit en passie, ook al kijkt er niemand) voor de mensen die je zult helpen en voor de betere wereld waaraan je bouwt.

89

Het driesterrenrestaurant met de heel afwezige chef

Tijdens mijn leiderschapslezingen zeg ik tegen mijn publiek: 'Nergens ga je zo hard in onderuit als in succes.' Wanneer je op het hoogtepunt van je succes bent, ben je ook het kwetsbaarst. Wie wint is maar een paar stappen verwijderd van verlies. Succes is zo gevaarlijk! Op de top van je kunnen denk je misschien dat je daar altijd zult blijven. Je houdt op met innoveren en bent geneigd de vertrouwde wegen te blijven bewandelen. Je beschouwt je klantenkring als vanzelfsprekend en meent dat je overwicht in jouw stiel gewoon intact blijft. Maar op zo'n moment raak je maar al te gemakkelijk in het bijna onzichtbare verval dat uiteindelijk tot je ondergang zal leiden.

Om dat te vermijden moet je gretig blijven. En strijdlustig. Altijd bereid zijn nieuwe dingen te leren, weer risico's te nemen, het onverwachte te leveren, op je snuit te gaan omdat je innoveert, zelfs nóg dankbaarder te worden voor het eten dat jij en je gezin op tafel krijgen en werken met de mentaliteit van een beginneling.

Afgelopen herfst heb ik mijn zoon meegenomen op een reis naar het noorden van Italië. Kort daarvoor had ik een vader-dochteravontuur gehad, dus nu was het Colby's beurt. We gingen truffels zoeken met een hond die Lady heette, wandelden eindeloos door de bergen en namen een kookles (we maakten ravioli).

Op een avond had ik een tafeltje gereserveerd in een restaurant met drie Michelinsterren. Een bijzonder uitje vanwege onze laatste avond. Ik was er eerder geweest met Elle en het eten was er voortreffelijk (vooral de gepocheerde eieren met pecorino, verse room en witte truffels).

We waren er dus klaar voor om ons compleet te laten overrompelen. Om een van de beste maaltijden van ons leven te genieten. Een vader en zijn zoon.

Maar raad eens? De chef was er wel, maar stond dit keer niet in de keuken. In plaats daarvan zat zij aan een grote tafel naast ons, bij het knapperende haardvuur. Samen met zes vriendinnen. Ze praatten. Lachten. Dronken dure rode wijn. Vertelden verhalen over hun hoogtijdagen. Zij droeg nog steeds haar witte koksbuis, maar kookte die avond niet.

Ik weet niet hoe dat bij jou zit, maar als ik voor een speciale gelegenheid diep in de buidel tast door naar een driesterrenrestaurant te gaan (wat ik in mijn hele leven maar twee keer heb gedaan), dan wil ik dat de chef die de drie Michelinsterren heeft verdiend mijn eten bereidt.

Hoe het eten was? Middelmatig. Echt. Wel oké, maar niets bijzonders. Eén gang was bijna niet te eten. Ik ben dan ook twee keer in dat restaurant geweest: de eerste en de laatste keer.

Wat ik met deze milde tirade wil zeggen? Simpel. De chef werd een topchef in een toprestaurant. Toen begon ze haar succes als vanzelfsprekend te beschouwen en ging ze op haar lauweren rusten. Ze verloor haar passie. Dacht dat het niemand zou opvallen. Checkte niet langer of elk ingrediënt exquis was en elk gerecht perfect.

Denk aan dit verhaal als je nieuwe niveaus van meesterschap bereikt. Beschouw je overwinningen nooit als vanzelfsprekend. Want je gaat nergens zo hard in onderuit als in succes. Vergeet je die regel, dan ben je sneller uit de running dan je je ooit kunt voorstellen.

90

Het leven is belangrijker dan werk

Op dit moment is Kenny Sailors mijn held. Omdat hij me eraan herinnert dat je stinkende best doen een heel belangrijk element is in je streven naar een waarachtig rijk leven, maar dat voor een prachtig leven veel meer nodig is.

Een tijdje geleden ben ik 's avonds lang opgebleven om naar de ontzettend inspirerende documentaire *Jump Shot* te kijken.

Het was duidelijk dat het allemaal om het jumpshot draaide.

En over hoe die nu zo gewone basketbalmove werd uitgevonden, hoe die de sport op zijn kop zette en zich door de generaties verspreidde. Maar wat ik zag ging over zoveel meer.

In de documentaire werd verteld dat Kenny in zijn jonge jaren degene was die met het jumpshot kwam. Dit gebeurde in de tijd, in de jaren veertig van de vorige eeuw, toen basketbalspelers op de grond bleven staan als ze een doelpoging deden. Dat kun je je nu niet meer voorstellen! Maar vanuit de lucht werpen was een radicaal idee.

Wat Kenny deed was nog nooit geprobeerd. Voor de sport was het veel meer dan een vernieuwing: het was revolutionair.

Fans waren verbluft. Spelers vol ontzag. Het basketbal was voorgoed veranderd.

Kenny Sailors werd de Kobe, de Jordan, de LeBron van zijn tijd. Dominant. Veelbesproken. Fameus. Bewonderd.

En toen was hij *verdwenen*.

Het was de Tweede Wereldoorlog. Hij vocht als marinier. Zette zijn leven op het spel. Voor zijn land.

Bij terugkeer verhuisden hij en zijn geliefde vrouw naar de bossen van het afgelegen Alaska, waar hij jaagde, viste en kampen bouwde. Leefde van wat het land opbracht. Kreeg een gezin. Reed paard. Speelde geen basketbal. In plaats daarvan bouwde Kenny een leven op.

Het stel leefde 35 jaar een sober bestaan, totdat zijn vrouw begon te dementeren. Dat brak zijn hart.

Na haar overlijden leidde hij een rustig leven. Hij begon jonge basketbalspelers te begeleiden en diende de gemeenschap, vaak anoniem. (Want is dat niet de mooiste manier om te geven?)

Tegen het eind van zijn leven werd Kenny Sailors gevraagd naar zijn 'Final Four' – een term die staat voor de belangrijke play-offs in het universiteitsbasketbal, waarin alle teams in de competitie zijn uitgeschakeld, behalve de beste vier. Maar in dit geval wilde de interviewer weten wat voor Sailor zelf de belangrijkste vier dingen waren.

'God, een goede echtgenoot zijn, een liefhebbende vader en een goede marinier.'

Hij noemde basketbal niet eens.

Kenny stierf op 95-jarige leeftijd. Als een held. Zo zag ik hem, en vele anderen met mij.

Deze bescheiden man leefde eenvoudig, eervol, gelukkig en met een enorme integriteit. De moraal van dit verhaal? Als het gaat om het uitoefenen van jouw vak en al doende absolute wereldklasse te bereiken, doe dat dan met alle genialiteit, kracht en enthousiasme die in je zit. En werk je niet, leid dan een rustig, bedachtzaam, eervol en zinvol bestaan. Want het verdienen van een fraai inkomen mag het opbouwen van een schitterend leven nooit in de weg staan.

DE VIJFDE VORM VAN RIJKDOM

Geld

De gewoonte van voorspoed als brandstof voor vrijheid

Als jij je rijkdom beheerst, zul je rijk en vrij zijn. Als je rijkdom jou beheerst, ben je eigenlijk arm.

– EDMUND BURKE

De vijfde vorm van rijkdom

Geld | Een kort overzicht

Beschikken over voldoende inkomen en financiële armslag om op je eigen voorwaarden te kunnen leven (en met de vrijheid de leefstijl te kiezen die je voor jou en je dierbaren wenst) is niet alleen een belangrijk element van een *waarachtig* rijk leven: het is essentieel.

De sleutel ligt in de vraag of je het geld gebruikt om je te dienen, of dat je het bezit ervan najaagt. In het laatste geval worden alle zeven andere valuta van rijkdom verwaarloosd. En je wilt toch zeker niet financieel rijk zijn maar arm op het gebied van geluk?

Dit herinnert me aan een fascinerend verhaal dat ooit in *The New Yorker* stond. De beroemde Amerikaanse auteurs Joseph Heller en Kurt Vonnegut waren op een cocktailparty op Long Island, bij een grote jongen van Wall Street. Het was glamoureus, er waren allemaal socialites en de overdaad droop ervan af.

Vonnegut vroeg zijn vriend: 'Joe, hoe voelt het te weten dat onze gastheer gisteren meer geld heeft verdiend dan jij ooit zult verdienen met je royalty's voor *Catch-22*?'

'Nou, Kurt,' antwoordde Heller, 'ik heb iets wat hij nooit zal hebben.'

'En dat is?'

'Het gevoel dat het genoeg is,' was Hellers eenvoudige antwoord.

Het gevoel dat het genoeg is. Prachtig. De voldoening kennen van tevreden zijn met wat je hebt, maakt je rijk. Let wel: jezelf stimuleren om een redelijke financiële rijkdom te bereiken *is* nodig om je mooiste leven te leiden. Economische voorspoed geeft je de vrijheid om de keuzes te maken die voor jou het beste zijn, in plaats van dat je gedwongen wordt om dingen te doen die je niet wilt maar toch *moet* doen omdat je het geld nodig hebt. Veel geld hebben maakt je omstandigheden ook gemakkelijker, en geeft je de kans om te genieten van de schitterende geneugten van de materiële wereld.

Uiteindelijk draait het allemaal om balans. Je kunt beter je geld bezitten dan het geld jou te laten bezitten. Laat een redelijke hoeveelheid welvaren jou dienen, zodat je er een heerlijke leefstijl op na kunt houden. Maar laat geld jou niet overheersen. Nooit.

Laten we vanuit deze context beginnen aan onze reis door de lessen die ik zorgvuldig voor jou heb voorbereid om de vijfde van de acht vormen van rijkdom – geld – in jouw waardevolle leven aanzienlijk te vergroten. Zullen we beginnen?

91

Vermijd Howard Hughes' valkuil van geld

Gisteravond keek ik naar een documentaire over Howard Hughes die nu eens inspireerde en dan weer choqueerde. In zijn tijd was Hughes een van 's werelds rijkste mensen. Dat leek mij een mooi uitgangspunt voor onze discussie over de vijfde vorm van rijkdom. Waarom, vraag je je wellicht af. Dat zal ik je uitleggen.

... Hij verdiende 50 miljoen dollar per jaar (dat zou nu 150 miljoen dollar zijn) met zijn bedrijf in gereedschappen.
... Hij verkocht TWA-aandelen (van zijn luchtvaartmaatschappij) voor een half miljard (in 1966).
... Hij pionierde in nieuwe vliegtuigen als meester-vliegenier en zette een innovatieve studio in Hollywood op.
... Hij vond zelfs een automatisch ziekenhuisbed uit, uit frustratie over het feit dat hij constant plat had moeten liggen nadat hij bij een vliegtuigcrash ernstig gewond was geraakt.

Maar nu komt het. Hoewel Hughes superrijk was, bracht hij zijn latere jaren in eenzaamheid door, in een penthouse van een hotel in Las Vegas, waar het vrijwel altijd donker was. Zonder familie, worstelend met een drugsverslaving en een slechte gezondheid, niet in staat om echt te genieten van het geschenk dat een mensenleven is.

Hughes was zo machtig en op een bepaalde manier zo onbereikbaar dat hij geïsoleerd raakte van iedereen die hem de waarheid had kunnen vertellen en hem had kunnen helpen weer in contact te komen met de werkelijkheid. Topmanagers om hem heen beschermden de magnaat tegen de ernstige problemen die in zijn imperium ontstonden. Zijn persoonlijke demonen zorgden ervoor dat hij ondanks zijn enorme fortuin als een kluizenaar leefde in zijn weelderige, maar smerige hotelsuite.

Toen zijn ondernemingen complexer werden, nam hij mensen aan die niet altijd het beste met hem voor hadden. En het lukte hem niet om de juiste behandeling te krijgen voor zijn geestelijke problemen. Toen de situatie verergerde, bracht hij zijn dagen naakt door – hij weigerde in bad te gaan, was als de dood voor ziektekiemen en bang voor andere mensen. Hij bleef lange perioden buiten beeld, terwijl hij naalden in zijn armen stak. Zo'n triest einde van het leven van een buitengewone man.

Laat dit helder zijn: geld verdienen is niet slecht. Geld kan je leven zoveel gemakkelijker maken en veel problemen oplossen. Geld stelt je in staat veel goeds te doen voor je gezin en je gemeenschap te verrijken. Veel beroemde (maar stille) miljardairs die ik de afgelopen decennia heb geadviseerd behoren tot de meest integere, gulle en vriendelijke mensen die ik ooit heb ontmoet. Ze proberen oprecht de wereld een stukje mooier te maken.

Ik denk dat ik jou – mijn steeds betere vriend – eigenlijk gewoon wil vragen of je er bij het vergroten van jouw financiële rijkdom alsjeblieft voor wilt zorgen dat dit een poort naar goedheid wordt, in plaats van een gevangenis die je geluk vernietigt.

92

Ken je littekens van schaarste

Geld verdienen om de vijfde vorm van rijkdom te bereiken, gaat niet per ongeluk. Integendeel: financiële voorspoed ontstaat door het bewust en consistent toepassen van een reeks door de tijd beproefde regels die mensen met geld kennen, gebruiken en optimaliseren.

Een verstandig uitgangspunt om je economische overvloed naar een hoger plan te tillen is het helen van je geldwonden. Dat zijn de valse overtuigingen en emotionele verwondingen die zich in de loop van je leven hebben gevormd. Vooral in onze jeugd nemen we de manier van denken over geld over van onze ouders en vroege leraren (herinner je je de vijf krachten van PENAM nog waar we eerder samen doorheen zijn gewandeld?). Naarmate we ouder worden, krijgen we meer te maken met teleurstellingen, beproevingen en verliezen op dit gebied, waardoor mogelijkheden worden afgesloten, we beperkt worden in kansen en we cynisch worden over ons potentieel om een financiële kracht in de wereld te zijn (of om in elk geval vrij van dagelijkse geldzorgen te zijn).

Misschien is jou door mensen die je vertrouwt wel verteld dat 'rijke mensen dieven zijn', dat 'rijken anders zijn dan wij', dat 'geld de wortel is van alle kwaad' of dat 'mensen met veel geld gewoon geluk hebben gehad'. Of misschien heb je wel geleerd dat 'investeren in aandelen gokken is' (dat is het alleen als je niet weet hoe je de waarde van een bedrijf moet inschatten, waardoor je zomaar wat doet) of dat 'onroerend goed in het buitenland kopen gekkenwerk is' (dat is het alleen als je je onvoldoende hebt laten informeren). Als dit jouw overtuigingen zijn, denk je dan echt dat jij ervoor openstaat de regels te leren (en daarna toe te passen) die jou je grootste potentieel aan geld kunnen opleveren? De kernovertuigingen waar je je aan vastklampt worden selffulfilling prophecy's. *Mensen krijgen wat ze verwachten.*

Vandaag wil ik je nadrukkelijk aanraden om te beginnen met het helen van je wonden op het gebied van financiële rijkdom. Zodat je volledig kunt genieten van alle voordelen van deze vorm van valuta. Ik bied je vier beproefde praktijken om je te helpen thuis te raken in de mentaliteit van voorspoed en in de emotionele gesteldheid van een gezondere relatie met je inkomen:

1. Behandel jezelf alsof je koninklijk bezoek bent. Daarmee bedoel ik nadrukkelijk niet: iets kopen wat je je niet kunt veroorloven. Ik ben een groot fan van zuinigheid. Maar ik weet zeker dat er dingen zijn die je *meteen* kunt doen om alles te vieren wat je bent geworden, en om jezelf te belonen voor alles wat je hebt overwonnen.

Je kunt bijvoorbeeld een eenvoudige ceremonie houden waarbij je een rustig, mooi plekje opzoekt om alle vaardigheden te vieren die je hebt ontwikkeld, en alle waarde die je voor anderen hebt gecreëerd (vergeet niet dat geld het bijproduct is van waarde die je aan de markt hebt geleverd), of jezelf laten masseren in een goed wellnessresort, of die reis maken die je altijd al wilde maken, of investeren in een stuk originele kunst van een onbekend maar geweldige plaatselijke kunstenaar en dat ophangen in je huis. Ik vraag je iets te doen – wat het ook is – om jezelf te waarderen voor alles wat je bent geworden, om dat wat ik in mijn mentorwerk de verdiencapaciteit noem. Het werkt als volgt: *als je jezelf beter behandelt, krijg je vanzelf het gevoel dat je beter verdient.* Daardoor zul je betere kansen grijpen, beter werk afleveren en de tarieven verhogen die je van je cliënten vraagt (bovendien stuur je iedereen die jou jouw plezier afneemt de laan uit).

Als je jezelf meer blijft waarderen, verhoog je ook de standaard voor de kwaliteit van je dagelijkse gewoontes, je lichamelijke fitheid, wat je bedingt tijdens onderhandelingen, de kwaliteit van content die je consumeert, het kaliber van je vriendschappen en de uitzonderlijkheid van de plaatsen waar je naartoe gaat. Ja: je eigenwaarde vergroten leidt onvermijdelijk tot een stijging van je nettowaarde. *Geld houdt niet van mensen die niet van zichzelf houden.*

2. Ga naar superrijke plaatsen. Het volgende principe is in een paar woorden te vatten: voorspoed is een energie, dus houd je op in de buurt van zijn vitaliteit.

Dit moet je zorgvuldig aanpakken, maar door luxe om je heen krijg je meer zelfvertrouwen bij het werken aan meer voorspoed in je leven en voelt het uiteindelijk normaal. Diep vanbinnen weet je dat je gewoon thuishoort in dergelijke luxe oorden. En al snel zul je als vanzelf beginnen het meesterschap te creëren dat deze leefstijl werkelijkheid maakt. *Inkomen is altijd een weerspiegeling van identiteit* (lees dat nog maar eens).

Aanvankelijk is het misschien niet meer dan genieten van een kop thee op een terras of in een chic warenhuis, een salade eten in een restaurant of in het meest exquise hotel in je woonplaats. Door jezelf in dergelijke omgevingen te begeven vang je gesprekken op van mensen die het voor de wind gaat. Je bent dan in een positie om nieuwe verbindingen aan te gaan. Door jouw perceptie van jezelf en door daarbij ook recht te doen aan je talenten zul je subtiel maar gestaag gaan veranderen. Vertrouw me maar. Geld is eigenlijk een sterke weerspiegeling van de manier waarop jij jezelf ziet. Als jij begint jezelf te zien als een veel welvarender persoon, dan ga je dingen doen die welvarende mensen doen. En daardoor zul je echt meer verdienen.

3. Inventariseer je schaarste. Schrijf in je ochtenddagboek alle dingen op die je ouders, leraren en media je hebben ingeprent over de negativiteit van het verdienen, cultiveren en beschermen van geld. Leg ook vast wat je pijn rondom rijkdom is: de pijn die je voelde toen je probeerde je welvaren te vergroten en dat niet lukte. Door dit op te schrijven komen de oorzaken die jouw economische voortgang in de weg stonden beter in beeld, in het volle zicht, zodat je kunt zien hoe die jouw voorspoed hebben gesaboteerd in deze vijfde vorm van rijkdom. Laat je licht schijnen op schaduw, dan verdwijnt die. Bewustzijn komt vóór transformatie. Maya Angelou gaf dit advies: 'Doe wat je kunt, zo goed als je kunt, totdat je beter weet. En als je beter weet, doe dan ook beter.'

4. Maak een collage van je ideale leven. Je weet dat ik een groot voorstander ben van doen. Geen enkel idee werkt als je niet bereid bent werk te verzetten. Wie excellente dingen doet, ziet excellente dingen zich ontvouwen. Dat gezegd hebbende geldt ook dat duidelijkheid tot meesterschap leidt, en dat je moet bedenken wat je wilt vóórdat je actie onderneemt om dit te realiseren. Want hoe kun je krijgen wat je wilt als je geen idee hebt wat je nodig hebt? Vage plannen leiden tot vage prestaties. Waak ervoor je beste jaren te besteden aan het beklimmen van bergen die uiteindelijk de verkeerde bergen blijken te zijn.

Dus begin met het proces van herprogrammeren, upgraden en prikkelen van je geest door je alleen maar te focussen op de rijke leefstijl die je nastreeft. Een heerlijk instrument om dit te doen is het maken van een droomcollage op een groot stuk karton, waar je dagelijks naar kijkt. Deze collage bevat plaatjes van het majestueuze leven dat je zult leiden wanneer je daar eenmaal de financiële rijkdom voor hebt. Het kan gaan om afbeeldingen van een huis waarin je zou willen wonen met je dierbaren, van tropische eilanden of ski-resorts waar je je vakantie hoopt door te brengen, auto's die je zou willen hebben, kleding die je zou willen dragen, toprestaurants waar je zou willen eten, geweldige avonturen die je zou willen beleven en goede doelen die je zou willen ondersteunen. Ook hier ligt de sleutel weer in het genieten van materiële zaken (want we leven immers in een materiële wereld), maar nooit op het *nodig hebben* van de dingen die je bezit. En stop met jezelf te definiëren aan de hand van je eigendommen.

Oké. Het is herfst, en de kleuren buiten de oude boerderij zijn werkelijk adembenemend. Als je hier met mij zou zijn – misschien wel met een kop verse muntthee –, was je dat vast met me eens. Hoewel ik niet als een gek op mijn mountainbike ga rondcrossen, zoals ik deed toen ik jonger was, ga ik er wel even op uit. Een rustig rondje. We praten later weer. Doeg!

93

Je vitaliteit komt je ook financieel van pas

Zo'n beetje elke geldmeester in wiens buurt ik ben geweest heeft een extreem goede conditie. Ze sporten stuk voor stuk bijna elke ochtend, lopen veel (en zijn dol op vergaderen terwijl ze wandelen), investeren in de beste trainingsapparatuur en schakelen personal trainers, massagetherapeuten en voedingsdeskundigen in. Ze begrijpen ten diepste dat een eindeloze hoeveelheid energie opbouwen een van de belangrijkste sleutels tot legendarische voorspoed is.

Veel van de mensen die ik als mentor heb bijgestaan mediteren, monitoren de kwaliteit van hun slaap om die te optimaliseren, nemen ijsbaden, zitten dagelijks te zweten in hete sauna's, ademen regelmatig frisse lucht in en gaan regelmatig naar workshops voor levensduur, om – nou ja – hun levensduur te verlengen. (Pro-tip: als je serieus het leven van je rijkste leven wilt beleven, *ga dan niet dood.*)

Wanneer werken ze dan, vraag je je misschien af. Nou, deze zielen zijn doorgaans minimalisten: ze slaan de meeste activiteiten af zodat ze met heel weinig het hoogste niveau kunnen bereiken. Denk essentieel versus maximaal.

En nog belangrijker: ze zijn er diep van doordrongen dat het geld dat ze investeren in het verkrijgen van een optimale gezondheid en topvitaliteit absoluut noodzakelijk is voor hun financiële meesterschap. Ze begrijpen dat *niet* ziek worden missie nummer één is bij het bereiken van economisch welvaren. Alle dingen die zij doen en die ik noemde, kosten uiteraard geld. Maar ziekte kost meer.

Meer gezondheid staat gelijk aan meer energie. Meer energie betekent een grotere productiviteit. Meer productiviteit resulteert in een superieure waarde van wat jij maakt of levert. En het natuurlijke antwoord van de markt op mensen die schitterende producten en diensten leveren die het leven van anderen mooier maken, is een hoger inkomen. Als jij en ik samen in mijn bibliotheek zouden zitten voor een haardvuurtje, zou ik nog een servetje pakken en een model uittekenen uit mijn mentormethode. Het zou er ongeveer zo uitzien:

betere gezondheid = meer energie: ▲ grotere productiviteit = meer waarde voor je bedrijfstak ▶ hoger inkomen

Precies: breng je je gezondheid naar een hoger plan, dan stijgt de vitaliteit die je productiviteit stimuleert, wat weer extra waarde in de economie pompt, wat ertoe leidt dat jij meer voorspoed geniet.

O, en als je je levensduur met tien of twintig jaar verlengt door de juiste gezonde gewoontes te implementeren, bedenk dan eens hoeveel meer mensen je daardoor zult verrijken. Wat me doet beseffen hoeveel meer geld je verdient als gevolg van deze verruimde behulpzaamheid. De Amerikaanse miljardair Ted Turner zei het ooit zo: 'Wie het beste dient, profiteert daar het meest van.' Wijze woorden.

94

De beste move van geldmeesters

Een van de belangrijkste gewoontes voor succes in de vijfde vorm van rijkdom (na het vergroten van je gezondheid en energie) is zelf denken. Dat is een belangrijke kracht achter het succes van bouwers van financiële imperia.

Deze mensen vinden het niet erg dat ze belachelijk worden gemaakt, zolang ze trouw kunnen blijven aan hun instinct, intuïtie en moedige visie voor een betere toekomst. In feite nemen ze de stenen die hun criticasters naar hen gooien en maken daar iets van wat getuigt van hun durf.

In onze huidige cultuur volgt de meerderheid van de mensen de massa. We modelleren ons naar wat influencers doen (en kopen, eten en zeggen) en handelen zoals ons wordt opgedragen. Heel veel mensen worden volgzamer en schaapachtig in plaats van sterker en wijzer.

Vorige week las ik een recensie van een boek over creativiteit, geschreven door een topproducer uit de muziekindustrie. De recensent kraakte het werk fel af, omdat recensenten dat nu eenmaal doen (als zij het talent en het lef hadden om het werk te doen dat ze afkraken, zouden ze het vast en zeker hebben gedaan!).

... Hij zei dat het boek als memoires weinig voorstelde (maar het was niet bedoeld als memoires).

... Hij schreef dat het boek weinig anekdotes bevatte over de ervaringen die de producer in de studio had gehad met de muzikale supersterren met wie hij had gewerkt (dat was niet de insteek: hij vertelde over zijn inzichten in het creatieve proces).

... Hij merkte op dat het boek niet echt waardevol was en dat je het maar beter niet kon kopen.

Vervolgens keek ik naar de online reacties.

'Dank je wel voor je nuttige review. Jij hebt me het kopen van dit boek bespaard,' schreef iemand.

Hmmm. Ik heb alleen maar mooie dingen gehoord over de impact van deze übercreatieve man, die eerder kunstenaar dan producer is. En omdat ik meer dan gefascineerd ben door de vraag hoe kunstenaars beter worden en werk maken dat anderen betovert, kocht ik het audioboek al snel – ondanks de sfeer van negativiteit die eromheen hing.

En wat denk je? Het is een van de mooiste, nuttigste en meest doordachte gidsen die ik ooit heb gelezen over het vergroten van menselijke creativiteit en het scheppen van een meesterwerk.

Wat wij hieruit kunnen leren is dit: *denk zelf.*

Ik vraag me werkelijk af of de recensent het boek wel helemaal heeft gelezen. Echt. (Dat doet me trouwens denken aan nog iets wat miljardairs doen: ze gaan liever dieper dan in de breedte, en gaan gedetailleerd in op alles wat ze voor zich willen winnen in plaats van oppervlakkig en luchtig te blijven.)

Ik weet ook vrij zeker dat de recensent geen creatieve geest is, want ik denk niet dat hij heeft begrepen wat de auteur zei. Dat doet me denken aan wat Bob Dylan eens heeft gezegd: 'Geef geen kritiek op iets wat je niet begrijpt.'

Wat jij uit dit hoofdstuk zou moeten meenemen: mensen die reageerden namen wat ze in de recensie hadden gelezen voor waarheid aan zonder er zelf over na te denken, maar misten daardoor een kans om meer te weten te komen over ideeën en instrumenten die hen hadden kunnen helpen om hun eigen kunstzinnigheid exponentieel te vergroten.

Er was zelfs iemand die zei: 'Je hebt geen boek nodig om te leren hoe je je creativiteit kunt uiten. Je hoeft het alleen maar te doen.'

Huh? Wat een onzin.

Alsof de zuurverdiende wijsheid geschreven door iemand die decennialang in een ambacht heeft gewerkt (en meedraaide in de wereldtop) je niet zou kunnen helpen fouten te vermijden, de leercurve niet zou kunnen verkorten en je verbeelding niet zou kunnen prikkelen om dingen te bereiken die we eerder nog onmogelijk achtten.

Vertrouw op je eigen mening. En versterk je geloof in je opwindende missie, terwijl je tegelijkertijd je eerlijke ambities beschermt – ook al lachen hele volksstammen je uit. Elke visionair wordt eerst belachelijk gemaakt voordat hij vereerd wordt.

95

De multimiljardair in de akelig lege villa

Een paar jaar geleden kreeg mijn team een verzoek van een gevierde topondernemer. Hij wilde dat ik hem zou helpen nog een paar nullen aan zijn fortuin toe te voegen en tegelijkertijd zijn gezondheid terug op peil te brengen en meer plezier, rust en vrijheid in te bouwen in zijn belachelijk ingewikkelde leven.

Ik dacht een paar weken diep na over dit verzoek en stemde er toen mee in de magnaat te ontmoeten. Ik maakte een urenlange vliegreis naar zijn woonplaats in een ver land, checkte in in mijn hotel en nam mijn aantekeningen nog eens door zodat ik op scherp zou staan bij onze ontmoeting. (Nog een pro-tip: waar je ook komt, wees altijd de best voorbereide persoon, want als je niet te goed voorbereid bent, ben je niet voorbereid.)

Ik nam een taxi, die langs beroemde gebouwen reed, via met bomen omzoomde boulevards naar een gebied dat vol leek te staan met ambassades, uitgestrekte landgoederen en gigantische villa's.

De taxi reed naar een van de grootste, mooiste en meest sensationele huizen die ik ooit heb gezien. Bij de hoge gietijzeren poort werd ik opgewacht door een assistent, die met mij door geurige bloementuinen liep, langs intrigerende beeldhouwwerken van beroemde kunstenaars en een aantal architectonisch verbluffende gastverblijven.

Uiteindelijk kwamen we aan bij het hoofdgebouw, in het belangrijkste deel van het gigantische landgoed. De assistent deed de voordeur open, ging me voor door de marmeren foyer naar een woonkamer waar absoluut onbetaalbare schilderijen aan de muren hingen, prachtige oriëntaalse tapijten op de vloer lagen en op maat gemaakte meubelen aan massa's zakelijke boeken een plek boden.

We gingen door een lange hal en daalden via een trap af naar iets wat op een ondergronds complex leek.

Een glazen wand bood zicht op een garage waarin Ferrari's, Lamborghini's en Bugatti's stonden. Links van ons was nog een hal, die ons naar een metalen deur voerde. Ik rook sigarenrook.

'Hij wacht binnen op u, meneer Sharma,' zei de assistent. 'Vandaag is hij in een goede bui, dus u zult vast genieten van deze ontmoeting. Hij heeft er echt naar uitgekeken u te zien.'

De deur ging open en ik stapte een enorm kantoor binnen met in het midden van de ruimte een gigantische tafel van gerecycled hout met daarop keurige stapels papier. In boekenkasten die reikten tot aan het plafond stonden nog meer boeken. Uit de speakers kwam 'For Whom the Bell Tolls' van Metallica. Echt, hij draaide Metallica.

Een lange haal van zijn sigaar. Rook vulde de ruimte.

De cliënt was begin veertig en droeg een zwarte hoody, een zwarte joggingbroek en een zwarte baseballcap op zijn golvende bruine haren. Om zijn ene pols droeg hij een groot, rvs horloge en om de andere een aantal dunne, rode touwtjes. Hoewel hij betrekkelijk jong was, zag hij er oud uit. Vermoeid. En heel erg uit vorm.

De bekende miljardair en ik praatten meer dan drie uur lang. Ik stelde duizenden vragen en schreef vellen vol aantekeningen. Ik vroeg naar zijn huidige leven, zijn grootste triomfen en zijn diepste pijn. Ik onderzocht zijn hoop en dromen. Ik vroeg hem uit over zijn entertainmentimperium en zijn verschillende investeringen. Ik vroeg voorzichtig naar zijn ochtendroutine, werkrituelen, bedrituelen en algehele leefstijl.

Toen zei ik: 'Vertel alsjeblieft eens over je familie.' Mijn research had me weinig opgeleverd over het persoonlijk leven van de magnaat en ik vermoedde dat zijn businessteam de opdracht had gekregen alle details van internet te wissen. Wat daarvan ook de reden mocht zijn.

Er volgde een lange pauze. En nog een lange haal van zijn sigaar.

'Niemand.'

'Wat bedoel je?' antwoordde ik. 'Er moeten toch mensen zijn om wie je geeft en mensen die om jou geven? Je woont toch niet alleen in dit complex?'

'Toch wel,' antwoordde hij prompt. 'Alleen ik. En een team van assistenten. Geen familie. Geen echte vrienden. Zo goed als alleen.'

Hij wendde zijn blik af. Ik hoorde een zucht.

Ik zal verder niets loslaten over deze bijeenkomst. En ik vertel het ook alleen maar om je iets op het hart te drukken: veel mensen met veel geld zitten in feite vast in armoede. Er zijn veel ongelooflijk belangrijke dingen die je niet met geld kunt kopen (want geld is tenslotte maar *een* van de acht vormen van rijkdom). Het is beslist belangrijk dat je voldoende hebt en daarom neem ik je mee door dit deel. Maar in een tijdperk waarin de maatschappij werelds succes in het algemeen alleen maar afmeet aan het kapitaal op de aandelenbeurs herinner ik je er met zachte hand aan dat het geen zin heeft je leven te wijden aan het klimmen naar deze ogenschijnlijk bevredigende top, om uiteindelijk helemaal alleen boven te komen. En helemaal leeg.

96

Dankbaarheid is een geldmaker

Het is zonnig op de boerderij. In de verte zie ik wijngaarden, hoor ik honden blaffen en mijn humeur krijgt een boost door vogelzang dat me via het raam van mijn schrijfkamer bereikt. Ik weet niet precies waarom, maar in deze vreselijk ingewikkelde tijd word ik heel blij van zingende vogels.

Goed. Laten we deze volgende les beginnen met dit idee: in je leven zie je meer van de dingen waarop je focust. Aandacht versterkt en dat wat centraal staat in je gedachten, maximaliseert. Blijf dan ook niet piekeren over wat niet werkt, wanneer je voor hetzelfde geld obsessief bezig kunt zijn met wat vandaag fantastisch is.

Dat brengt ons nog dichter bij het belang van dankbaarheid. Wist je dat dankbaarheid het tegengif is voor angst? Het is ook een poort naar voorspoed.

Wanneer je je wentelt in schaarste en je laat beperken door onzekerheid omdat je je druk maakt over bepaalde zaken en doemdenkend naar de toekomst kijkt, dan loop je kansen mis, ondermijn je je productiviteit en slaag je er niet in de ideeën uit te broeden die jou een fortuin kunnen opleveren. Metafysisch bekeken: door *niet* dankbaar te zijn voor dat wat je krijgt, vertel je het universum dat je de zegeningen in je leven niet waardeert. En dat blokkeert de toevloed van meer.

Wat je waardeert, neemt toe in waarde. En wat je viert, vergroot je vreugde.

Dus hoe eenvoudig het ook klinkt (en terwijl het vrolijke 'Cover Me in Sunshine' van Pink door mijn schrijfkamer klinkt en mijn trouwe hond naast me ligt) raad ik je aan je zegeningen te tellen. Richt je aandacht op die zaken die je meer vreugde en een veilig, goed en succesvol gevoel geven, en oefen daarin. De energie van deze positiviteit zal ervoor zorgen dat er meer geld in je leven komt. Dat is vrijwel zeker waar.

97

Zie de winst van een ander als jouw triomf

Jaloerse mensen bereiken maar zelden financiële vrijheid. Zo, dat is eruit.

Jaloezie is een gif voor je gedachten (en hart) die je creativiteit ruïneert, je productiviteit vervuilt, je moed minimaliseert en voorkomt dat je de hoogste versie van je mooiste visie bereikt.

De tijd die je besteedt aan gevoelens van vijandigheid omdat het een ander goed gaat, ben je kwijt, terwijl je die tijd misschien ook had kunnen benutten om zelf winst te boeken. Het is gewoon een volstrekt nutteloze gewoonte. Eentje die jouw rijke, grootse en nobele karakter niet waard is.

'Dus, Robin,' wil je me misschien dapper vragen, 'hoe word ik niet langer jaloers op het geluk van anderen?'

'Door er gewoon mee te stoppen', zou ik dan vriendelijk maar beslist zeggen.

… Stop met scrollen om te zien wat anderen doen en bereiken.

… Stop met jezelf vergelijken met influencers en kom op voor je eigen uniekheid, talent en bijzonderheid. Jij hebt zélf talenten waarvan de mensen die jij bewondert alleen maar kunnen dromen.

> … Stop met willen hebben wat een ander heeft, want de wijsheid die de wereld regeert weet wellicht iets wat jij niet weet en heeft besloten dat wat jij wilt niet het beste voor je is.

Ik denk dat ik je eigenlijk probeer te zeggen (met heel veel liefde en respect) dat wat goed is voor jou wel tot je zal komen, en wat niet goed voor je is niet van jou zal zijn. Dus waarom zou je ernaar verlangen?

Nog veel belangrijker is dat je begint met de geweldige gewoonte om je gelukkig te voelen bij het zien van de prestatie, triomf of overwinning van een ander. Met focus en regelmatige inspanning (we worden immers beter in dat wat we oefenen?) zul je binnen een paar weken al goede vorderingen maken in het herprogrammeren en herstructureren van je innerlijke architectuur om een niet-jaloers persoon te worden, die bovendien zodanig werkt dat er prachtige ervaringen op zijn of haar pad komen.

Een laatste overweging: als iemand jaloers op jou is, komt dat doordat die persoon denkt dat jij beter bent dan hij of zij. En dat jij het leven leidt dat zij stiekem zouden willen.

98

Gewoontes zijn sterker dan IQ

Voor financiële rijkdom zijn goede gewoontes steevast meer waard dan buitengewone intelligentie. Prent dat goed in je geheugen, laat het door de straten schallen en schreeuw het van de daken. Want het is *ongelooflijk* belangrijk.

Eigenlijk (nu begeef ik me op glad ijs) zijn veel van de multimiljardairs voor wie ik mentor ben geweest niet de slimste mensen op deze aarde. Ze zijn pienter, dat zeker. Maar niet meer dan gemiddeld. Ik heb gemerkt dat *te* slim en *te* academisch en *te* goed opgeleid zijn vaak uitmondt in *te veel* nadenken. Om alleen te accepteren wat de vastgestelde orde voorschrijft. Maar alle uitvindingen, innovaties en ontwikkelingen zijn voortgekomen uit een schepper die het onmogelijke dacht (en vervolgens uitvoerde).

Ken je het verhaal van de Britse hardloper Roger Bannister? Iedereen zei dat geen mens ter wereld ooit een mijl in minder dan vier minuten zou kunnen lopen. Zou iemand dat toch doen, dan dacht men dat het lichaam uit elkaar zou spatten. De atleet zou er vast aan doodgaan.

Maar Bannister dacht in mogelijkheden. Dus trainde hij elke dag, at goed, pakte zijn rust, maakte een studie van zijn sport en bleef positief om vervolgens zijn beste wedstrijd te lopen en die barrière te doorbreken. Wat het zo interessant maakt, is dat anderen de mijl ook in minder dan vier minuten gingen lopen, al een paar weken nadat Bannister had laten zien dat het mogelijk was.

Dat doet me denken aan een van mijn favoriete citaten van de Ierse toneelschrijver George Bernard Shaw: 'De redelijke mens past zich aan de wereld aan; de onredelijke mens volhardt in zijn pogingen de wereld aan zichzelf aan te passen. Daardoor is alle vooruitgang afhankelijk van de onredelijke mens.'

Hoe dan ook: mijn belangrijkste punt is dat de grote mannen en vrouwen die financiële fortuinen hebben opgebouwd niet de mensen zijn met het hoogste IQ, maar met de beste gewoontes.

Zorg voor excellente gewoontes in de tijd die je hebt. En denk even na over de regel dat de zorgvuldigste manier om je financiële toekomst te verbeteren het verrijken van de gewoontes is die je op dit moment hanteert.

99

Gebruik woorden van weelde

In deze mentorsessie wil ik je graag iets meer vertellen over de kracht van de woorden die je gebruikt.

De woorden die we uitspreken hebben een enorme invloed en energie. Veel goedbedoelende mensen zijn slordig in hun woordkeus. En geloof me: dat verkleint hun welvarendheid aanzienlijk.

In mijn presentaties over leiderschap heb ik het altijd over de buitengewone kracht van woorden. Eerst druk ik mijn publiek op het hart om roddels uit hun communicatie te weren en om geen slechte dingen over anderen te zeggen, omdat die anderen dat op een bepaalde manier kunnen voelen. Als jij kwaadspreekt over anderen, kun je er bovendien van uitgaan dat zij dat ook doen over jou.

Daarna zeg ik tegen mijn gehoor: 'Spreek als een leider, niet als een slachtoffer.' Hanteer je slappe bewoordingen, dan zal niet alleen je prestatie afnemen, maar duw je alle mensen om je heen (die je kunnen helpen je machtige missie en ethische ambities te verwezenlijken) van je af, omdat niemand zich aangetrokken voelt tot negativiteit, apathie en giftigheid.

Zoals altijd geldt dat het begin van transformatie bestaat uit het vergroten van je bewustzijn, hier dus over de kwaliteit van je taalgebruik. Als je gaat inzien welke woorden van lage kwaliteit je aan het universum geeft, kun je beginnen met die o zo belangrijke microverbeteringen om je communicatievaardigheden naar het volgende niveau van meesterschap te brengen. Kleine, dagelijkse, ogenschijnlijk onbetekenende verbeteringen leiden (als je het een tijdlang consequent doet) echt tot *verbluffende* resultaten!

Laat ik het praktisch houden: hierbij een lijst met woorden voor dagelijks gebruik om je invloed, prestaties en economische voorspoed te verbeteren:

mogelijk	leiderschap	sensationeel
kan	focus	schitterend
meesterschap	nuttig	verbluffend
ja	voortreffelijk	positief
moedig	dankbaar	heldhaftig
krachtig	creativiteit	groei
consistentie	magie	geïnspireerd
kans	grenzeloos	genereus
prachtig	wilskracht	wijsheid
verbetering	liefde	betrokken
transformeren	genialiteit	dienstbaarheid

Autosuggestie is echt een heel gemakkelijk, krachtig en superpraktisch instrument om je jouw aangeboren kracht meer eigen te maken, en om een eerlijker en invloedrijker leider, communicator en mens te worden die de waarde opbouwt die meer geld genereert.

100

Voer Tracey Emins anti-cocaïneregel uit

Ik ben een groot fan van de Britse kunstenaar Tracey Emin. Haar werk spreekt me gewoon aan, het betovert me en soms verwart het me ook. Dat alles maakt dat ik me voel bruisen van leven. En in creatief opzicht meer lef heb.

In een heel cool interview met de *Financial Times* bekende ze goed te zijn met geld. Ze bezit een complex in Margate, Engeland, een huis in Zuid-Frankrijk en een chic stadsappartement aan Fitzroy Square in Londen.

Dit vond ik het mooiste stuk:

> Als kunstenaar word je niet geacht dat toe te geven, want goed zijn met geld houdt in dat je niet creatief zou zijn, niet spiritueel. De reden dat ik briljant ben met geld, is dat ik in de jaren negentig nooit cocaïne heb gebruikt. *Nooit.* Ik denk dat ik net zoveel geld heb gespaard, om mijn eerste huis te kopen, als andere mensen indertijd opsnoven.

Een goed punt voor iedereen die financiële rijkdom opbouwt: *verspil je zuurverdiende geld niet.* Nooit.

Niet alleen moet je het niet opsnuiven, verspil deze beloning voor je vindingrijkheid op de markt ook niet aan:

... constant dure afhaalmaaltijden nuttigen die slecht zijn voor je gezondheid en je waardevolle energie opslokken;
... kledingstukken die je maar één keer draagt en dure horloges die in een la blijven liggen;
... stoere auto's en chique hotels die je coole selfies opleveren waarmee je indruk op anderen kunt maken, maar die vrijwel geen rendement op je investering opleveren.

Ik begrijp dat dit gezond verstand lijkt, maar gezond verstand is tegenwoordig nogal schaars.

101

Leef onder je stand

Gisteren heb ik een uur gesproken met een financieel leider die in sommige kringen bekendstaat als 'de bankier van miljardairs'.

Een vriend van een vriend van mij kent hem. Die bankier leest mijn boeken en vroeg of ik koffie met hem wilde drinken.

Ik dacht dat de vragen die ik had voorbereid goed doordacht waren. Zodat ik ook kon leren van de tijd die we samen doorbrachten en er geen akelige stiltes zouden vallen die er weleens zijn wanneer je iemand net leert kennen.

Ik vond het geweldig hem te ontmoeten! Hij was hoffelijk, bescheiden en interessant.

Hij was een heer, een uitstekend luisteraar, een vruchtbaar denker, iemand die duidelijk veel tijd had gestoken in het afstemmen van zijn persoonlijke filosofie op de manier waarop hij in de wereld wilde staan en werken.

Toen ik hem vroeg naar zijn beste financiële advies antwoordde hij snel: 'Geen leverage.' (Ja, ik weet dat dit indruist tegen het advies dat anderen je geven over het gebruik van GVA – geld van anderen – om je eigen kapitaal te laten groeien. Er zijn veel manieren om financiële vrijheid te bereiken en niets in het leven is zwart-wit, toch?)

Hij legde het als volgt uit. 'Tijd is de beste vriend van een belegger.' Tijd zorgt dat geld zich over een lange horizon kan opbouwen. En zoals je weet kan de discipline om te wachten, wachten en nog langer te wachten leiden tot *exponentiële* groei van je rijkdom.

'Maar als je geleend geld hebt, kan er een tijd komen dat de bank als een wolf aan je deur staat en het geld terug wil. Wat inhoudt dat je het voordeel van die opbouw mist. Dus is het verstandig om onder je stand te leven en om te beleggen zonder enige vorm van leverage.'

We weten allemaal dat we dit zouden moeten doen, maar het is een regel die meestal wordt geschonden. Het doet me denken aan de wijsheid van beleggingsgoeroe Warren Buffet over het gevaar van een te grote schuld: 'Pas wanneer het eb wordt, zie je wie er naakt heeft gezwommen.'

Een cliënt die een top-hedgefonds had opgericht, deelde ooit een inzicht over geld dat me altijd is bijgebleven: 'De ware reden waarom de meeste mensen financieel niet vooruitgaan, is dat ze met het groeien van hun inkomen ook meer uitgeven aan hun leefstijl. Ze verdienen meer geld, en in plaats van dat ze een betrekkelijk kleine hoeveelheid in hun leefstijl steken en de rest verstandig beleggen, besteden ze het extra geld aan een plekje in een buurt waar rijkere mensen wonen. Dat legt hun een druk op om auto's te kopen die de buren hebben, vakanties te vieren op de Caribische eilanden, waar die gemeenschap met vakantie verblijft, en hun kroost naar dezelfde ongelooflijk dure scholen te sturen als waar de kinderen van de buren naartoe gaan. Dus aan het eind van elk jaar hebben ze nog altijd niets om te sparen en te investeren. Vaak geldt dat hoe meer ze verdienen, hoe groter hun schulden worden.'

Ga daarom voordat je je haast om een volgende aankoop te doen eens aan de slag met een instrument dat ik 'de 24 uur durende verleidingsverkleiner' noem. Slaap er een nachtje over. Wacht 24 uur en kijk dan nog eens wat je vindt van die aankoop. Heel vaak zal de verleiding verdwijnen. Je impuls om dat te halen wat je eerder wilde, is verdwenen. Je verstandiger (en verantwoordelijker) denken is teruggekeerd en bespaart je geld (een flinke som in de loop van de tijd). Heel veel slechte beslissingen over geld zijn genomen door mensen die moe (of verveeld, boos of hongerig) waren toen ze de knoop doorhakten.

En *zorg er echt voor* dat je onder je stand leeft, zodat je jouw geld slim kunt inzetten voor verstandige zaken in plaats van het te gebruiken voor de glimmende speeltjes waarvan je in de toekomst spijt zult krijgen.

In de wereld van opslagruimte gaan miljarden en miljarden om, en die markt is ontstaan omdat heel veel mensen veel meer kopen dan ze nodig hebben. Zorg dat je minder wilt (en kijk in plaats daarvan gewoon naar wat je *nodig* hebt) en je zult zien dat de overvloed gaat stromen. Minder kopen zorgt ook voor minder afval, dus doe je ook iets goeds voor Moeder Aarde (en voor het geluk van toekomstige generaties).

'De weg naar rijkdom hangt voornamelijk af van twee woorden: vlijt en soberheid. Anders gezegd: verspil geen tijd en geld, maar gebruik beide zo goed mogelijk.' Dat is advies van schrijver, uitvinder, staatsman en filosoof Benjamin Franklin (je zou trouwens zijn biografie eens moeten lezen, een van de beste boeken in mijn bibliotheek). Het is goede raad die de moeite van het onthouden waard is.

102

De opeenstapeling van gewoontes van superrijke mensen

Superrijke mensen hebben de volgende negen gewoontes gemeen, naast de gewoontes die ik eerder al noemde.

Gewoonte #1: Monomane focus. In een tijd waarin de meerderheid lijdt aan het *verloren-focussyndroom* hebben de geldmagnaten het geweldige vermogen *ontwikkeld* om zich vrijwel alleen te concentreren op de bijna foutloze uitvoering van die paar projecten die hun ethische ambities zullen verwezenlijken. Wanneer ze werken, werken ze ook echt (in plaats van te doen alsof) en ze begrijpen de nutteloosheid van het druk hebben met druk doen. En ze verspillen geen uren van hun kostbare tijd met gedachteloos online browsen of triviale bezigheden.

Gewoonte #2: Een niet te kloppen positiviteit. Financiële titanen zijn ijzersterke optimisten. Ze hechten aan een betere wereld door hun innovaties en hopen op een rijkere toekomst door hun uitvindingen. Het zijn meester-ondernemers in plaats van dat ze zich ergens op laten voorstaan, en ze geloven echt dat hun creativiteit, productiviteit, teamwork en bijdragen aan hun bedrijfstak beduidend meer hebben betekend voor hun succes dan een fortuinlijke lotsbestemming of gewoon geluk.

Gewoonte #3: Uniek onorthodox zijn. Ze zien gewoon alles wat wij ook zien, maar denken wat maar weinigen durven. Ze vermijden de verleiding tot kopiëren. Dergelijke individuen zitten vol fantasie, ze verzinnen buitengewone plannen voor nieuwe avonturen die bestaande ondernemingen verstoren en miljoenen gebruikers nieuwe voordelen opleveren. Ze weten dat als ze niet vaak genoeg voor gek worden versleten, ze niet groot genoeg dromen. En dat een ander hen afkeurt kan hun eigenlijk niks schelen.

Gewoonte #4: Extreme vastberadenheid. Ze blijven bij hun waardevolle doelen, ondanks stormen van kritiek, aanvallen van vileine critici en pijnlijke aanvallen van zelftwijfel. Het lijkt wel op een hond die een bot heeft: deze bewegingmakers zijn (door training) gewend geraakt aan veerkracht, doorzettingsvermogen en de bovenmenselijke vastberadenheid om af te maken waar ze aan beginnen. Miljardairs hebben de gewoonte opgebouwd om enorme pijn te incasseren. En om *altijd* door te zetten.

Gewoonte #5: Verstandig risico's nemen. Magnaten zijn bepaald niet dom wanneer het aankomt op kansen grijpen en overwinningen voluit benutten. Echt niet! Ze zijn juist uiterst bedreven in het nemen van beperkte risico's. Ze nemen risico's die een heel grote kans bieden op veel winst. Belangrijk hierbij zijn 'als je niet vraagt, krijg je het zeker niet' en 'wie niet waagt, die niet wint'.

Gewoonte #6: Beheerst perfectionisme. Ja, deze zielen zijn meestal absolute perfectionisten. Als ze een hotelketen oprichten, kunnen ze de opening van een nieuwe vestiging zomaar twee maanden uitstellen omdat het marmer dat ze hebben besteld voor het restaurant net niet de juiste kleur heeft. Hebben ze een techbedrijf, dan staan ze erop dat het product het niveau van de Mona Lisa heeft voordat ze het uitbrengen (Steve Jobs wilde de icoontjes op de iPhone zo magisch maken dat gebruikers het scherm zouden willen aflikken). Zijn het virtuozen in de wereld van het entertainment, dan zullen ze er met alles voor zorgen dat hun film of album *verbluffend* goed is, hoeveel pijn het ook kost om dat voor elkaar te krijgen.

Gewoonte #7: Leiders opleiden. Grote leiders brengen meer leiders voort. (Lees dat alsjeblieft nog eens, want als jij niet meer leiders voortbrengt, dan ben je eigenlijk niet aan het leiden maar aan het volgen.) Een van de belangrijkste manieren waarop financiële soevereinen hun fortuin opschalen, is door het exploiteren van *leverage*. Daarmee bedoel ik nu niet 'leverage' in de zin van 'goede schulden': wat ik eigenlijk bedoel is invloed via een eerlijke ontwikkeling van leiderschapstalent van mensen om je heen. Als je meer leiders voortbrengt die jouw machtige missie met een bijna militair meesterschap kunnen uitvoeren, dan heb je zelf de handen vrij om *alleen* te doen waar jij het beste in bent (en het meeste van houdt). Je kunt het gewoon niet alleen. En hoe groter je droom, hoe belangrijker het wordt om een team van wereldklasse op te bouwen.

Gewoonte #8: Oplossingsgerichtheid. Veel mensen focussen op het probleem waarmee ze geconfronteerd worden in plaats van wachten tot de oplossing hen vindt. (*Elk* probleem neemt een oplossing mee, zelfs al zie je die niet meteen.) Deze eigenschap komt voor uit de negativiteitsbias van het menselijk brein, waar we het eerder over hebben gehad. Die eigenschap kwam ons tienduizenden jaren geleden goed van pas, toen we dagelijks blootstonden aan gevaren als verhongering, aanvallen door dieren of oorlogvoerende stammen. Geldmeesters hebben zichzelf door consequent dagelijks oefenen geduldig geprogrammeerd om constant te zoeken naar de kans in elk probleem en de oplossing in elke uitdaging. Vergeet nooit dat een probleem pas een probleem wordt wanneer je het als een probleem ziet.

Gewoonte #9: Blijvende behulpzaamheid. Je weet inmiddels

dat geld de beloning is voor bewezen nut. Geldmagnaten kiezen zaken die het leven van miljarden mensen beter maken. Waardoor zij op hun beurt miljarden aan inkomsten vergaren. Het is heel moeilijk om economische voorspoed te bereiken wanneer je kansen grijpt waarmee je nauwelijks impact kunt maken.

Oké. Ik hoop dat het delen van deze negen eigenschappen van topmogols jou helpt groeien. Ik zet nu een punt achter dit hoofdstuk, dat langer is dan gebruikelijk, want ik heb mijn ouders beloofd dat ik hen zal bellen. Dus dat ga ik nu doen. Tot later.

103

Ontwikkel de discipline van verdubbeling

Een andere eigenschap van de magnaten die ik adviseer is hun bijna obsessieve drang om hun geld zo snel mogelijk te verdubbelen. Bij het nadenken over een nieuwe kans, vragen ze zich vrijwel meteen het volgende af: 'Hoe groot is het risico en hoe hoog het voordeel, zodat ik mijn kapitaal op zijn minst kan verdubbelen?'

In financiële kringen wordt deze manier van denken de Regel van 72 genoemd. Die leert je dat het bij een rendement van 10 procent ongeveer zeven jaar duurt om je kapitaal te verdubbelen.

Weet je, de meeste mensen werken voor hun geld en ruilen hun uren in voor inkomsten. Maar bij fortuinmakers draait het grotendeels over deelname aan projecten waarmee ze slapend geld kunnen verdienen – en die verdiensten in de loop van de tijd enorm kunnen laten groeien. Het is echt belangrijk dat je dit begrijpt: *zij laten hun geld voor hen werken*. (Dit wordt ook wel de SWISS-methode genoemd: Sales While I Sleep Soundly.)

Financieel rijke mensen leren eerst de vaardigheid van geld verdienen, en daarnaast een *afzonderlijke* vaardigheid om dat geld te vermenigvuldigen met behulp van de discipline van verdubbeling. Zo zou volgens de Regel van 72 € 100.000 bij een rendement van 10 procent in pakweg 7 jaar bijvoorbeeld verdubbelen tot € 200.000; € 400.000 na 14 jaar, € 800.000 na 21 jaar;

€ 1,6 miljoen na 28 jaar, € 3,2 miljoen na 35 jaar, € 6,4 miljoen na 42 jaar, enzovoort, zonder dat ze zich daarvoor hoeven in te spannen. Je kunt gewoon slapen. En heerlijk dromen.

Ten slotte beoefenen geldgrootheden een derde, volstrekt andere vaardigheid, namelijk van het *beschermen* van hun financiële rijkdom. Het is één ding om het te verdienen, iets heel anders om het te laten groeien en wéér iets heel anders om te zorgen dat je het niet kwijtraakt. Zonder *elk* van deze drie vaardigheden zouden ze nooit zijn waar ze nu zijn.

Ik besluit met deze woorden van komiek Steve Martin:

> Ik houd van geld. Ik houd van alles aan geld. Ik heb wat heel aardige spullen gekocht. Een gootsteen van bont. Een elektrische hondenpoetsmachine. Een coltrui die op benzine loopt. En natuurlijk heb ik ook nog wat stomme dingen.

104

Minder video's kijken, meer verdienen

Ik geef je een eenvoudig maar krachtig idee om het niveau van je welvarendheid in de vijfde vorm van rijkdom fors te verhogen: haal meer uit je dag door de tijd die je besteedt aan het bekijken van online video's met weinig waarde om te zetten in productieve tijd met een grote waarde voor anderen.

Dat kan inhouden dat je de tijd neemt om te lezen, zodat je de kennis en expertise vergroot die je in jouw vakgebied inbrengt. Misschien kun je die vrijgemaakte tijd gebruiken om in je dagboek meer te schrijven over je heldhaftige idealen, je spannendste doelen en een levendig voorgestelde leefstijl. Of misschien gebruik je de tijd die je anders zou verspillen aan het verbeteren van je conditie, het nastreven van een grote passie of het vormen van betere relaties.

Je zou die extra uren kunnen gebruiken om een online cursus te geven over een onderwerp waar je van houdt (waarmee je misschien massa's mensen over de hele wereld helpt), een app te maken die een volledige industrie op de kop zet, een start-up te lanceren die een beweging in gang zet of een script te schrijven waar de mensheid van smult. Iemand gaat het doen, dus waarom zou jij dat niet zijn? En zo niet nu, wanneer dan wel?

Veel mooier nog: je zou de tijd die je kwijt bent aan tijdverspilling kunnen gebruiken om in de natuur te wandelen met je partner, je ouders op te zoeken of een goed gesprek te voeren met iemand met wie je al je hele leven bevriend bent.

Het leven is in een oogwenk voorbij. En tijd die je verspilt, komt nooit terug. Natuurlijk is het leuk om af en toe met je digitale gadgets te spelen. Maar een heerlijk, welvarend en oprecht rijk leven leiden terwijl je bijdraagt aan het welzijn van de wereld, is een spel dat zelfs nog veel meer vreugde geeft.

105

Als het je niet gelukkig maakt, waarom zou je het dan doen?

Stuur me alsjeblieft geen berichtjes als dit: 'Het leven is hard en jij hebt gemakkelijk praten en wij moeten rekeningen betalen en het is onmogelijk te leven zoals jij het voorstelt.'

Ik weet dat het leven hard kan zijn. Ik heb meer geleden dan jij weet.

En hoewel het je misschien verbaast, moet ik ook rekeningen betalen, heb ik massa's verplichtingen en rust er meer op mijn vermoeide schouders dan je misschien denkt.

Het enige wat ik tijdens deze sessie probeer te zeggen is dit: waarom zou je iets doen als je het niet fijn vindt?

Ik heb jarenlang lezingen gegeven voor Fortune 500-cliënten in de hele wereld. Die lezingen werden in grote stadions gehouden en duurden een hele dag. Ik reisde de hele wereld over, had het over leiderschap en het beheersen van verandering en over groeiteams van leiders zonder positie, die topprestaties leverden in alle lagen van de organisatie.

Toen kwam het moment dat die lange werkdagen op het podium niet langer leuk waren. Ik begon er zelfs tegen op te zien om van 's ochtends tot diep in de middag te moeten presenteren.

Op een dag, tijdens een lange lunch in het zonnetje van New

York City, zei een vriend tegen mij: 'Waarom zou je de rest van je carrière als spreker niet alleen maar opbouwen rondom de dingen die je wilt doen?'

Dat veranderde alles. Het veranderde mijn leven. Het was een radicaal, eenvoudig en prachtig inzicht.

Ik deed het. (Je hebt meer macht dan je beseft en meer keuzes dan je denkt, ook al denk je op het moment dat het niet zo is.)

Ik nam niet langer uitnodigingen aan voor evenementen die hele dagen duurden en ging terug naar mijn ware liefde: presentaties van 75 minuten. Het resultaat? Door 70 procent van de binnenkomende verzoeken af te wijzen kreeg ik mijn plezier weer terug. En raad eens? In plaats van uitnodigingen mislopen ontving ik er zelfs meer.

Ik heb hetzelfde gedaan met andere onderdelen van mijn bedrijf.

... Ik weigerde te werken met mensen die me leegzogen.
... Ik heb leveranciers laten gaan die smoesjes verzonnen, me problemen gaven en veel te veel beloofden maar te weinig presteerden.
... Ik vermeed alle ondernemingen die me mijn blijdschap afnamen.

En wat was het geweldige, enigszins curieuze gevolg van alleen maar doen waar ik blij van werd (en het beste in was)?

Onze onderneming groeide. Ik trok zelfs nog betere klanten aan. Er klopten nieuwe teamspelers aan de deur die op het niveau van meesterschap wilden meedraaien, werkten met creativiteit en zich aansloten bij onze missie om van onze kostbare wereld een veel fijnere plek te maken.

In mijn persoonlijke leven was er een enorme groei van inspiratie, enthousiasme en vrijheid.

De waardevolle les voor jou? Vorm je carrière op *jouw* voorwaarden. Er is te weinig tijd om ongelukkig te zijn.

106

Rekruteer een dode Raad van Bestuur

Niemand kan het alleen. Er is een reden waarom topsporters coaches hebben: om ze te pushen over hun gebruikelijke grenzen te gaan, zodat ze de beste resultaten bereiken. De eerste keer dat het woord 'coach' in de betekenis van begeleider werd gebruikt, gaat terug naar 1830, naar de universiteit van Oxford. 'Coach' was *slang* voor een docent die een student door een onderwerp heen hielp (alsof hij in een door een paard getrokken rijtuig – een coach – zat). Een coach is dus iemand die een individu in een leersituatie transporteert van een uitgangspunt naar het punt waar hij of zij wil uitkomen.

Een goede coach zal je stimuleren door te gaan wanneer je wilt opgeven, bespaart je tijd door je manieren te laten zien om je doel sneller te bereiken en laat je verantwoording afleggen, zodat je geen smoesjes verzint als je niet hebt gedaan wat je had beloofd te zullen doen.

Natuurlijk hangt er een prijskaartje aan een excellente begeleider. En als je je in een situatie bevindt waarin je je zo'n geldelijke investering niet kunt permitteren, dan heb ik een oplossing: werk niet met een levende coach, maar zoek een dode. Dat is geen grapje!

Ik heb zoveel lang geleden gestorven leraren gehad die me enorm hebben geholpen dat ik ze me onmogelijk allemaal kan herinneren. Jarenlang bestudeerde ik Nelson Mandela, op zoek naar aanwijzingen voor alledaags heldendom; de Romeinse keizer Marcus Aurelius voor zijn levenslange wijsheid; Moeder Teresa voor hulp in dienend leiderschap; William Shakespeare voor ambachtelijkheid; Benjamin Franklin voor karaktervorming; Amelia Earhart voor moed; de Spartaanse koning Leonidas voor het omzetten van problemen in triomf; Michelangelo voor advies over artisticiteit; Isaac Asimov voor het doen van grote en grootse dingen (hij heeft bij leven vijfhonderd boeken geschreven, dus ik ben maar een amateur); en Florence Scovel Shinn, Joseph Murphy, Maxwell Maltz en Kahlil Gibran voor hun raad over metafysica en spiritualiteit.

Deze individuen en een enorm aantal andere geweldige mensen zijn voor mij een soort 'rustige raad van bestuur', vanwege de inzichten die ze in hun memoires of autobiografieën hebben aangeboden, of in boeken geïnspireerd op hun goed geleefde levens. Ik wil je vriendelijk adviseren zelf ook een dode Raad van Bestuur op te richten.

107

Ga zitten voor geweldige ideeën

In zijn onbetaalbare klassieker *Denk groot, word rijk* schrijft Napoleon Hill over een uitvinder met een ongebruikelijke gewoonte die hem een fortuin heeft opgeleverd.

De man had een kamer ingericht waar hij kon gaan 'zitten voor ideeën'.

De kamer was sober, er stonden alleen een tafel en een stoel in. De lampen waren uit en de uitvinder ging de kamer binnen, sloot zijn ogen en wachtte dan tot zijn creatieve intelligentie hem oplossingen gaf voor de grootste problemen die hij probeerde op te lossen via zijn uitvindingen.

In een tijd waarin maar weinig mensen ooit alleen zijn (en zelfs als we dat zijn, zitten we nog altijd op onze telefoons), zou je een van die opmerkelijke mensen moeten zijn die de kracht van alleen-zijn en rust omarmen.

Ga naar jouw rustige plek. Doe de deur dicht en het licht uit. Ga zitten voor ideeën waarmee jij geweldige oplossingen kunt bedenken voor dringende problemen van mensen. Je creativiteit en vindingrijkheid zullen schitterend worden beloond.

Dat doet me denken aan wat de Franse wiskundige Blaise Pascal ooit zei: 'Alle problemen van de mensheid komen voort uit het onvermogen van de mens om rustig alleen in een kamer te zitten.' Mooi, vind je niet?

108

Zegen je geld elke dag

Vandaag werd ik later wakker dan gewoonlijk. Niks 5 AM Club! De laatste tijd waren mijn trainingen zwaarder en dus had ik meer rust nodig. En dat is natuurlijk prima. Maar trap tijdens je herstel niet in de val van verwarrende luiheid.

Terzake nu. Een paar jaar geleden vond ik in een stoffig oud boekwinkeltje in hartje Londen een boek getiteld *Bring Out the Magic in Your Mind.* Het is jaren geleden geschreven door een man genaamd Al Koran, die toen bekendstond als 'de beste mentale magiër ter wereld'. In het hoofdstuk getiteld 'The Secret of Wealth' schrijft hij het volgende:

> Wanneer je je geld de wereld in laat gaan, vergeet dan nooit om het te zegenen. Vraag het om iedereen die het aanraakt te zegenen; draag het op te voeden wie honger heeft, te kleden wie naakt gaat en draag het op om miljoenvoudig bij je terug te komen. Sla dit niet lichtvaardig over.

Waarom zou je het vreemde maar fascinerende advies van de auteur de komende dagen niet toepassen? Kijk maar wat er gebeurt.

Wanneer je je boodschappen betaalt, spreek je stilletjes een zegen uit over iedereen die heeft geholpen dit eten bij jou te brengen: de boeren die het hebben geteeld, de arbeiders die het hebben geoogst, de chauffeurs die het hebben getransporteerd en de caissières die het hebben verkocht.

Betaal je een factuur voor een autoreparatie, waarom zou je dan niet ook stilletjes je waardering uitspreken voor alle fabrieksmedewerkers die dit onderdeel hebben gemaakt, de bezorgers die het hebben meegenomen en de monteurs die je auto weer goed hebben laten functioneren?

Koop je een boek in een boekwinkel, zegen dan de verkoper en geniet je van een kop koffie, prijs dan de barista. Je begrijpt wel wat ik bedoel. Word gewoon een onbegrensde, ontzettend enthousiaste verspreider van dankbaarheid. Om levens mooier te maken. En om je rijkdom te vergroten.

De tijdloze waarheid leert ons dat de hand die geeft ook ontvangt.

109

Goed zijn is goed voor zaken

Gisteren gaf ik een lezing voor een enthousiaste groep van elfduizend topleiders in São Paolo. Ik vertelde hoe belangrijk het was om snelle veranderingen in te zetten voor exponentieel succes. Mijn boodschap was: 'Hoe groter de droom, hoe essentiëler het team.' Ik vertelde dat de beste leiders meer leiders opleiden en dat ze dienende helden zijn die de groei en het welzijn van hun mensen boven de behoefte van hun ego plaatsen. En ik gaf het idee ter overweging dat hoe wijzer, dapperder, gezonder en beschaafder wij ons als mensen gedragen, hoe overweldigender onze resultaten in zaken zullen zijn. Want wat vanbinnen gebeurt, bepaalt wat zich vanbuiten ontplooit. En om de wereld te veranderen moeten we eerst onszelf verbeteren.

Na de lezing kwam er een zeer beleefde en goed geklede man naar me toe. Hij droeg een fris grijs pak met zwarte schoenen die glommen als een perfecte zomerdag, en hij vroeg of ik een paar minuten had om een vraag te beantwoorden.

'Natuurlijk, hoe kan ik je helpen?' antwoordde ik.

'Particuliere beleggers hebben in mijn bedrijf geïnvesteerd. Ik moet snel winst maken om hen tevreden te houden. Jouw idee om zo te werken dat het goed is voor zowel de maatschappij als de firma spreekt me aan, net als wat je zei over het koppelen van je inkomsten aan een doel en over hoe leiders van wereldklasse een doel vinden dat groter is dan zijzelf. Maar echt praktisch is het niet. Het spijt me dat tegen jou te moeten zeggen, Robin.'

Hmmm. Iemand zijn met een grote integriteit, een onberispelijke eerlijkheid, sterke karaktereigenschappen en een nobel hart is niet alleen goed voor je ziel. Het is absoluut fantastisch voor de economische motor van je bedrijf. Ik kan me zelfs geen beter competitief voordeel voorstellen dan iemand zijn die mensen diep respecteren en volledig vertrouwen.

Goed zijn is goed voor zaken. En leiders die excellente dingen doen, kunnen excellente dingen verwachten.

Geloof je diep vanbinnen in je kruistocht en ben je bereid alles te doen wat nodig is om geweldig te zorgen voor de mensen om je heen – terwijl je intussen helpt de dromen van je klanten te laten uitkomen? Dan is dat een vrij goede garantie dat je reputatie groeit, je team loyaal zal blijven en je afnemers van reguliere cliënten *fanatieke volgers* worden. Die raken zo geïnspireerd en verrukt door jou en je team dat ze iedereen die ze kennen vertellen over wat jij doet.

Natuurlijk verhoogt dit je winst. *Enorm.*

De reactie van de keurige man bevatte een aanname: dat werken met minder ego, meer eergevoel en een grotere toewijding aan het goeddoen voor anderen ertoe zou leiden dat hij minder ging verdienen. Mis poes!

Het tegendeel is juist waar. Dienstbaar zijn met grandeur, elegantie, meesterschap en waardigheid maakt iemand rijk, zowel financieel als spiritueel.

Als je zorgzaam, authentiek, fatsoenlijk en liefdevol leidt (het hoge woord is eruit!) zullen je team, cliënten, leveranciers en investeerders verliefd op je worden. En alles doen wat in hun macht ligt om jou te beschermen.

Mensen doen zaken met mensen die ze leuk vinden. Mensen gunnen werk aan mensen die ze vertrouwen. En we willen allemaal loyaal zijn aan personen die ons het gevoel geven dat we bijzonder zijn.

Veel van dit alles zei ik ook tegen de man die naar me toegekomen was. Hij knikte oprecht. Ik kon niet peilen of hij het helemaal met me eens was. Toen schudde hij me de hand en liep hij weg, de menigte in.

110

Wees een bescheiden leider

Typerend voor meesters is dat ze zichzelf altijd als leerling zien. En professionals behouden de mindset van een amateur: altijd gretig om te leren, zich te verbeteren en ontwikkelen. Dat concept hebben we eerder gezien. Toch is het essentieel het nog eens met klem te benadrukken. Zodat je het onthoudt nadat onze tijd samen erop zit.

Een expert worden in je vakgebied is iets gevaarlijks. Waarom? Omdat experts in de val trappen van denken alles te weten. Ze ontwikkelen een enorm gevoel van trots over al hun verkregen kennis. Daarom zijn ze niet langer bereid van mening te veranderen. En stoppen ze met studeren, voorbereiden, werken, innoveren en optimaliseren. Ze gaan op hun lauweren rusten en verwachten dat ze automatisch aan de top blijven, omdat ze daar nu ook zijn. Die arrogantie is het begin van hun einde.

Ik raad je aan om te doen wat je kunt om je bescheidenheid te behouden wanneer je meer succes en meer geld krijgt. *Bescheidenheid is een noodzaak voor blijvend meesterschap.* En de grootste leiders geven niet te hoog van zichzelf op. Ik zeg beslist niet dat je geen grote eigenwaarde mag hebben, alleen dat je (in deze cultuur waarin veel mensen zichzelf lof toezwaaien en pochen over hun eigen genialiteit) niet te veel herrie moet maken. En open moet blijven staan.

Nu zie je jezelf misschien niet als een leider, maar in feite ben je dat wel, in hoge mate. Jaren geleden heb ik een boek geschreven getiteld *The Leader Who Had No Title*. Want echt: je kunt leiden zonder positie, beïnvloeden zonder kantoor en impact hebben zonder formele autoriteit.

Toen mijn kinderen klein waren, vroeg ik hun wat het betekende om een leider te zijn. Het antwoord van een van hen was onvergetelijk: 'Papa, als we op school naar de speeltuin moeten lopen, is degene die vooraan loopt de leider. Maar het coole is dat er elke dag een ander vooraan mag lopen. Dus iedereen in de klas krijgt een beurt om leider te zijn.'

Leiden zonder positie is echter niet het belangrijkste punt van deze mentorles. Mijn punt hier is je vriendelijk op het hart drukken bescheiden te zijn in de vaardigheden die je nastreeft, in het werk dat je doet en in het leven dat je leidt. *Want degene die het meest bescheiden is, is de beste.*

Dat doet me denken aan een verhaal over Konosuke Matsushita, de oprichter van de wereldwijde elektronicagigant Panasonic, dat ik nooit ben vergeten.

Op een dag zou hij gaan eten in een steakrestaurant in hartje Tokio. De medewerkers van het restaurant liepen op hun tenen en gedroegen zich zo goed mogelijk, omdat ze wisten dat een van de iconen van de Japanse zakenwereld te gast zou zijn.

Terwijl alle ogen in de ruimte op hem waren gericht, kreeg deze grootheid in het bedrijfsleven een perfecte steak geserveerd die met pijnlijk veel zorg was bereid door de uitmuntende chef. Matsushita at een deel van de steak, maar liet het grootste deel liggen.

De mensen die vanuit de keuken toekeken, keken gestrest en teleurgesteld toe. Ze hadden het gevoel dat ze er niet in waren geslaagd indruk te maken op hun geëerde gast. En dat dit niet was gelukt, ervoeren ze als een persoonlijke nederlaag.

De grootmeester in zaken vroeg of hij de chef mocht spreken, waarop het team nog zenuwachtiger werd. Ze dachten allemaal dat er koppen zouden rollen en reputaties zouden sneuvelen.

Maar er gebeurde iets heel anders.

Nadat de chef uit de keuken was gekomen, zei Matsushita met gebogen hoofd en op fluistertoon: 'Vergeeft u me alstublieft. Het eten was eersteklas. Ik ben een oude man en eet dus niet meer zoveel. Ik wilde u dit even laten weten, zodat u niet denkt dat ik niet genoot van de exquise maaltijd. Ik dank u. En ik dank uw prachtige team voor uw geweldige gastvrijheid.'

Wanneer je leidt zonder positie en het financiële fortuin creëert dat voor jou het meest rechtmatig en eerlijk voelt, vraag ik je om met beide voeten op de grond te blijven staan. Als je groeit, word dan zelfs nog bescheidener. Nog meer bereid om te leren. Luisteren. Uitvinden. Optimaliseren. Dienen. En schep nooit, nooit op. Dat is slecht gedrag. En daarmee haal je je grootsheid omlaag.

Doe je alles wat ik suggereer, dan zul je beslist lang aan de top blijven. En een van de belangrijkste doelen als het gaat om succes vergaren, is dat je meer doet dan het bereiken: je wilt het ook vasthouden. Gewone producenten willen de top bereiken. Legendes leggen zich erop toe daar hun hele carrière lang te blijven. Zodat de generaties die na hen komen weten dat zij hebben bestaan.

Mijn dierbare vader zei dit altijd: 'Robin, de boom die de meeste vruchten draagt, buigt het diepst door.' Denk daar de komende uren alsjeblieft over na. Wees een bescheiden leider, in een maatschappij waarin mensen al het mogelijke doen om jou te laten zien hoe slim, sterk en rijk ze zijn. En blijf geaard als mens.

111

De investering met het hoogste rendement

Aandelen, edelmetaal, obligaties en onroerend goed. Daar steken mensen die willen beleggen hun geld meestal in.

Prima. Maar als je echt een enorm rendement wilt, dan raad ik je aan om veel meer in jezelf te investeren. Werken aan je beste zelf is in hoge mate jouw beste investering.

Tegenwoordig noemen mensen dat graag 'zelfzorg', of 'persoonlijke ontwikkeling', of ze scharen het onder de noemer 'menselijke optimalisatie'. Hoe je het ook noemt: je focus, energie, kennis en tijd steken in het verhogen van je Mindset (je psyche), het zuiveren van je Heartset (je emotie), het kalibreren van je Healthset (je lichamelijke gesteldheid) en het upgraden van je Soulset (je spiritualiteit) – die je inmiddels kent als de Vier Innerlijke Imperia uit mijn methodologie – is absoluut, onbetwistbaar en ontegenzeglijk de *beste* investering die je kunt doen. De investering die het hoogste rendement oplevert.

Elke ochtend werken aan het verbeteren van je Mindset door lezen, affirmaties, plannen en MVG (meditatie, visualisatie en gebed) zal je mentale concentratie, creativiteit, positiviteit, veerkracht en productiviteit flink laten groeien, en ook je algehele gevoel van vredigheid verhogen (niets kost je meer dan je gemoedsrust kwijtraken).

Het welzijn van je Heartset vergroten, bijvoorbeeld met dankbaarheid, perioden van stilte, dagboekschrijven, werken met een therapeut, regelmatig lichaamswerk, wandelen in de natuur en hypnose, zal je persoonlijke en professionele relaties aanzienlijk verrijken (omdat je emotionele intelligentie omhoog schiet en je empathie voor anderen uitstraalt) en zorgt ervoor dat je veel minder reactief bent in tijden van stress en dat je pijn omzet in kracht en angst in verschillende vormen van geluk.

Het verbeteren van de conditie van je Healthset door elke ochtend vroeg te gaan trainen en flink te zweten, clean te eten, goede supplementen te slikken, voorzichtig te ontdekken wat vasten kan doen, te zonnebaden (met mate), frisse lucht te krijgen, dutjes te doen en veel te slapen zal je explosieve winst opleveren qua energie, uithoudingsvermogen, geluksgevoel en prestatie. Daarnaast zal het je levensduur aanzienlijk verlengen.

Het intensiveren van de verbinding met je Soulset door religie, de tijd te nemen voor zorgvuldige contemplatie, het bestuderen van inspirerende boeken, het schrijven over wie je wilt worden en het dienstbaar zijn voor anderen laat je persoonlijke heldendom groeien en vergroot je wijsheid op een schitterende manier.

Ik moet het dan ook nog eens zeggen om het te benadrukken: je leven zal altijd *jou* weerspiegelen. Als jij groeit, zullen omstandigheden om je heen verbeteren zodat ze bij je nieuwe niveau van menselijke grootsheid passen. Ik weet dat dit esoterisch kan overkomen en niet praktisch. Toch is het o zo praktisch. Maak *jezelf* beter en je inkomen, invloed en impact worden (heel veel) beter.

Onze cultuur leert ons het tegenovergestelde. Ons wordt geleerd te geloven dat wanneer we wereldse overwinningen behalen, we op een dag wakker worden met een gevoel dat we zegevieren als mens. Maar zo is het niet.

De deur naar succes draait naar binnen, niet naar buiten. Wanneer je investeert in een majesteitelijk innerlijk leven door elke dag te zorgen voor de Vier Innerlijke Imperia, zullen je uiterlijke resultaten je een voortreffelijk rendement opleveren.

112

Stel die ene, onbetaalbare vraag

Ik heb mijn cliënten vaak aangeraden één bepaalde vraag regelmatig aan hun klanten te stellen. Die vraag is heel simpel – en heeft hun samen miljarden opgeleverd. Ik zal hem met je delen, in de geest van behulpzaamheid. Hij luidt als volgt:

'Dank dat je me hebt verteld wat je fijn vond aan je ervaring met ons. Zou je nu alsjeblieft ook willen zeggen wat je *niet* fijn vond? Als jij in mijn schoenen stond, wat zou je dan doen om het geweldig te maken?'

Zo eenvoudig. Maar zo ontzettend waardevol. Vertrouw me maar.

Het gebeurt niet vaak dat een ondernemer het lef heeft om feedback en opbouwende input te vragen van de mensen die zijn producten en diensten afnemen, ook al is die informatie het pure goud dat hem en zijn nering beter, succesvoller en bestendiger maakt.

O ja: *luister* ook nadat je die vraag hebt gesteld. Ik heb vaak gezien dat mensen als de wiedeweerga gingen rationaliseren waarom er problemen waren, en excuses bedachten zodra de klant de gevraagde feedback begon te geven. Doe dat niet. Stel de vraag gewoon, en blijf dan helemaal stil, zodat je afnemer alle inzichten kan delen die jouw bedrijf (nadat je iets met die informatie hebt gedaan) naar een volstrekt nieuw niveau van succes zal tillen. Heb je het eerste antwoord volledig gehoord, vraag dan 'En wat nog meer?' zodat je klant steeds meer van die uiterst kostbare informatie geeft.

Deze onbetaalbare vraag grenst aan magie. Waarom? Omdat de meeste mensen last hebben van een gevreesde aandoening: de angst voor afwijzing. We willen alleen maar horen wat positief is. Afnemers kunnen vertellen wat ze prettig vonden aan zakendoen met jou (omdat de meeste mensen conflicten haten, vertellen ze je de goede dingen die je wilt horen) om vervolgens te vertrekken en nooit meer terug te komen (als hun ervaring als klant ook negatieve aspecten kende). Vervolgens vertellen ze al hun buren en duizenden virtuele vrienden wat ze niet fijn vonden, en maken zo jouw reputatie en merk kapot. Als je alleen naar het positieve luistert, mis je een schat aan informatie.

113

Bewonder stiekempjes je haters

Ja. Ik ben een rare vogel. Ik heb je niet alleen gevraagd om je geld te zegenen, nu vraag ik je ook nog om van je haters te gaan houden.

Ik koester mijn mededingers, waardeer mijn kwetsers en groet mijn criticasters (gelukkig heb ik daar niet veel van).

In begroetingen van een ander ben ik echt enorm gehecht aan het concept van *namaste,* dat in India van oudsher bestaat. Je houdt de handen tegen elkaar en maakt een gebaar dat 'ik buig voor het goddelijke in jou' betekent. Stel je eens voor dat je buigt voor het goddelijke (en de geschenken en de goedheid) in *iedereen*? (Hoewel ik het met je eens ben dat dit bij sommigen ver te zoeken lijkt.)

Als ik wakker word, zeg ik vaak een kort gebed voor de gezondheid en het geluk van mijn familie, vrienden, team en dierbare lezers.

Vervolgens zegen ik diegenen die er voor me waren toen ik stuk zat. Die me hielpen toen ik pijn had. Die naast me stonden wanneer het stormde of er brand was.

Dan ga ik verder en zegen ik mijn cliënten, buren en stadsgenoten. Ik zegen zelfs een kamer voordat ik er binnenga, en het publiek voordat ik het podium op stap. Opdat iedereen die ik ontmoet mijn positieve vibraties en bemoedigende energie voelt.

Maar nu komt het: ik stuur ook mijn beste wensen naar hen die het misschien niet zo waard zijn. De neezeggers, trollen, nemers, de mensen die het niet goed met me voor hebben.

Stilletjes stuur ik licht, liefde en een oprecht gebed van goede wensen naar diegenen die me pijn hebben gedaan, me verkeerd hebben behandeld en hun best hebben gedaan om mijn leven tot een hel te maken.

Die zegening maakt me sterker. En helpt hen wijzer te worden. Als we dit allemaal elke ochtend zouden doen, zou onze planeet een mooiere plek zijn.

114

Gierig is niet blij

De man in de privéjet die niet rust voordat hij er nog eens drie bezit. De vrouw die een heel eiland bezit maar pas tevreden is als ze alle omringende eilanden ook heeft. De zakengigant die één miljard bezit maar er tien nodig heeft. Weet je hoe ik die mensen noem? Verslaafd.

En weet je hoe we iemand noemen die heel veel heeft maar het weinig vindt? Gierig, gierig, gierig.

Het is zo ontzettend gemakkelijk om te denken dat de mensen die materieel gezien meer dan genoeg hebben ook gelukkig, gelukkig, gelukkig zijn.

Gierige mensen zijn nooit gelukkig, hoe hun leven er van buitenaf gezien ook uitziet. Voor de toeschouwer kan het lijken alsof ze gewoon alles hebben en een betoverend leven leiden.

Maar eigenlijk voelen de meesten zich ellendig. Waarom, vraag je je misschien af. Omdat voor hen niets ooit genoeg is. En zodra ze één top hebben bereikt, beginnen ze gespannen aan het beklimmen van de volgende. Ze genieten nooit van de vruchten van hun werk en koesteren die niet. Alles moet snel. Het is een permanente strijd om beter te zijn dan een ander. Eén lange, inspannende krachtmeting om ieder ander te verslaan.

Dat is geen verstandige, succesvolle of vredige manier van leven. Vermijd het tegen elke prijs. Alsjeblieft.

115

Ga voor relationeel, niet transactioneel

'Zorg voor de relatie, dan zorgt het geld wel voor zichzelf.' Een mantra dat de moeite van het reciteren waard is (waarna je het nog eens onderstreept).

Bij veel bedrijven draait het om snel scoren in plaats van de lange termijn.

Een start-up-tycoon die ik begeleid (hij is in minder dan een jaar tijd een UHNWI geworden: een *ultra-high-net-worth individual*, ofwel ultrarijk) vertelde dat hij onlangs naar een beroemd restaurant ging in een stad waar veel toeristen komen. Binnen vijf minuten na aankomst werd hem al gevraagd wat hij wilde bestellen. En binnen tien minuten stond zijn eten op tafel, zodat het personeel de tafel snel aan een volgende gast kon geven.

Hij komt natuurlijk nooit terug. Geen haar op zijn hoofd... Maar bedenk eens hoeveel geld dit restaurant had kunnen verdienen door mijn cliënt, zijn familie en vrienden daar regelmatig te ontvangen. In maanden, jaren, decennia zou dat in de tienduizenden lopen, als het al niet meer zou zijn (hij is dol op dure rode wijn).

Hij is net verhuisd naar die stad en zei dat als ze hem goed zouden hebben behandeld, hij daar een paar keer per week zou hebben gegeten. En royale fooien zou hebben gegeven.

Allemaal gemist! Omdat de eigenaar meer gefocust was op het

sluiten van transacties dan op het werken aan goede relaties met de mensen die ervoor kozen om naar zijn restaurant te komen. Hij behandelde mensen als handelswaar in plaats van groeiende persoonlijke verbinding te zien als een kans (die hemzelf en anderen geluk zou opleveren, plus een betere verkoop).

Ieder die vandaag de dag leeft, draagt een onzichtbaar insigne met daarop de tekst 'geef mij het gevoel belangrijk te zijn!'. In dit tijdperk van technologie verlangen we allemaal naar een rijk menselijk contact, naar een plekje waar we het gevoel hebben dat we erbij horen, naar eenvoudige vriendelijkheid. Werk je op die manier, dan is dat goed voor je inkomen. En geweldig voor je welzijn.

116

Mijn top 10-boekenlijstje voor voorspoed

Ik zit regelmatig in de bibliotheek van miljardairs (nadat we samen hebben gegeten, vragen ze me vaak om het gesprek daar voort te zetten). De tien boeken die ik het vaakst zie (of waarvan ze me vertellen dat die hen het meest heeft geholpen bij het opbouwen van hun imperium), zijn de volgende:

Zoals een mens denkt van James Allen
Denk groot, word rijk van Napoleon Hill
Zo maakt u vrienden en goede relaties van Dale Carnegie
The Richest Man in Town van Randall Jones
The Millionaire Fastlane van MJ DeMarco
How to Attract Money van Joseph Murphy
The Ten Roads to Riches van Ken Fisher
Succes door groot denken van David Schwartz
How to Get Rich van Felix Dennis
De zeven spirituele wetten van succes van Deepak Chopra

Lees ze allemaal, doe dat echt! En vergeet niet dat de leider die het meeste leert, zal winnen.

117

Dien een miljoen mensen om een miljoen te verdienen

Een aantal wijzigingen zullen de geldstroom in je leven drastisch veranderen...

... je geschiedenis loslaten en daardoor je lotsbestemming herschrijven;
... overstappen van voortdurend entertainment naar voortdurende scholing;
... in plaats van altijd maar druk zijn overstappen op langzame, gefocuste en rijke productiviteit;
... competitie met anderen omzetten in een wedstrijd tegen je voormalige zelf.

Maar als het aankomt op het opbouwen van financiële rijkdom, werken maar weinig veranderingen zo goed als minder consumeren en meer creëren. Bernard Arnault, een van 's werelds economisch rijkste mensen, zei: 'Geld is niet meer dan een gevolg. Maak je niet druk om winstgevendheid. Doe je werk goed. Maak het leven van anderen beter. Dan komt de winst vanzelf.'

Om het nog duidelijker te formuleren: iedereen die een imperium opbouwt, maakt dingen die door de meerderheid worden afgenomen. (Ik raad je aan dat nog maar een keer te lezen.)

Want weet je: hoe groter het probleem dat je oplost, hoe meer mensen je zult helpen. En je weet het heel goed: het geld is de beloning voor geleverde waarde en voor magie die je aan de markt hebt gegeven. Wil je een miljoen verdienen, dien dan een miljoen mensen. Wil je miljardair worden, help dan een miljard mensen.

En dat vraagt van jou om de feeds van je social media te negeren, te stoppen met kijken naar filmpjes die nauwelijks waarde hebben en iets te maken wat ertoe doet.

Minder consumeren. Minder kopen van alles wat leuk lijkt. Minder huizen en opslagruimten vullen met dingen die we echt niet nodig hebben en nooit echt mooi hebben gevonden. En in plaats daarvan positief scheppen, bouwen en iets genereren vanuit een moedig idee, je aangeboren talent en het zweet dat je er zelf in hebt gestoken.

Dat is waarom je er daadwerkelijk voor kunt kiezen de groei van je financiële rijkdom te zien als een spiritueel pad. Het oprecht dienen van andere mensen met meesterschap, inventiviteit en excellentie verrijkt hun leven, leert je jouw verborgen talenten en gaven kennen, verkleint wereldproblemen (door innovatie), geeft je een intens gevoel van betekenis en laat al doende je financiële vrijheid groeien. Perfectie!

Misschien zijn de volgende woorden van Steve Jobs een mooie manier om dit deel over de vijfde vorm van rijkdom mee af te sluiten. Hij zei: 'Het kan me niet schelen dat ik de rijkste persoon ben op de begraafplaats. 's Avonds naar bed gaan en kunnen zeggen dat we iets geweldigs hebben gedaan, dát kan me schelen.'

DE ZESDE VORM VAN RIJKDOM

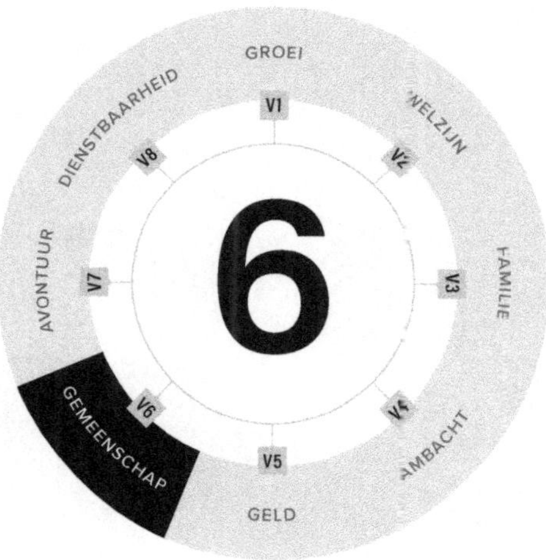

Gemeenschap

De gewoonte dat jij je sociale netwerk wordt

Intelligente mensen hebben vaak minder vrienden dan de gemiddelde mens. Hoe slimmer je bent, hoe selectiever je wordt.

– NIKOLA TESLA

De zesde vorm van rijkdom

Gemeenschap | Een kort overzicht

Voor mij is gemeenschap niet gewoon de buurt en het gebied waar je woont, winkelt, uit eten gaat en wandelt. In het deel dat we nu samen gaan verkennen, gebruik ik deze term ook om je bredere sociale clan en de menselijke stam te beschrijven die essentieel zijn voor het vormen van een zinvol, vrolijk en rijk bestaan.

De veelgehoorde kreet 'je netwerk bepaalt je nettowaarde' heeft een aanvulling nodig: je gemeenschap en kennissen verhogen ook je *eigenwaarde.* Hoe meer goede en prachtige mensen je in je persoonlijke kring hebt, hoe beter je je over jezelf voelt en over alles wat je in je leven kunt doen, hebben en worden.

Talloze beloningen stromen naar je toe wanneer je investeert in de valuta van een fenomenaal goede sociale kring. Je wordt dan verheven door de geweldige voorbeelden die anderen hebben gesteld. Je zult altijd een geweldige groep mensen hebben die je steunt, stimuleert en beschermt. Je krijgt hulp wanneer dat nodig is en hebt mensen op wie je altijd kunt rekenen, zelfs wanneer je dat het minst verwacht. Deuren die eerder gesloten waren, worden nu voor jou geopend (omdat je vrienden en kennissen ook vrienden en kennissen hebben) en kansen op grotere successen doen zich voor doordat anderen jou gaan introduceren in hun netwerk van vertrouwde mensen. Bovendien zal alleen al de emotionele verbondenheid met schitterende zielen je dagen veel gelukkiger, gezonder, bevredigender en kleurrijker maken.

Er is inderdaad maar één gesprek nodig met een inspirerend, wijs of diep meelevend persoon om de manier te veranderen waarop jij naar de wereld kijkt, en om opnieuw te bepalen hoe jij je daarin laat zien. Dus kies de mensen die jouw sociale netwerk bevolken met zorg. Het is een essentiële vorm van rijkdom. En je rijkste leven hangt ervan af.

118

Kies een vrolijkere buurt

Als jij de nieuwsgierigste, meest enthousiaste en gelukkigste bewoner in de straat bent, wordt het misschien tijd om te verhuizen. Ben jij de slimste persoon die je kent, dan is het misschien – heel misschien – tijd om nieuwe mensen te leren kennen. Als jij de meest visionaire en creatieve persoon in je sociale kring bent, dan zou het weleens tijd kunnen zijn om die kring te veranderen. En als jij de verstandigste, moedigste en vriendelijkste persoon in de hele buurt bent, is het denk ik echt tijd dat je gaat verkassen. Naar een heel nieuwe buurt.

Ik zeg het gewoon maar even. Want is het niet zo dat je altijd beter speelt wanneer je betere spelers om je heen hebt?

Een van mijn favoriete films is *Burnt*. Het gaat over een ondeugende tweesterren-Michelinchef die wat demonen heeft – een man die ooit de lieveling was van het Parijse restaurantwezen, maar wiens drugsgebruik hem dwong om naar de wildernis van een minder sensationele plaats te gaan, waar hij als een soort zelfgekozen boetedoening een miljoen oesters kraakt.

In een scène staat de culinaire superster in de keuken van zijn aartsrivaal, die in een zeldzaam moment van kwetsbaarheid toegeeft: 'Jij bent beter dan ik. En dat maakt van jou de beste. De rest van ons heeft jou nodig om te bereiken wat we anders niet kunnen bereiken.'

Om *echt* geluk te kennen moet je jezelf omringen met *geweldi-*

ge mensen. Word vrienden met mensen die beter denken, produceren, leven en liefhebben dan jij. Mensen die je leiden naar plaatsen waar je anders niet zou komen. En je verheffen tot niveaus die je anders niet zou bereiken.

119

Leef het leven van je held

Ik stel de leiders met wie ik werk graag de volgende vraag om het universum van hun relaties te upgraden en verfijnen: 'Als alles mogelijk was, wiens leven zou je dan graag leiden?'

Het antwoord legt altijd een scherpere focus op hun ideale sociale netwerk (en persoonlijke leefstijl), omdat de mensen om ons heen fantastische voorbeelden zijn van de resultaten die voor ons haalbaar zijn.

Neem even een moment de tijd om deze vraag zelf te beantwoorden. Zou je graag een dag Rosa Parks zijn, of een week Rembrandt? En wat dacht je van een maand lang Alexander de Grote of een jaar lang Jeanne d'Arc zijn?

Misschien zou je het leven willen uitproberen van Martin Luther King Jr., JFK, Nelson Mandela of Mahatma Gandhi? Wellicht word je helemaal enthousiast wanneer je eraan denkt dat je de rest van je leven zou leven als Rockefeller of Sam Walton, Michelangelo of Harper Lee, de popster die bekendstond als Prince of de muziekartiest die zich Lady Gaga noemt.

Ik weet niet wie jij het liefst zou willen zijn als jij en ik op het terras van mijn boerderij in de Toscaanse zon zouden zitten te praten over jouw toekomst. Maar wat ik wel weet is dit: jouw gedachten zijn echt een selffulfilling prophecy. En je bereikt nooit een resultaat waarbij je nog nooit hebt stilgestaan.

120

Doe wat je zegt

Een heel snelle boodschap voor jou: vertel je iemand in je gemeenschap – wie dan ook – dat je iets gaat doen, doe het dan ook! Het is zo eenvoudig. En zo ongewoon. Het maakt je betrouwbaar, geloofwaardig en ongelooflijk onvergetelijk voor iedereen met wie je omgaat. Je valt dan op in plaats van dat je er gewoon bij hoort, als een tandwiel in een machine of een volger van de kudde.

... Zeg dat je ergens op terugkomt met een voorstel en doe dat dan ook, precies op het moment dat je dat had beloofd.
... Zeg tegen een vriend dat je hem voor zijn verjaardag mee uit eten neemt, boek een restaurant en trakteer hem.
... Zeg tegen je maatje of je kind dat je op een avond iets bijzonders met hem gaat doen, plan het uitje dan zorgvuldig, zet het in je agenda (want dingen die je daarin zet, zijn de dingen die gedaan worden) en maak je belofte waar door hem mee te nemen.

Precies! Word een grootmeester in waarmaken en een uitblinker in woord houden.

Het gebeurt gewoon te vaak dat mensen hun belofte niet nakomen. Je hebt je bordje zo snel vol toezeggingen dat het je overweldigt en je je belofte gewoon niet kunt inlossen. Mag ik je in alle bescheidenheid voorstellen er een dagelijkse gewoonte van te maken om niet te veel te beloven? Beloof in plaats daarvan te weinig. Maar lever meer dan waar de ander op rekent. Doe dat voor iedereen met wie jij in jouw kring gezegend bent.

121

Begin een bondgenootschap van genieën

Een van de dingen die mij verrassend goed hebben geholpen, is het hebben van een bondgenootschap van genieën. Dat is een groep van twee of meer mensen die regelmatig samenkomen om hun voortgang in belangrijke projecten te bespreken, elkaar te stimuleren door te zetten, oplossingen te bieden voor lastige problemen en deel te nemen aan de boeiende gesprekken die de groei stimuleren die jouw dagen fijner maken.

Jarenlang sprak ik elke vrijdag om 6 uur 's ochtends met mijn mastermindpartner af in een koffietentje, waar we dan een uur of twee zaten te kletsen. Soms namen we boeken mee die we mooi vonden – om aan elkaar te geven – of deelden we uitgeschreven plannen met doelen om nieuwe dingen te leren, lichamelijk fitter te worden, nieuwe creatieve projecten te lanceren of aan nieuwe spirituele doelen te beginnen.

Onze sessies waren gevuld met lachen, verhalen vertellen en als we een moeilijke periode doormaakten ook met tranen. Ik begon de vrijdagochtenden met mijn mastermindpartner te koesteren (later gingen we niet meer naar het koffietentje, maar naar het bos, waar we dan al pratend wandelden). Ik genoot van wat ik leerde, ben dankbaar voor de stimulans die ik heb gekregen en koester nog altijd het goede gevoel dat het me gaf te praten met een gelijkgestemde ziel die de wereld toevallig net zo zag als ik.

Begin absoluut aan een eigen bondgenootschap van genieën. Over een jaar zul je wensen dat je dat vandaag al had gedaan. Dus waarom zou je er niet vandaag al aan beginnen?

122

De regel van Stephen Kings verloren brieven

Oprechte, waarderende bedankbriefjes zouden weleens de kracht kunnen bevatten om de wereld te veranderen. Echt!

Ik schrijf constant bedankbriefjes. Op mooi briefpapier. Met de hand, met vulpen geschreven. Soms kost het me een halfuur om er een te schrijven, omdat ik er zo diep over nadenk. Ik herinner me een CEO die er een gewoonte van maakte om in december vijfduizend kerstkaarten te sturen. Hij begon in juni al met het schrijven daarvan. Mensen voelden de schitterende waarde die hij eraan hechtte. Deze mogul is een van de rijkste mensen die ik ken, financieel, sociaal, vanbinnen en spiritueel.

Ik heb een loopband gekocht om thuis te kunnen hardlopen. Het ding werkt ongelooflijk goed. Dus schreef ik een briefje naar het hoofd van het bedrijf dat die loopband had gemaakt. Om hem te bedanken dat hij me helpt fit te blijven en goed te kunnen hardlopen. En omdat hij zo'n geweldig product in het universum heeft ingebracht.

Een paar weken geleden at ik in een bijzonder restaurant. Een eenvoudige gelegenheid waar lokale ingrediënten boven vuur worden bereid. Magisch! Ik was zo onder de indruk dat ik de chef een bedankbriefje heb gestuurd. Daarin sprak ik mijn waardering uit voor het feit dat hij mijn leven een beetje mooier had gemaakt door een betoverende maaltijd te maken.

Ik lees *The Stories of My Life,* de memoires van bestsellerauteur James Patterson. In het hoofdstuk 'The Murder of Stephen King' legt Patterson uit hoe hij een kort verhaal met die titel heeft geschreven. Kings team zei: 'Publiceer het niet.' Ze waren bang dat het Kings veiligheid in gevaar zou brengen. (Kings vrouw Tabitha had thuis ooit oog in oog gestaan met een indringer.)

Patterson eerbiedigde dat. Zijn uitgever, Little, Brown and Company, haalde *de volledige druk* terug. 'Maar,' zo voegt Patterson toe, 'ik heb nooit een bedankje gehad. Ik denk dat hij moeite heeft met bedankbriefjes.'

Stuur bedankbriefjes aan mensen die goede dingen doen. Om je dankbaarheid te laten blijken. Om hun levens mooier te maken. En dat van jezelf veel rijker.

123

Karma is niet mystiek: het is praktisch

Het adagium 'Laat karma jouw vuile werk doen en succes je wraak zijn' is krachtig en praktisch. (Niet dat ik ook maar een beetje geïnteresseerd ben in wraak: wat een volslagen verspilling van aandacht, energie en tijd.)

Ik loop lang genoeg mee om te weten dat goede dingen mensen overkomen die goede dingen doen. En dat mensen die anderen verkeerd behandelen uiteindelijk te maken krijgen met minder prettige omstandigheden. (Trouwens: elke persoon die jou pijn heeft gedaan zal zich vroeg of laat generen, schamen of verdrietig zijn over wat hij je heeft aangedaan, vertrouw me maar.)

Hoe dan ook: het universum heeft een goed geordend boekhoudsysteem, dus speel altijd fair, wees eerlijk en behandel echt iedereen in je sociale omgeving met het respect dat hij of zij verdient. Wees fatsoenlijk en genereus, en je zult het terugkrijgen. Om respect te krijgen, moet je het immers geven?

Praktische (en gemakkelijke) manieren om de wonderen van karma ten gunste van jou te laten werken om de weelde van gemeenschap in je leven te krijgen zijn:

... Laat in je hotel goede fooien achter voor de schoonmaker. Het is iemands vader of moeder, en het is zwaar werk.

... Breng je dienblad in het selfservicerestaurant daar waar het hoort en houd het netjes.

... Wandel je in de natuur en zie je rommel, pak het dan op. Mis nooit een gelegenheid om persoonlijk leiderschap aan de dag te leggen en een ongebruikelijke hoeveelheid integriteit.

... Breng alles terug wat je leent (of dat nu een boek, trui, geld of een gunst is). Je kunt de waarde van jouw goede naam niet in geld uitdrukken.

... Parkeer je op een openbare parkeerplaats (en rijd jij), zet je auto dan zo neer dat anderen naast je kunnen staan (ik zie tegenwoordig veel gemotoriseerde voertuigen twee plaatsen innemen).

... Wees de eerste om 'sorry' te zeggen wanneer je een fout hebt gemaakt, want je kunt beter gelukkig zijn in al je relaties dan altijd gelijk te krijgen.

Oftewel: behandel mensen zoals je zelf behandeld wilt worden. 'Wij hebben de Gouden Regel in ons geheugen gegrift, laten we die nu op het leven toepassen,' merkte de Amerikaanse dichter Edwin Markham op. Wanneer je dat eenmaal doet (met de consistentie die de moeder van meesterschap is), zal het goud dat een diep, breed en prachtig relatienetwerk eigenlijk is schitteren als een heldere ster in een heerlijke zomernacht.

124

De wet van het herinneren van de verdwenen dierbaren

Ik zal iets opbiechten: ik houd niet alleen van mijn familie, maar ook van mijn vrienden, de geweldige mensen die ik tot mijn team mag rekenen, de cliënten die contact met me zoeken voor coaching, de bedrijven die me boeken voor lezingen en de lezers die me de eer hebben gegund om al meer dan een kwarteeuw boeken te schrijven.

Ik werk volgens een regel die me zulke goede diensten heeft bewezen dat ik jou wil uitnodigen die regel te omarmen: *behandel iedereen die je ontmoet alsof je hem of haar nooit weer zult zien.* Want er gebeuren ongelukken, mensen lijden verliezen en noodgevallen horen bij het leven.

Ben je met de mensen van wie je houdt (of die je leuk vindt), wees dan echt aanwezig, in plaats van op je telefoon te kijken. (Check je digitale apparaten nooit wanneer er iemand tegenover je staat of zit. Dat is niet cool: het is onbeleefd.) Want mensen gaan dood wanneer je dat het minst verwacht. Of – minder dramatisch – collega's gaan iets anders doen, levenspartners worden oud en kinderen vliegen uit. De meeste mensen beschouwen de mensen die het dichtst bij hen staan als vanzelfsprekend, totdat ze wegvallen.

Een verhaal. Er was een heel bijzondere man met een fascinerende geest, een sterk karakter en een groot hart. Hij bracht mij altijd naar een huisje waar ik schreef, in een land dat ik intens inspirerend vond. Tijdens een recent bezoek nog niet zo lang geleden werd ik begroet door een nieuw gezicht.

Ik vroeg waar mijn vriend was. 'Die kon niet komen,' was het antwoord. Daarna bleef deze nieuwe persoon even stil, om vervolgens te zeggen: 'Hij is een paar maanden geleden gestorven. Hij was aan het vissen en viel plotseling op de grond. Is nooit meer bijgekomen. We zijn nog altijd in shock. Hij was pas 37.'

Dus onthoud dat het leven elk moment kan veranderen en mensen plotseling kunnen verdwijnen. Om je gemeenschap te verrijken en ware rijkdom aan jouw tijd toe te voegen moet je iedereen in je leven ongelooflijk goed behandelen. Er komt een moment dat je blij zult zijn dat je dat hebt gedaan!

125

Waarom zou je vijanden hebben als je vrienden kunt worden?

Een tijdje geleden vloog ik naar Delhi, waar ik 's avonds de slaap niet kon vatten. Daarom keek ik naar de film *King Arthur*. Ik leerde een belangrijke les die ik vandaag graag met je wil delen.

Het komt hierop neer: *waarom zou je een vijand hebben als je vrienden kunt worden?*

Nu ik deze mentorboodschap schrijf, ben ik in Londen. Ik zit in een licht hotel dat grappig is ingericht en waar Pavarotti wordt gedraaid. Gisteren ben ik in de Tate Modern geweest (een van mijn absoluut favoriete kunstmusea), heb ik uren langs de Theems gelopen en zalig gegeten met een oude vriend (die eigenlijk nog niet eens zo oud is).

In het leven en op het werk gebeurt veel. Ja, toch? Conflicten. Mensen die nare dingen doen. Dingen die je pijn doen. En verdriet geven.

Wat ik je om te beginnen aanraad is: vergeef hen. Op dat moment scheen dat gedrag hun logisch toe. Hadden ze een hoger bewustzijn gehad, dan hadden ze zich beter gedragen. Dus ja: vergeef hen. En weet dat het vergeven van iemands slechte gedrag niet betekent dat je het vergeet. Vergiffenis schenken heeft niets te maken met het vergoelijken van gedrag. Het betekent alleen dat je begrijpt dat diegene heeft gedaan wat hij kon met de kennis die hij had. Daarom kun jij het loslaten. En verdergaan met je kostbare leven. Omdat het leven er voor de levenden is.

Ten tweede wil ik je voorstellen om *jezelf* te vergeven. Je bent een mens, en als jouw gedachten over wat de ander heeft gedaan je frustreren, verdrietig maken, teleurstellen of boos maken, dan is dat gewoon prima. En normaal. Belangrijk is dat je die gevoelens toelaat, zodat je in een positie kunt komen waarin je ze los kunt laten – zodat jij geen verzamelaar wordt van onrecht, iemand die jarenlange irritaties met zich meezeult die energie, creativiteit, productiviteit en geluk in de weg staan.

De echte les hier? Maak er geen gewoonte van vijanden te maken. En verbrand al helemaal niet alle bruggen achter je.

Het verbaast me altijd hoeveel mensen onverstandig, emotioneel en reactief handelen wanneer de boel niet gaat zoals ze willen. Ze verbranden dan bruggen in plaats van poorten te openen. Wat je beter kunt doen als iemand je heeft teleurgesteld, is elke gelegenheid te baat nemen (in elk geval de meeste) om een vriend te maken. Lijkt je dat ook niet een fascinerende manier om je leven te verbeteren?

Eén vijand is er al een te veel. In al mijn jaren op aarde heb ik gelukkig maar een stuk of drie echt nare mensen ontmoet (mensen die ik onder geen beding ooit weer in mijn leven toelaat). Echt. Maar een stuk of drie.

De meeste mensen proberen gewoon door hun dag heen te komen. Gekwetste mensen kwetsen mensen. Wie pijn heeft, doet pijnlijke dingen. Wees de verstandigste. Geef de ander een tweede kans en kijk wat er gebeurt. Meestal zal de ander je verbazen. En zo niet, dan kun je nog altijd een vriend op afstand zijn.

126

Wees een belangrijke gever van geschenken

Ik moet je een geheim vertellen: een van mijn favoriete bezigheden is anderen cadeaus geven. Dat vind ik gewoon heerlijk! Gul en zorgzaam zijn en mensen een glimlach bezorgen is een van de dingen in het leven waarvan ik het meest geniet. En ik ben gaan beseffen dat hoewel ik mijn geschenken niet geef in de hoop er iets voor terug te krijgen, gulheid voelt alsof je zaadjes zaait. Als je je erop toelegt regelmatig iets te geven, komen de mooiste beloningen op je pad.

Toen ik zes of zeven jaar was, keek ik graag naar het tv-programma *Mr. Dressup*. Het heeft zo'n dertig jaar gedraaid en was geïnspireerd op de beroemde kinderserie *Mister Roger's Neigborhood.*

Mr. Dressup (gespeeld door acteur Ernie Coombs) had twee beste vrienden: een poppenbaby genaamd Casey en een poppenpuppy genaamd Finnegan. Als ik eraan terugdenk, leek Finnegan wel wat op mijn hond Supermaatje.

Toen de poppenspeler die Casey en Finnegan bespeelde besloot te stoppen omdat ze vond dat kindertelevisie te commercieel werd, vertelde Mr. Dressup zijn publiek dat zijn twee maatjes niet langer meededen omdat ze naar school gingen.

En toen zijn laatste show was aangebroken, vertelde hij de kinderen die zo gek waren op dit programma niet dat het de laatste aflevering was. In plaats daarvan paste hij zijn gebruikelijke groet aan door te zeggen: 'We beëindigen elke aflevering door te zeggen "We moeten nu gaan, we zien je snel terug!" Maar deze laatste keer zou dat een leugen zijn.'

Toen ik klein was, schreef ik op een dag een lange, innige brief aan Mr. Dressup waarin ik vertelde hoeveel hij, Casey en Finnegan voor me betekenden. En raad eens? Een week later kreeg ik een ansichtkaart met een foto van hen drieën thuisgestuurd. Aan de andere kant stond een lief kattenbelletje van de mentor die me zoveel over het leven had geleerd. Toen ik klein was.

Meer dan vijftig jaar nadat ik dat heb gekregen – van iemand die de tijd had genomen om een vriendelijk berichtje te sturen naar een klein kind – kan ik me die ansichtkaart nog steeds herinneren. En het gebaar van meneer Coombs.

... Als ik een boeiend gesprek heb met een taxichauffeur, vraag ik hem om zijn naam en adres op een stukje papier te schrijven. En dan maak ik er *meteen* een foto van met mijn telefoon (dat stel ik niet uit, zodat ik het misschien vergeet). Die foto stuur ik vervolgens naar mijn trouwe assistente Angela, met de vraag of ze de chauffeur een van mijn boeken wil sturen.

... Als ik een leuk gesprek heb met de barista van een koffietent, loop ik vaak even naar een boekwinkel in de buurt. Daar koop ik dan een van mijn favoriete boeken (zoals *Meditaties* van de Romeinse keizer Marcus Aurelius, *De boom die gaf* van Shel Silverstein of *De vanger in het graan* van J.D. Salinger, en dan loop ik terug om het hem of haar te geven (met een aardige boodschap erin geschreven).

... Als ik een klik heb met de portier van een hotel waar ik verblijf (en dat gebeurt vaak), zoek ik een goede wijnhandel en breng ik hem een fles heerlijke wijn. Om thuis van te genieten.

> … Als de verkoper van een winkel zeer goed is in wat hij of zij doet, positief is en veel zorg biedt, haal ik een zak met lekkers en geef ik dat aan hem of haar. (Ik houd ook wat voor mezelf.)

De Franse quaker en missionaris Étienne de Grellet merkte al op: 'Ik zal maar één keer door deze wereld gaan; als ik dan iets goeds kan doen of een medemens vriendelijkheid kan betonen, laat ik het dan nu doen. Laat ik het niet uitstellen of negeren, want ik kom hier niet nog eens voorbij.' Prachtig.

127

Vergroot je charisma

Ik las zojuist iets over het instorten van banken, meer protesten op straat en een aardbeving die veel prachtige mensenlevens heeft geëist. Al die veranderlijkheid in onze wereld baart me zorgen. Toch weet ik ook dat in de zwaarste tijden ware helden opstaan (wees er dan ook een!). Zoals de Amerikaanse schrijver Christopher Morley zei: 'Je kunt het duister vervloeken, maar ook een kaars aansteken.'

Je passie is besmettelijk en je persoonlijke energie kan magnetisch zijn – als je doet wat goed is. Onthoud alsjeblieft dat er meer magie in je schuilt dan je op dit moment ervaart. Ik laat je zeven manieren zien om je charismafactor te vergroten, zodat je de wereld meer inspiratie geeft (en een zo mogelijk nog beter sociaal netwerk ontwikkelt).

Spreek mensen aan met hun naam. Dat is een enorm ondergewaardeerde manier om echt contact te maken met iemand. De psychologische realiteit is dat mensen zich blij voelen bij de klank van hun naam. Daardoor voelen ze zich gezien, gewaardeerd en bijzonder.

Wees op tijd. Je kunt beter een uur te vroeg zijn dan een minuut te laat. Het ritueel van punctueel zijn geeft de ander een sterk signaal van respect. Wanneer je op tijd bent, laat je zien dat je beseft hoe waardevol de tijd is van de persoon die je ontmoet. En je laat zien dat je betrouwbaar bent.

Wees welgemanierd. Het is toch zo inspirerend om een van die zeldzame leiders tegen te komen met perfecte manieren! Daardoor vallen ze op, stralen ze sierlijkheid uit en stijgen ze uit boven de massa, waarin een gebrek aan beschaafdheid al even normaal lijkt als de lucht die we inademen.

Lach oprecht. Een menselijke glimlach is een geweldige snelle verbinder. Die stimuleert vertrouwen. Waar ter wereld je ook komt en ook al spreek je de taal niet: je kunt vrienden maken en mensen oprecht en integer beïnvloeden door ze een eerlijke lach te geven. Doe dit daarom vaker. Met wat oefening word jij dan de plaatselijke meester in glimlachen.

Wees liever geïnteresseerd dan interessant. Ik zal het nog eens herhalen om het te benadrukken: je zult de omvang van je natuurlijke charisma nooit uiten en mensen ook nooit beter achterlaten dan je ze hebt aangetroffen als je zo onzeker bent dat je belangrijkste doel is om in de schijnwerpers te staan. De wereld is vol schreeuwers – wees daarom een rustige leider. Deze tijd is vol blitse influencers – word daarom de gulste persoon die je kent. Ik weet dat het tegen je intuïtie indruist, maar hoe meer je het licht over anderen laat schijnen, hoe meer het licht over jou zal schijnen.

Wees kwetsbaar. De Canadese filosoof Marshall McLuhan zei: 'Dat wat het meest persoonlijk is, is het meest universeel.' Als je je littekens laat zien en je worstelingen deelt, gaan mensen in je geloven. Dan ervaren ze iets van verbinding met je. Jij geeft hun toestemming om zichzelf te zijn. En zo ontstaan hechte banden.

Wees origineel. De coltruien van Steve Jobs. De grote zonnebril van Anna Wintour. De rode baseballpet van Niki Lauda. De hamburgers van Warren Buffett. De lendendoek van Mahatma Gandhi. Dit zijn allemaal voorbeelden van accessoires die opvallende mensen gebruikten om, nou ja, op te vallen. Pas je het toe met authenticiteit en eerlijkheid, dan zal het feit dat jij je anders kleedt of gedraagt dan de meerderheid (terwijl je zo dicht bij jezelf blijft als je maar kunt) je charisma aanzienlijk doen stijgen. En het maakt je onvergetelijk in jouw gebied.

Wat ik hier vertel over origineel zijn, doet me trouwens denken aan een verhaal over iets wat gebeurde tijdens een tea party ter ere van koning George V, in Buckingham Palace. Een verslaggever die naar Mahatma Gandhi keek, in zijn lendendoek en op sandalen, vroeg: 'Meneer Gandhi, denkt u dat u correct gekleed gaat om de koning te ontmoeten?'

Het antwoord van de grote held was indrukwekkend: 'Maakt u zich geen zorgen over mijn kleding. De koning draagt genoeg voor ons beiden.'

Elle en ik gaan lekker lang lunchen, met pasta en burrata, in een dorpje vlakbij. Dus ik moet nu stoppen met deze boodschap. Fijn dat je zo openstaat voor alles wat ik je aanbied. Ik denk echt dat je heel bijzonder bent. Ciao.

128

Ga persoonlijk naar mensen toe

In een tijd van non-stop online contact raad ik je sterk aan elke gelegenheid aan te grijpen om persoonlijk contact te maken.

Ik vind het fascinerend dat we nog nooit zoveel mogelijkheden hebben gehad om virtueel samen te komen, maar dat ook nog nooit zoveel lieve mensen onder ons zo eenzaam zijn geweest. Het is heel gewoon om een paar honderd cybervrienden te hebben, maar veel minder gewoon om drie vrienden te hebben met wie je regelmatig koffie of thee drinkt.

Ik las eens iets over een vrouw die regelmatig tien uur vloog voor een samenzijn van een uur. 'Relaties worden gevormd door samen het brood te breken en door elkaar in de ogen te kunnen kijken,' merkte ze op.

In Italië zeggen ze: 'We zijn pas vrienden als we samen hebben gegeten.' Wijze woorden, vind je niet?

Magie ontstaat vaak wanneer we samenkomen, de handen schudden, elkaar in de ogen kijken, de energie voelen, de chemie voelen en de eenheid opbouwen die bijzondere resultaten schept.

Leg met dat in je achterhoofd je telefoon en andere apparaten aan de kant, trek je jas aan en ga wandelen. En maak contact met iemand – persoonlijk.

129

Je weet nooit wie iemand zal worden

Vandaag ben ik in Bakoe, Azerbeidzjan, en werk ik aan dit deel van het boek. Ik schrijf in mijn hotelkamer. De general manager heeft voor mijn aankomst een briefje voor me neergelegd naast een schaal met fruit.

De boodschap was cryptisch. 'We hebben elkaar twintig jaar geleden ontmoet. Ik vertel je meer wanneer we elkaar zien. Je fan, Bob.'

Ik was nieuwsgierig en belde hem vrijwel meteen. De man aan de telefoon klonk warm en uiterst beleefd. Hij nodigde me uit thee met hem te drinken.

Toen we elkaar ontmoetten in de chique ontbijtzaal van het complex vertelde hij dat hij was begonnen bij banquet services, in een klein hotel in een kleine stad. Toen ik net begon als spreker, hield ik mijn workshops daar (er waren 23 mensen op mijn eerste workshop afgekomen, van wie 21 familieleden). Het personeel rolde een tv naar binnen waarop ik mijn dia's kon vertonen (precies, een televisie!). Het was amateuristisch. Beginnersniveau. Maar het was mijn begin, dus ik moet het vieren.

Bob werkte hard en deed zijn werk buitengewoon goed. Hij klom op tot banquet manager. Toen we samen thee dronken, vertelde hij dat hij op een gegeven moment weliswaar tot het management behoorde, maar dat hij het zo belangrijk vond dat mijn workshops goed verliepen dat hij er altijd voor zorgde dat er een tv beschikbaar was. Twintig jaar geleden.

En nu was hij dan hier. General manager van het super stijlvolle en absoluut magnifieke Four Seasons Hotel in Bakoe. Onberispelijk gekleed, een hoeksteen van de gemeenschap.

Ik bewaarde zijn prachtige briefje. Stopte het in mijn dagboek zelfs. Om me te herinneren aan de kracht van menselijke verbindingen in een wereld die te digitaal is geworden. Ik had het geluk gehad iemand te ontmoeten die zich herinnerde hoe belangrijk kleine, verbindende handelingen waren en eenvoudige daden van zorg. Dank je wel, beste Bob, ik wens je alle goeds toe.

Zijn gebaar inspireerde me ertoe vier brieven te schrijven op het briefpapier dat in goede hotels als dit op de kamer ligt. Een aan mijn ouders, waarin ik hen bedankte voor hun invloed en alle fantastische dingen die ze in een heel leven voor mij hebben gedaan (dank jullie wel dat jullie mij wilden, mama en papa!). Eentje aan Elle, waarin ik mijn waardering uitspreek voor haar grenzeloze liefde en eindeloze aansporingen, door dik en dun. En een voor elk van mijn kinderen, die me zoveel vreugde schenken.

Wat misschien nog belangrijker was: Bobs briefje herinnerde mij eraan om elke persoon die je ontmoet met zoveel mogelijk respect, beleefdheid en vriendelijkheid te bejegenen. Als je dat de rest van je leven doet, is dat niet alleen goed voor je geweten en geluk, maar ook voor het opbouwen van je sociale kring. Omdat je nooit weet wie iemand zal worden.

130

Wens mensen een heerlijke dag

Ik ben het met je eens: wat de titel van dit hoofdstuk weerspiegelt, klinkt misschien heel normaal, maar toch gebeurt het niet vaak, anderen een heerlijke dag wensen.

Nadat ik vanochtend in de sportschool was geweest, stopte ik bij een winkel om een fles water en kombucha met bessen en hibiscus te halen.

Ik gaf de jonge vrouw achter de toonbank een compliment over het assortiment, dat varieerde van ongebruikelijke proteïnerepen tot een van de geweldigste croissants die ik ooit heb gezien (hoewel ik er geen kocht, werd ik 's nachts badend in het zweet wakker nadat ik over dat verhipte ding had gedroomd).

Ze bedankte me op een prachtige manier voor mijn waardering. En toen rekende ik de drankjes af.

Voordat ik wegging, zei ik: 'Een fijne dag!' Dat toverde een glimlach op haar gezicht. Ze wachtte even en keek me intens aan. Toen antwoordde ze: 'Jij ook een fijne dag!'

Het is zo gemakkelijk om iemands humeur te verbeteren. Om iemand wat goeds te laten ervaren. En om iemand te laten beseffen dat hij of zij ertoe doet. 'Wees vriendelijk, want iedereen die je ontmoet vecht een harde strijd,' schreef de Schotse auteur Ian Maclaren.

Ik geloof echt dat als je iemand fris en welgemeend begroet en je de ander bij je vertrek een geweldige rest van de dag wenst, dit het leven voor iedereen gemakkelijker maakt. Echt, deel deze gewoonte met mij.

131

Praat met rare mensen

Een snelle ingeving voor deze mentorboodschap: praat met piraten, maak contact met mensen die buiten de boot vallen, ga eten met weirdo's.

Je zult nooit groeien in je creativiteit, nieuwsgierigheid, enthousiasme en wijsheid als je gesprekken voert met mensen die net als jij denken, werken, spelen en leven. Ben je een bakker, word dan vriendjes met een tuinman. Ben je leraar, ga dan chillen met een student. Ben je ondernemer, ga dan koffiedrinken met een tatoeëerder en ben je bankier, ga dan wandelen met een doedelzakspeler. Dat soort ontmoetingen maakt je rijk.

Je groei ligt niet in de veilige haven, maar ergens in de blauwe oceaan. En het grootste risico in het leven is dat je geen risico neemt.

Maak kennis met mensen die anders zijn dan jij! Stel ze vragen, eet wat ze koken, leer van hun lessen en luister naar hun verhalen (want iedereen die we ontmoeten kan je iets leren en heeft een verhaal te vertellen, als we maar de moed hebben daar open voor te staan).

Deze woorden, die zijn toegeschreven aan Mark Twain, spreken me heel erg aan en ik hoop dat ze jou ook raken:

> Over twintig jaar zul je meer spijt hebben van de dingen die je niet hebt gedaan dan van wat je wel hebt gedaan. Dus gooi de

trossen los. Vaar de veilige haven uit. Vang de passaatwind in je zeilen. Verken. Droom. Ontdek.

132

Graaf een put voordat je dorst krijgt

De Amerikaanse zakenman Harvey Mackay heeft met *Dig Your Well Before You're Thirsty* een klassieker geschreven. In dit boek vertelt hij hoe zorgvuldig hij met menselijke verbindingen omgaat. Hoe goed hij zich voorbereidt – terwijl bij zakelijke ontmoetingen te weinig voorbereiding maar te veel verwachtingen gebruikelijker zijn – en diep graaft om de achtergrond, interesses en prestaties te leren kennen van de persoon die hij straks zal ontmoeten.

Dit levert consequent verblufte reacties op van Harveys nieuwe contacten. En daardoor kan de relatie vanuit een uniek en excellent niveau beginnen.

Belangrijker is misschien nog dat hij mensen adviseert om 'een put te graven voordat je dorst krijgt'. Ontwikkel wederzijds vervullende en intens bevredigende relaties – niet omdat je iets van iemand nodig hebt, maar omdat de menselijke verbinding het leven van die ander en van jou welvarender zal maken.

Mensen zijn slim en ruiken het van verre als iemand onoprecht is. Bouw je sociale gemeenschap rondom behulpzaamheid, omdat de vriendschappen leuk zijn en vanwege de zelfontwikkeling die de nabijheid van geweldige mensen jou zal opleveren. Doe het nooit omdat je een gunst nodig hebt. Of een kans wilt.

133

Wees geen slaaf van je telefoon

Hier had ik het al eerder over, maar ik moet het nog wat harder zeggen: houd je telefoon weg in het bijzijn van een ander met wie je hebt afgesproken samen tijd door te brengen.

Als ik ga lunchen met iemand die door zijn socialmediafeeds blijft scrollen of tijdens het eten telkens meldingen checkt, spreek ik meestal niet nog eens af. Dat gedrag zegt in feite dat hun gescrol belangrijker is dan ons gesprek, en dat zij betere dingen te doen hebben dan met mij praten.

Ik werd uitgenodigd door de oprichters van een techbedrijf om samen te gaan eten, omdat zij mijn content op hun online educatieve platform wilden gebruiken en wilden dat ik hun onderneming zou vertegenwoordigen, als ambassadeur voor hun merk. De hele maaltijd lang keken ze op hun telefoons, namen ze gesprekken aan en bekeken ze korte filmpjes.

Hun gedrag was niet alleen onbeleefd, het liet ook zien dat ze verslaafden zijn die zich nog geen uurtje kunnen losmaken van hun witte schermpjes, om te praten met de persoon met wie ze zo graag een partnerschap wilden aangaan.

Wanneer je technologie verstandig gebruikt, is dat geweldig. Zet je het correct in, dan kun je prachtige dingen laten gebeuren en het kan je relaties aanmerkelijk verbeteren. Maar ga je er slecht mee om, dan kan het mensen van je verwijderen en je reputatie ruïneren.

Wees dan ook geen slaaf van je telefoon. Word een meester in er aandachtig bij blijven.

134

Geef anderen het gevoel dat ze bijzonder zijn

Mijn leven veranderde volledig op de dag dat ik in de vroegere gevangeniscel van Nelson Mandela op Robbeneiland stond. Toen ik door de kalksteengroeve liep, waar hij dertien jaar lang slopende arbeid had moeten verrichten, toen ik het propagandakantoor zag waar de censuur brieven van zijn familie achterhield of veranderde als vorm van psychologische marteling, toen ik ten slotte in een kleine cel mocht staan (er stond niet eens een bed in) ... toen leerde ik wat het betekent om pijn om te zetten in kracht en problemen in triomf.

Tijdens het bezoek kwam ik te weten dat Mandela een bewaker die hem altijd beleefd en met respect had behandeld, had uitgenodigd om zijn inauguratie als president van Zuid-Afrika bij te wonen. De staatsman had boos en gebroken kunnen zijn na 27 jaar opsluiting, maar verklaarde later: 'Toen ik de deur uit liep, naar het hek dat naar mijn vrijheid leidde, wist ik dat als ik niet mijn bitterheid zou achterlaten, ik nog altijd gevangen zou zijn.'

Hiermee wil ik je eraan herinneren dat het jouw taak als mens is om anderen groter te laten worden in jouw aanwezigheid. Kleine mensen proberen op te scheppen, in de schijnwerpers te staan en te doen alsof zij de grootste in de ruimte zijn. Meestal doen ze dat om een gevoel van onzekerheid te compenseren. Grote zielen geven anderen het gevoel dat ze geweldig zijn.

Geef *iedereen* die je ontmoet het gevoel dat hij bijzonder is. Geef mensen oprechte complimenten en erken wat ze je geven in plaats van hun tekortkomingen te veroordelen. Als je op die manier leeft, zul je niet alleen meer vrienden hebben dan je ooit had verwacht, maar beleef je ook een vorm van rijkdom die veel verder gaat dan geld je ooit kan geven.

Oké. We zijn aan het eind gekomen van de zesde vorm van rijkdom: het hebben van een sterke en geweldige gemeenschap van prachtige mensen om je heen. Je doet het fantastisch (dat moet ik je even zeggen). En ik ben dankbaar dat ik je mentor op afstand mag zijn. Wat denk je ervan om verder te gaan met de volgende vorm van rijkdom? Wat je gaat leren, zul je vast erg waarderen, want ik neem je mee naar de verborgen schatten van een leven vol avontuur.

DE ZEVENDE VORM VAN RIJKDOM

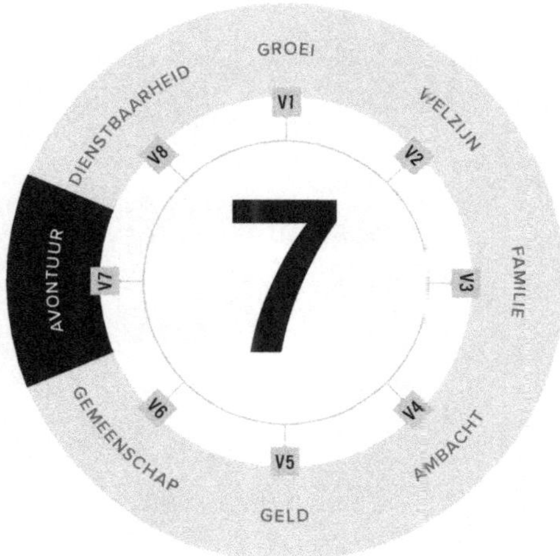

Avontuur

De gewoonte van vreugde halen uit het verkennen van niet-hebben

Het gaat er niet om hoeveel jaren
er in je leven gaan,
maar hoeveel leven er in je jaren gaat.
– EDWARD STIEGLITZ, KUNSTENAAR

De zevende vorm van rijkdom

Avontuur | Een kort overzicht

Veel mensen doen tachtig keer hetzelfde jaar over en noemen dat een leven. Ze staan op dezelfde manier op, denken dezelfde gedachten, worden in beslag genomen door dezelfde zorgen, gaan naar dezelfde plaatsen, eten hetzelfde eten en zien dezelfde gezichten. Maar het is niet de bedoeling dat we zo leven. Avontuur zit in ons bloed en is een van je grootste kansen om het rijkst mogelijke leven te leiden.

Meer verwondering toevoegen aan je dagen – door daadwerkelijk te reizen naar nieuwe oorden of een boek te lezen dat je meeneemt naar nieuwe landen, een andere route naar je werk te rijden of een nieuwe gewoonte ontwikkelen – is echt een valuta van grote schoonheid. Het is verstandig meer bewondering, verbazing en opwinding in je momenten te brengen: zo worden het herinneringen die je voor altijd zult koesteren. Want weet je: kostbare herinneringen zijn waardevoller dan contant geld.

Het klopt, mijn gestaag groeiende metgezel op deze reis naar werkelijk succes en authentieke welvarendheid: het leiden van een leven vol gepassioneerde bezigheden en enthousiaste verkenningen is absoluut een vorm van rijkdom. We zijn het meest alert wanneer we ontdekken en vooruitgang boeken, reizen en iets wagen. We zijn het dichtst bij ons beste zelf wanneer we gedurfd leven in plaats van omzichtig. 'Het is niet de dood die je zou moeten vrezen, maar dat je nooit echt zou hebben geleefd,' zei Marcus Aurelius, de glorieuze Romeinse keizer.

Onze maatschappij hecht waarde aan het bezitten van veel dingen in plaats van aan het leven van een vol leven. Maar waarom zou je allemaal dingen moeten hebben, opslagruimten vol spullen en een gigantisch huis, als je een hypotheek afsluit op je geluk omwille van het misleidende najagen van materieel bezit?

Ik wil je in alle bescheidenheid meegeven dat het niet de bedoeling is zelfgenoegzaam te leven. Wij mensen zijn gemaakt om nomaden te zijn, pioniers. Je komt uit een lange lijn van mensen die machtige bergen hebben beklommen, grote oceanen hebben ontdekt en het comfort van veiligheid hebben verruild voor mogelijke onzekerheden die komen kijken bij het leiden van een onstuimig bruisend leven. Door je persoonlijke passie vóór je fysieke bezittingen te plaatsen voorkom je dat je werelds rijk wordt, maar spiritueel arm.

Deze vorm van rijkdom, waar ik zo dadelijk met je doorheen wandel, draait grotendeels om het opnieuw ervaren van nieuwsgierigheid, fascinatie en een magisch gevoel, door je dagen te overspoelen met meer verrijkende ervaringen en verbluffende momenten. Om te voorkomen dat als je laatste uur nadert, je tot het besef komt dat je er niet in bent geslaagd intens te leven.

Oké. We naderen het eind van mijn mentortijd met jou. Ik ga je missen wanneer het achter de rug is. Laten we geen minuut meer verspillen en meteen in de zevende vorm van rijkdom duiken: avontuur.

135

Vind je onzichtbare Panama

Ik schrijf je deze aanwijzing vanuit een bruisende grote stad, die jij misschien wel cool vindt. Misschien ook niet (en dat vind ik ook prima).

Nadat ik vanochtend vroeg had gesport (ik heb lekker zitten zweten terwijl ik ondertussen luisterde naar het audioboek *The Wizard and the Prophet*) liep ik naar een gerenommeerd koffietentje om een bakkie te halen. Ik zocht mijn weg door de regenachtige straten en liep langs een enorme wolkenkrabber waarin de kantoren en studio's van een nationale omroep zijn gevestigd.

Het was nog steeds donker en er liep geen mens op straat. Ik had de ochtend helemaal voor mezelf! Toen hoorde ik rockmuziek. Het dreunde flink door. Ik dacht dat het uit de een of andere speaker kwam die was opgehangen om voorbijgangers te vermaken. Het was het nummer 'Panama' van Van Halen. Ik stak een vuist in de lucht, wat je geacht wordt te doen tijdens een concert in de aanwezigheid van rockgiganten – ik dacht dat niemand me zag.

Maar een paar stappen verder werd me duidelijk dat dit geluid uit een klein busje kwam, een Dodge Caravan. En de man die erin zat had de muziek voor zichzelf zo hard gezet – de grond onder het voertuig schudde ervan.

Hij grijnsde toen we elkaar aankeken. Hij had mijn trotse, enthousiast opgeheven vuist gezien. En leek er erg door geamuseerd.

Die ervaring zette me aan het denken. Ik weet het niet helemaal zeker, maar ik denk dat de man dit lied draaide als een soort elixer – om in een betere gemoedstoestand te komen en zichzelf een paar momenten van vreugde te gunnen voordat hij een geestdodend betonnen gebouw zou binnenlopen om te gaan werken.

Daardoor moest ik weer denken aan al die mensen die tegenwoordig hun ware passie verkwanselen om werk te doen waardoor ze zich ellendig voelen, niet creatief en waarvan ze soms zelfs ziek worden.

Misschien zeg je wel: 'Maar ik heb geen keuze, ik moet mijn rekeningen betalen.'

Sorry, maar die keuze heb je *wel*. Die macht heb je *wel*. Je zou naast dat werk kunnen beginnen met een online videokanaal waarin je je wijsheid deelt en kijkers iets leert, je zou kunnen werken aan die roman die je altijd al wilde schrijven om die vervolgens zelf online te publiceren. Of een pop-upshop openen om goede spullen te verkopen waar jij blij van wordt. Of iets uitvinden om een enorm probleem op te lossen waar je zelf op bent gestuit. En als je niet weet hoe dit moet, leer dan hoe het werkt. Ik weet zeker dat je dat kunt.

Een ander goedbedoeld advies dat ik je graag wil inpeperen: door te doen waar je blij van wordt, maak je de wereld voor iedereen een beetje mooier. En als je jouw magie het universum in stuurt, creëer je mogelijkheden voor iedereen.

Je leven kan kunst zijn, je baan kan een geschenk zijn en doen wat je hart je ingeeft is de muziek die wonderen verwezenlijkt.

Ten slotte geef ik je deze woorden ter overdenking van de gerenommeerde Amerikaanse schrijver Herman Melville: 'Want zoals deze vreselijke oceaan het groene land omringt, zo ligt er in de ziel van de mens één Tahiti-eiland vol vrede en vreugde, maar omgeven door alle verschrikkingen van een slechts half gekend leven.'

136

Kijk veel documentaires

Ik kijk graag naar documentaires van geweldig geleefde levens. Waarom? Dan is het alsof je vertrouwelijke informatie verkrijgt over hoe een geweldig iemand deed wat hij deed, vanuit een autobiografie, maar het duurt minder dan een uur. Snap je?

Van *Jiro Dreams of Sushi* leerde ik diepe inzichten over meesterschap; door *Salinger* ontdekte ik de geschiedenis, gewoontes en problemen van een legendarisch schrijver. Door *Amy* ging ik beseffen hoe gevaarlijk de omgang met gevaarlijke mensen kan zijn en *Good Fortune* herinnerde me eraan dat een leven dat je leeft zonder andere levens beter te maken een slecht besteed leven is.

Een goede documentaire laat je binnen in het bestaan van een ander. Je ontdekt waarom die ander bepaalde dromen had en hoe hij die verwezenlijkte, de listige valkuilen van geluk en de heroïsche vreugden van het overwinnen van nederlagen. Via documentaires kun je nieuwe reizen naar nieuwe plaatsen maken. En al doende je inspiratie een upgrade geven.

Hoe meer je kijkt, hoe meer ideeën je opdoet over de grootste manier waarop jij kunt leven. Gewapend met die kennis kun je dan elke dag gebruiken als platform om die kennis op toe te passen. Het zal niet altijd gemakkelijk zijn, maar wel altijd de moeite waard – beloofd.

137

Neem een digitale sabbatical

Om je leefstijl te verbeteren en je energieker te voelen, wil ik je suggereren *minimaal* een dag per week volledig los te komen van technologie.

Dat wil zeggen geen telefoon, geen social media, geen chats en geen online shoppen, en dat de volle 24 uur lang. Elke week opnieuw.

Om gewoon te leven. Om te genieten van de gewone, vaak sensationele pleziertjes in je leven. Om aanwezig te zijn (in plaats van afgeleid) en rustig in jezelf (in plaats van gestrest). Om rond te dwalen in een onbekende buurt of om een nieuwe boekwinkel te vinden. Om je liefde voor de mensen om je heen, die zoveel voor je betekenen, te laten groeien en om misschien gewoon beter te worden in nietsdoen.

Beloof dat je ten minste eens per week je apparaten in een lade legt, waar je ze niet ziet, zodat je vanaf het moment van opstaan tot het 's avonds naar bed gaan alert kunt zijn. Op verwondering. Op schoonheid. Op natuur. Op het nu.

O, er is nog een andere krachtige methode die ik met je moet delen voor minder digitale afleiding in je leven, omdat die afleiding je gevoel voor avontuur uitput. Die methode noem ik de *techniek van de twee telefoons.*

Zorg dat je een (volledig opgeladen) telefoon hebt met daarop al je social media en apps voor het weer en dergelijke. Investeer daarnaast in een basic tweede telefoon, die je meeneemt wanneer je jezelf oplaadt, iets creëert of dingen doet die een volledige focus van je vragen. Zo voorkom je dat je gehecht raakt aan of gestoord wordt door je eerste telefoon wanneer je liever iets waardevols en essentieels doet.

Generaties geleden namen mensen een dag per week een dag vrij (dat heette dan 'sabbath'). Geen werk, geen zorgen, nietsdoen – op die dag ging het meer om het *zijn*. Die praktijk verfriste de positiviteit van mensen en herstelde hun levendigheid. Ik hoop van harte dat jij hetzelfde zult doen. Dat je je weer verbindt met de wonderen die zo overvloedig bestaan in je vluchtige maar nog altijd majestueuze wereld. Om die vonk uit je jeugd weer aan te wakkeren. En om je lege bron weer aan te vullen.

138

Laat de energieverslinders gaan

Hier hebben we het eerder al even over gehad. Maar ik moet het nog eens zeggen omdat het zo ongelooflijk belangrijk is dat je geniet van de zegening die je leven is. En omdat goed mentorschap eruit bestaat regelmatig iets te benadrukken.

Je kunt gelukkig zijn of in het gezelschap van toxische mensen zijn – maar beide tegelijk? Dat kan niet. Wat ik wil zeggen is dat als je een strategie nodig hebt om je leven in een oogwenk te transformeren, je afscheid moet nemen van alle mensen die je een slecht gevoel geven.

Als dit familie is, bezoek die dan minder vaak. Is het een vriend die je al jaren kent maar die niet langer met je mee groeit en in de sfeer verkeert waarin jij zit, omdat die ander negatief is, voortdurend gelijk wil hebben of telkens klaagt, blijf dan rustig van diegene houden – maar van een afstand.

Ja, je moet de energieverslinders laten gaan en afkicken van de droomdieven. Maak je los van diegenen die je van geluk beroven. Het leven is gewoon te kort om je goede dagen te laten bederven door pessimistische mensen.

139

Begin met een tuin

Ooit had ik een huis waar mijn gezin en ik jarenlang hebben gewoond. Ik vond het daar heerlijk. Bij het ochtendgloren scheen de zon aan de voorkant van het huis door de bomen, 's winters konden we een vuurtje stoken en dan elke avond de zon door het bos achter het huis zien ondergaan.

Ik was dol op hoe het licht in de kamers scheen, op het feit dat het huis in een rustige omgeving stond en dat ik 's middags na het werk meestal kon mountainbiken in de omliggende bossen. Maar een van de allerfijnste dingen aan dat huis was de tuin. Ik houd van bloemen. Ze maken me gewoon zo blij en overspoelen me met kalmte. Ik vond een deskundige die me hielp de tuin op te zetten. In de lente was ik er druk mee in de weer en in de zomer gaf ik steeds water.

'Een tuin sluimert het eerste jaar, komt op gang in het tweede jaar en gaat helemaal los in het derde jaar,' vertelde de deskundige. En dat klopte: in het derde jaar bloeide de lavendel overvloedig, was de zonnehoed schitterend en werden de tulpen bijna zo groot als kokosnoten.

Op een dag kwamen mijn ouders op bezoek om in de achtertuin te zitten en te kijken naar dit wonder van de natuur. 'Wie heeft een retraite nodig?' zei mijn geweldige moeder (precies, die vrouw die het tegen een hele motorbende opnam, en won!).

Begin met een tuin. Je dagen meer avontuur meegeven betekent niet dat je daarvoor naar vreemde landen moet gaan. Soms hoef je alleen maar bij je eigen huis te beginnen.

140

Word dichter

Mijn wens voor jou is dat je een dichter wordt, zodat je persoonlijke universum minder druk, complex en negatief wordt. Dichten is een geweldige manier om je geest uit te dagen, doordat je een wapenfeit op papier zet – maar het gaat verder dan dat.

Ik zal uitleggen wat ik bedoel, maar eerst laat ik je een gedicht lezen dat ik om 5 uur vanochtend voor jou in mijn dagboek heb geschreven. Ik weet dat ik nog geen groot dichter ben, maar ik heb echt mijn best gedaan:

De stille belofte

Er is een belofte, van geboorte tot het eind
Dat je verbinding maakt met je verborgen talenten.
Dat je geniet van je fraaiste visioenen.
Dat je lacht om je menselijk gestuntel.
Dat je luistert naar de aanwijzingen van je ziel.

Wie jong is wordt ouder.
En de belofte wordt verlaten.
In een wervelwind van dagelijkse haast en eindeloos bezig zijn.
Omdat je doet wat volwassenen hebben geleerd te doen.
Je neemt je verantwoordelijkheid en schikt je naar de beleefde samenleving.

Je zorgt voor materiële welvaart, laat je buren zien hoe rijk je bent.

Maar de belofte voelt zich dan niet gehoord.
En uiteindelijk genegeerd.
Uit de hand gelopen mens-zijn bevlekt je geboorterecht vol mogelijkheden.
Je lotsbestemming raakt geketend.
Doordat je slaapwandelend door het leven gaat.
En zo sterf je onzichtbaar.
In stilte.

Wil je de verrukking die je als kind ervoer terug, dan raad ik je sterk aan om dichter te worden. Waarschijnlijk word je geweldig, ook al weet je dat misschien nog niet! In elk geval geen slechte dichter zoals ik.

Ik zeg niet dat je aan een groot houten bureau moet gaan zitten in een witgepleisterd huisje met lichtblauwe shutters, ergens aan zee, om daar te gaan rijmen. (Maar als je dat inspirerend lijkt, doe het dan beslist.)

Ik bedoel gewoon dat je weer moet gaan *leven*! Door vaak te denken aan alles wat je moet worden en door elke dag kleine stapjes te zetten om dat te verwezenlijken, zodat tegen de tijd dat je klaar bent, het leuk is geweest. Opwindend. Vervullend. De moeite waard.

Vergeet niet dat de meeste angsten die onze glorie beperken uit sprookjesdraken en valse dromen bestaan. We scheppen onze eigen tralies door verkeerde manieren van denken en zitten dan de mooiste jaren van ons leven vast in zelfgebouwde gevangenissen. Besef dat er geen vooruitgang kan zijn zonder wat problemen, en geen geluk zonder een paar goede ruzies.

Negeer de behoefte om het *iedereen* naar de zin te maken. Zorg eerst voor de roep van je eigen ziel. Want je kunt anderen niet geven wat je niet hebt. En door jouw genialiteit waar te maken, geef je iedereen om je heen groen licht om hetzelfde te doen.

Dus ja: wees een dichter. Geef uiting aan je kunstzinnigheid. Omarm wat riskant is. Neem wat meer risico's. Zie vaker een zonsopgang, pluk meer bloemen, eet meer pizza's, knuffel meer mensen, durf meer te wagen en tel de sterren aan de donkere hemel. Als ze maar eens per generatie zouden verschijnen, zou je ze willen zien. Maar omdat ze er altijd zijn, waardeer je ze misschien niet eens.

Ja. Word een wie-kan-het-schelen-wat-een-ander-denkt-dichter. Niet alleen op papier. Ook in je rijkste leven.

141

Doe alles langzamer

Sluit je aan bij de langzaamaan-beweging. Veel mensen kiezen voor slow cooking, slow eating en slow working (veel geduldiger, bedachtzamer en zorgvuldiger zijn tijdens het uitvoeren van hun ambacht).

Wat ik je aanraad, is *slow living*. Accepteer minder verzoeken om dingen te doen die je echt niet wilt, koop minder spullen, geniet van de dagen waarop je minder hoeft, maak meer tijd voor boeiende gesprekken en neem pauze om te genieten van de mooie geschenken van het leven die de meeste mensen ontgaan doordat ze zo druk zijn met druk doen. Drukker is bijna nooit beter.

Adem langzamer. Kauw langzamer. Loop langzamer. Praat langzamer. Denk langzamer en voel intenser.

Doe alles langzamer – in plaats van alles sneller te doen en te leven alsof je broek in de fik staat. Dat maakt je niet lui. Het betekent gewoon dat je verstandig bent.

142

Duik een jaar onder

De suggestie die ik je nu doe, is misschien vreemd, misschien fascinerend, maar zéker krachtig: laat je een heel jaar lang nauwelijks zien. Wees slecht bereikbaar. Duik onder. Helemaal.

Precies: twaalf levensveranderende maanden nee zeggen tegen de meeste sociale uitnodigingen, nieuwe vriendschapsverzoeken weigeren, stoppen met shoppen in winkels, niet uit eten in restaurants en je terugtrekken uit de wereld.

Trek in plaats daarvan de wildernis in (of zoiets), word minimalist. Focus monomaniakaal, raak gecentreerd en geaard in dat wat ik in mijn mentormethode De Vitale Enkeling noem.

... Wijd jezelf een jaar lang aan persoonlijke groei en het helen van jezelf. Word briljant in mediteren, visualiseren, bidden, journaling en in het loslaten van beperkingen die jou ervan weerhouden je belofte te leven en je potentieel te verwezenlijken.

... Zorg dat je lichamelijke conditie beter wordt dan ooit tevoren. Ga hardlopen of doe push-ups, ontdek yoga of ga surfen, zorg voor meer frisse lucht en gun jezelf meer slaap.

... Lees elk boek dat in jouw vakgebied beschikbaar is en oefen wat je leert urenlang, elke dag, zodat je zo deskundig, waardevol en excellent wordt dat geen collega je kan evenaren. En geen probleem je ooit kan stoppen.

… Leg je uitgaven aan banden, zorg dat je minder nodig hebt en spaar meer, zodat je jezelf wapent tegen plotselinge financiële tegenvallers of een wereldwijde economische catastrofe (en geef jezelf de zielenrust die hoort bij schuldenvrij leven).

… Versimpel je leven en stroomlijn je dagen door alles los te laten wat jou je plezier ontneemt en je prioriteiten in de war schopt.

… Geniet van de klassieken, bestudeer je helden, luister naar heerlijke muziek, eet natuurlijke voedingsmiddelen, drink helder water, kick af van alle verslavingen (scrollen, te veel werken, klagen en drinken zijn misschien handig om mee te beginnen) en maak lange wandelingen in de bossen, zo vaak je kunt.

… Vergeef de mensen die je moet vergeven, houd van de mensen die dat verdienen en vorm jezelf feitelijk om tot de persoon die je moet worden om het oprechte fortuin te bezitten waarnaar jij op dit moment het meest verlangt.

Wat ik van je vraag en waar ik je zelfs toe uitdaag, is om twaalf hele maanden onder te duiken. Ga naar een plek op deze aardbol waar je altijd al eens naartoe wilde. Of trek je terug in je huis. Maak jouw optimale zelf je belangrijkste project, twaalf maanden lang.

Heb je dat eenmaal gedaan, keer dan terug in de wereld. Getransformeerd. Herboren. Ten diepste verbeterd. Klaar om ons allemaal te verheffen.

143

Zoek het mysterie in je werk

Een uitstekende manier om de verwondering en de kwaliteit van mogelijkheden in je leven te verbeteren, is door het werk dat je doet te beschouwen als een doorgang naar nieuwe hemels van verkenning. En hogere banen van opwinding.

Door opnieuw naar je werk te kijken, met de blik van een kunstenaar, jezelf te wijden aan het verleggen van grenzen, het betreden van nieuwe grond en het investeren in nieuwe dingen, vergroot je niet alleen je inspiratie, energie en persoonlijke moed maar verander je je leven van alledaags in wonderbaarlijk.

Een van de vallen waarin we verstrikt raken, is het herhalen van de manier waarop we altijd hebben gewerkt. Dat doen we om het succes te beschermen dat we hebben bereikt, en omdat we bang zijn dat vernieuwing tot een mislukking leidt. Maar die werkwijze is een garantie voor verveling, een gevoel van levenloosheid en cynisme.

Streef in plaats daarvan naar het onverwachte. Probeer een ogenschijnlijk merkwaardige stijl van produceren uit, of een ongebruikelijkere manier van doen wat je doet. Anderen denken misschien dat je van lotje getikt bent, maar juist buitenbeentjes en excentriekelingen boeken alle vooruitgang (en helpen de wereld verder).

De beroemde Duitse kunstenaar Georg Baselitz veranderde zijn jarenlange stijl van werken toen hij zijn schilderijen in 1969 ondersteboven schilderde en ophing. Kun je je dat voorstellen? Ondersteboven!

Hij ging over tot 'op zijn kop schilderen' omdat hij gewoon zijn eigen ding wilde doen, zonder de druk om te moeten doen wat de kunstwereld van hem verwachtte.

Jij kunt ook zo vrij zijn. Jouw werk kan een heilige kruistocht zijn, een betoverende odyssee, niet alleen naar je eigen beste creativiteit, maar ook naar je grootste zelf. Omdat de projecten die je angst inboezemen je sterker maken. En omdat alleen de mensen die hun grenzen verleggen ontdekken hoe onbeperkt ze eigenlijk zijn.

144

Win de geheugenloterij

'Robin, ik ben tot de conclusie gekomen dat te veel geld heel slecht is,' zei een van 's werelds rijkste mensen ooit tegen mij toen we bij een rivier liepen bij een bos vol wilde bloemen, herten en hoge bomen die honderden, misschien zelfs wel duizenden jaren oud waren.

'Waarom?' vroeg ik.

'Nou, voor extreem ambitieuze, gedreven, perfectionistische mensen zoals ik kun je te veel geld vergelijken met drugs. We blijven erop jagen om het gevoel te krijgen dat we winnen. Maar dat doen we niet.'

'Wat is winnen dan voor jou?' vroeg ik, terwijl er een hertenjong langs ons schoot.

'Zorgen voor meer herinneringen, niet voor meer geld. Als ik oud word, wil ik genieten als ik terugdenk aan alle bijzondere momenten die ik met mijn gezin heb doorgebracht. Op mijn sterfbed kan ik niet al het geld dat ik heb verdiend met me meenemen. Ik heb nog nooit een pantserwagen aan het eind van een begrafenisstoet gezien op weg naar een kerkhof,' zei de miljardair zacht.

Zorgen voor meer herinneringen in plaats van jacht maken op te veel geld. Het is slim om daarop te focussen. In deze tijd, in deze cultuur waarin veel mensen vergeten dat vrijheid zoveel meer is dan een hoop cijfers in een verklaring van nettowaarde.

145

Doe elk kwartaal iets engs

Een kort hoofdstukje. Ooit had ik een zeilinstructeur. Het was een van de levendigste, grappigste en boeiendste mensen die ik ooit heb ontmoet. Hij heette Bob. Bijzondere man. Coole gast.

Tijdens een lange zeiltocht op een zomerse dag deelde Bob een strategie met me die hem jong en energiek hield, en ervoor zorgde dat hij nooit de sprankeling in zijn ogen kwijtraakte (zorg dat je de sprankeling in *jouw* ogen *nooit* kwijtraakt). Elk kwartaal deed hij iets wat hij eng vond, en om de twee jaar legde hij zich toe op het leren van een nieuwe vaardigheid die hem als het ware opnieuw uitvond.

Als jij en ik samen op een zeilboot zouden zitten, zou ik je allemaal vragen stellen over alles wat jij *niet* doet omdat je er bang voor bent. Dan zou ik je vragen om te beloven elke drie maanden één van die enge dingen te gaan doen. Zodat je de kracht terug haalt die je aan al die enge dingen hebt gegeven.

Daarna zou ik je vragen om belangrijke vaardigheden op te schrijven die je altijd nog eens zou willen leren. En dan zou ik je vriendelijk maar beslist vragen om mij te beloven die alsnog te leren. Door elke twee jaar aan een van die vaardigheden te gaan werken.

Dan zou ik je die o zo heerlijke vraag stellen die gelukkige en geweldige mensen zichzelf zo vaak voorleggen: 'Wat was de laatste keer dat je iets voor het eerst hebt gedaan?'

Ten slotte zou ik je vragen om me te helpen de zeilen te hijsen. Zodat we niet zoek zouden raken op zee.

146

Doe alsof je een piraat bent

Nu we het toch over de zee hebben… Ik wil graag dat je doet alsof je een piraat bent. Geen slechterik, maar een goeie (met mooie tanden, fatsoenlijke manieren en uitstekende gewoontes).

Ja, serieus! Dat zou je helpen jouw tijd te doordrenken met de fantastische ervaringen die voor onvergetelijke herinneringen zorgen. *Leef wat gevaarlijker.*

'Robin, waar slaat dit op?' vraag je je misschien af. 'Waarom stimuleer je mij om *gevaarlijk* te doen?'

Laat ik je wat voorbeelden geven van manieren om iets ondeugender te zijn dan je nu bent (tenzij je al een enorme bandiet bent: in dat geval raad ik je aan dit hoofdstuk over te slaan en naar het volgende te bladeren).

… Vraag je partner om jou precies te geven wat je wilt en je vrienden om je precies te geven wat je nodig hebt.

… Vraag om de beste tafel in je favoriete restaurant als je ziet dat die beschikbaar is maar het personeel je een andere tafel wijst.

… Vraag om het gebakje dat er in de etalage het best uitziet in plaats van het gebakje dat de bakker voor jou wil pakken. Neem zelfs nog meer risico (wat verspillen we toch een hoop leven uit angst om afgewezen te worden!) en vraag of er een dot chocoladesaus op mag. Ik daag je uit.

... Vraag een vreemde die er chagrijnig uitziet om je de weg te wijzen, in plaats van het iemand te vragen die er vrolijk (en vriendelijk) uitziet.

... Vraag de taxichauffeur om de muziek uit te zetten omdat je niet van disco houdt, of om niet met zijn therapeut te bellen over zijn drama's. Want jij betaalt hem om te werken, niet om hem te helen.

... Vraag om een upgrade in een hotel ('Kan ik misschien ook in het penthouse, alstublieft?' zou een echte piraat zeggen), een enorme gunst van een gezinslid en een extra bolletje in de ijssalon ('met meer spikkels dan je er ooit op hebt gedaan, als dat oké is').

'Nee heb je, ja kun je krijgen' is een geweldig mantra, evenals 'Niet geschoten, altijd mis'. Succes draait grotendeels om cijfers en er gebeurt niet veel als je altijd je mond houdt.

Assertiviteit hoeft niet agressief te zijn. Beleefdheid betovert en het enige wat ik wil is dat je zelfs nog dapperder wordt in plaats van dat je je stilhoudt.

Piraten krijgen meer premies, leiden een kleurrijker leven en hebben voor zover ik weet veel meer plezier.

147

Volg je passies

Is het niet fascinerend dat als we volwassen worden, we niet langer genieten van die dingen waar we als kind blij van werden? Als we samen zouden eten in mijn bibliotheek, zou ik je nog een prachtige vraag stellen: 'Wat zou het kind dat jij ooit was van de volwassene vinden die je bent geworden?'

Onlangs sprak ik met een cliënt – een techgigant – en die zei dat hij het gelukkigst was in de tijd dat hij een paar keer per week extreem lange fietstochten maakte. Ik vroeg hem waarom hij dat niet langer deed.

'Weet ik eigenlijk niet,' was zijn antwoord.

Deze uitblinker had zich door zijn superzware verantwoordelijkheden en streven naar topprestaties laten afleiden van een van de kostbaarste schatten van een gelukzalig bestaan: volop plezier hebben. Hij was ook vergeten dat recreatie ons recreëert. Het volgen van de passies die je enthousiasme voeden en je plezier prikkelen, maakt je zoveel gelukkiger, creatiever, productiever en vrediger!

Het heeft geen zin om je passies uit te stellen tot je te oud bent om er nog iets mee te kunnen. Maar helaas doet de meerderheid van alle mensen dat wel. Ze haasten zich van hot naar her om hun beroepsmatige verplichtingen, sociale toezeggingen en eindeloze to-dolijstjes na te komen, en intussen vergeten ze de behoeften van hun geest.

Weken worden maanden, maanden worden jaren, jaren worden decennia. Voordat ze het weten, is het te laat om iets te doen met al dat moois dat ze hebben uitgesteld. Laat jou dat niet gebeuren, mijn goede vriend!

148

Minder meesterschap, meer mysterie

Ik bekeek zojuist een korte video van een man die – tijdens het interview – de 'koning van optimalisatie' werd genoemd. Omdat hij zichzelf jarenlang had gedwongen om fysiek en qua productie de absolute grenzen van het mogelijke te bereiken.

Interessant is dat hij vertelde dat hij het tegenwoordig heel anders doet. Het draait minder om 'lifehacks' om meer gedaan te krijgen en meer om langzamer leven en meer avonturen beleven. Minder om het indelen van zijn dagen met militaire precisie en meer om vrij zijn om rond te zwerven (wanneer hij dat wil) en uit te rusten (wanneer hij dat nodig heeft).

Ik was blij dat ik dit zag. Onze beschaving maakt een diepgaande verandering door. Veel mensen stellen zichzelf grote vragen: 'wie ben ik?', 'wat is mijn doel?', 'hoe ziet echt succes eruit?', 'hoe wil ik herinnerd worden?'

Meesterschap *is* belangrijk. De meeste mensen willen hun gaven en talenten verwezenlijken. En hun dagen productief gebruiken (het is een geweldige bron van geluk om je creativiteit uit te kunnen oefenen en resultaten te bereiken die ertoe doen) terwijl je je persoonlijke vaardigheden verfijnt die je zelfvertrouwen opbouwen, je veerkracht vergroten en je laten uitgroeien tot de hoogste versie van je beste zelf. Maar als je mentor op afstand, die heel veel om je geeft, moet ik je dit in je oor fluisteren: *vergeet de magie niet.*

Wees niet zo druk met productief zijn dat je de verlangens van je ziel vergeet en saai, oninteressant en levenloos wordt. Wees niet zo serieus dat je niet langer lacht om gekkigheid. Wees niet zo gedreven dat je vergeet hoe je mens moet zijn.

Ga vaker op in Het Mysterie. Misschien gewoon door af en toe hele dagen rond te lummelen, tijd te verdoen en gewoon dingen *op te merken*. Je zou ook naar een vreemde stad kunnen rijden waar je in al die jaren nooit naartoe kon, omdat je het altijd te druk had. Verdwaal erin! Of vraag een winkelier waarom die een leven lang oude meubelen heeft gerestaureerd. Geniet van een gesprek met een nonna die al 65 jaar ongelooflijk lekkere pasta maakt (mag ik ook komen?). Praat met een boer wiens ogen beginnen te glimmen wanneer hij vertelt over de grond die zo heerlijk tussen zijn vingers voelt, en over zijn groenten die op de eettafel van een ander belanden.

Misschien vind je deze suggesties om meer bewondering en ontzag te zoeken niet echt cool. Dat is prima: doe maar wat voor jou goed lijkt.

Talloze mensen jagen een definitie van succes na die ons is aangesmeerd door onze ouders, leraren en de maatschappij. We hebben hun orders opgevolgd. Geluisterd naar hun aanwijzingen. En wat heeft het ons gebracht? Heel vaak ongelukkig zijn, stress en soms ook ziekte (mentaal, emotioneel, fysiek of spiritueel).

Leef niet het leven van je ouders! Doe niet wat je buren doen, en leef niet zoals influencers je vertellen dat je moet leven om leuk gevonden, geaccepteerd en populair te worden. Leef *jouw* leven. Het is het enige dat je hebt en je krijgt geen tweede kans.

Terwijl de countrymuziek hier op de boerderij iets te hard uit de luidsprekers schalt en de boeren verderop hun olijven oogsten met traditionele gereedschappen uit een vervlogen tijdperk, wil ik dat je dit onthoudt: een echt rijk leven draait niet altijd om het nastreven van meesterschap. Meesterschap moet in evenwicht worden gehouden door het ervaren van de wonderen van de reis, door meer tijd spelend door te brengen, waarin je van magie geniet en je laat meeslepen in het mysterie.

149

Gooi niet langer zout op je eten voordat je het hebt geproefd

Ik zat in een restaurant met een vriend toen er iets gebeurde dat best bijzonder was. Ik vertel je er graag meer over. Omdat ik denk dat de les die ik toen heb geleerd, jou heel goed van pas kan komen.

We hadden besteld en praatten wat. Het was druk in de zaak en er hing een geweldige sfeer. Toen onze lunch kwam, pakte ik de peperbus en ging ermee over mijn eten. Dat doe ik altijd. (Ik houd van peper, ja. Dat is geen misdaad!)

Mijn vriend begon te lachen om mijn bizarre gewoonte van peper strooien. Toen zei hij: 'Henry Ford zou je nooit aannemen.'

'Hoe bedoel je?' vroeg ik terwijl ik een hap nam van mijn peperige maaltijd.

Hij vertelde dat het verhaal gaat dat de iconische magnaat aspirant-werknemers mee uit lunchen nam om hen te kunnen bestuderen. Hij lette niet alleen op hoe ze met het bedienend personeel omgingen (want dat zegt veel over iemands karakter), maar keek ook of ze zout en peper over het eten zouden strooien, zelfs nog voordat ze het hadden geproefd.

Er wordt beweerd dat als iemand zout en peper op het eten strooit voordat hij het heeft geproefd, dit drie dingen over diegene zegt die hem of haar tot een slechte werknemer zouden maken:

Suggestie #1: Het getuigt van minachting voor de veronderstelde vaardigheid van de chef en de gastvrijheid van de gastheer die je mee uit eten heeft genomen.

Suggestie #2: De persoon die dit doet neemt beslissingen die op geen enkele manier zijn gebaseerd op een analyse. Hmmm, interessant.

Suggestie #3: De boosdoener heeft geen open geest (en zit vast in zijn eigen manier van doen).

Ik moest lachen. En deed het wat rustiger aan met de peper, terwijl ik besefte dat ik weinig kans zou maken op een baan.

Wat betreft de zevende vorm van rijkdom zit hier toch een wijze levensles in, en ik wil graag dat je daaraan werkt: houd niet te sterk vast aan je eigen manier van doen als je een volledig geïnspireerd en intens opgewekt leven wilt leiden. Houd een open geest (omdat het nooit kwaad kan om vraagtekens te zetten bij de overtuigingen waarvan je altijd zeker wist dat ze klopten), daag je aannames over wat je mogelijk kunt ervaren uit en vecht elke beperking aan die jouw grootheid klein houdt.

150

Geluk komt van binnen

Heel veel prachtige zielen lopen vast in de tredmolen waarin ze zichzelf voorhouden dat ze gelukkig zullen zijn en van het leven genieten 'wanneer…'

… Ik zal gelukkig zijn wanneer ik de ideale liefdespartner vind.
… Ik zal gelukkig zijn wanneer ik in blakende gezondheid verkeer en strakke buikspieren en een stralend witte glimlach heb.
… Ik zal gelukkig zijn wanneer ik de juiste auto of een gave baan krijg.
… Ik zal gelukkig zijn wanneer ik tonnen op de bank heb, en financiële vrijheid.
… Ik zal gelukkig zijn wanneer de veranderingen minder snel gaan, de politieke, sociale en klimatologische verstoringen stabiliseren en de vervuiling op onze planeet afneemt.

Het spijt me, maar geen van deze punten zal je ooit gelukkig maken en houden. Dat is een illusie die ons is aangesmeerd door een maatschappij die op allerlei manieren de weg kwijt is. Ze geven je misschien wat *plezier* op korte termijn, maar dat is iets anders dan *geluk*.

Alleen iets binnen in jezelf kan je gelukkig maken. Geluk is een innerlijke toestand die je kunt scheppen, een keuze die je maakt (door je dagelijkse gedachten, gewoontes, gedrag, prestaties en avonturen) in plaats van iets wat op mystieke wijze gebeurt op een zonnige ochtend wanneer je de juiste partner, het juiste huis, de juiste baan of het juiste horloge hebt gevonden.

151

Bevrijd je van bezittingen

Rommel geeft stress. Heb je te veel spullen om je heen, dan vreet dat energie, kun je niet goed genieten van het moment zelf en gaat je geld op aan dingen die je niet nodig hebt.

Dus loos die boel. Heel drastisch!

Geef kleding weg die je al jaren niet meer draagt, net als schoenen die je in geen maanden hebt aangeraakt en snuisterijen die ooit leuk genoeg leken om te kopen maar nu net zo waardeloos zijn als gelukskoekjes voor een helderziende.

Hoe meer rommel je wegwerkt, hoor meer rommel je om je heen zult zien. Blijf dingen weggeven. Laat al die troep los. Haal overal de bezem door. Versimpel!

Wat denk je dat je zult vinden als je mijn suggestie volgt? Ruimte voor splinternieuwe creatieve dingen. Je krijgt enorm veel energie en je heerlijke gevoelens van persoonlijke vrijheid nemen een vlucht.

'De grootste rijkdom is tevreden zijn met weinig,' leerde Plato ons. Laten we zijn wijsheid koesteren. Altijd.

152

Mijn top 10-lijstje van boeken over het leiden van een leven vol verbazing

Hier zie je tien boeken die mij hebben geholpen een leven te leiden met veel minder verveling, meer opwinding en veel meer verbazing. Ik hoop dat je al deze boeken zult lezen en dan iets doet met de ideeën die je opdoet (want informatie die je ongebruikt laat, is waardeloos).

De wildernis in van Jon Krakauer
Small Graces van Kent Nerburn
De kleine prins van Antoine de Saint-Exupéry
Pluk de dag van Trina Paulus
Outsider van Brett Popplewell
De boom die gaf van Shel Silverstein
Endurance van Alfred Lansing
The Water in Between van Kevin Patterson
Een kok op reis van Anthony Bourdain
My Last Supper van Melanie Dunea

Denk aan de impact die minder scrollen en meer lezen op een heerlijk (en oprecht rijk) leven hebben. De meeste angsten die ons ervan weerhouden voluit te leven zijn op leugens gebaseerd.

153

Het scenario van de antiheld

Soms moet je jezelf een beetje choqueren om te voorkomen dat je op een dag in een sleur belandt. Ik zou daarom graag willen dat je jezelf *een beetje* laat schrikken door een strategie toe te passen uit mijn methode: *het scenario van de antiheld*. Een heel eenvoudige strategie die geweldig werkt.

Schrijf een volledige bladzijde vol, *niet* over alle opmerkelijke beloningen die jou ten deel zullen vallen wanneer je de dingen doet die ik je voorzichtig heb geleerd. Schrijf in plaats daarvan over alle ergernissen, frustraties en gevaren waarin je leven zal verdrinken als je *niet* de dingen doet die ik zo zorgvuldig en toegewijd heb verzameld om jou te kunnen aanbieden.

... Noteer alle dromen die niet uit gaan komen, alle fortuin dat je laat liggen en alle momenten die je zult missen door jouw potentieel te laten voor wat het is en vast te blijven zitten in je comfortzone.

... Noteer de neerwaartse trend die je relaties zullen volgen als je er niet in slaagt om je beloften te houden, je hart open te stellen en je ware zelf aan anderen te tonen.

... Noteer de giftigheid die je Mindset zal infecteren, de pijn die je Heartset zal binnendringen, het ongemak dat je Healthset zal ondermijnen en het lijden dat je Soulset zal kleuren als je

> nalaat de dingen te doen die je moet doen om je leven te maken tot dat waarvan jij en ik weten dat het 't waard is.

Ja. Zorg dat het glashelder voor je wordt. En word ook maar een beetje bang voor wat er zal gebeuren als je niet de zegevierende held maar de nare slechterik van je leven wordt. Maak jezelf (een beetje) bang zodat je de microveranderingen zult uitvoeren, de kleine overwinningen behaalt en de eenvoudige dagelijkse sprongen maakt die – wanneer je ze in de loop van de tijd consequent uitvoert – jou tot de persoon zullen maken die je altijd al had willen zijn.

154

Vermijd de tekortkoming van ouderen

Ik heb heel veel respect voor oudere mensen. Dat heb ik echt, serieus.

Ze zijn – decennialang – vaak de vriendelijkste, grappigste en meest bedachtzame mensen die ik ontmoet.

En toch moet ik ook zeggen dat veel ouderen een tekortkoming hebben: *ze besteden uren aan gesprekken alsof ze in het verleden leven.*

... Ze spreken over heldendaden en avonturen uit hun jeugd.
... Ze vertellen anekdotes, triomfantelijke verhalen en over onderzoeken die al jaren oud zijn.
... Ze voeren sensationeel lange monologen op over draken die ze hebben verslagen, bergen die ze hebben beklommen en prestaties die ze hebben geleverd.

Ik klaag niet. Ik stel het alleen maar vast. Ik oordeel op geen enkele manier, ik zeg het gewoon. Het wordt saai.

En als ik dit fenomeen zich zie ontvouwen, besef ik dat deze prachtige zielen zijn *vastgelopen.*

Ze zijn in de val getrapt van geloven dat hun beste tijd achter hen ligt. Ze hebben veel van hun hoop verloren. Ze slagen er niet in betere tijden te zien in een mooiere toekomst. Omdat het aantal dagen dat voor hen ligt veel kleiner is dan de dagen die zijn verstreken.

En dus klampen ze zich vast aan hun verhalen. Ze herinneren zich de bijzondere momenten telkens weer, en dan nog eens.

Pas hier alsjeblieft voor op. Zodat je het kunt vermijden. En zorg dat wat nog komt zelfs nog beter is. Als je ouder wordt.

155

Vind je figuurlijke Wolfgat

Hoe verder je in je leven komt, hoe groter het avontuur. Dat dit zo magisch is, komt deels door de toewijding en inspanning die nodig zijn om je opus magnum te verwezenlijken (dat is dat concept uit een eerdere mentorsessie in het deel over ambacht, weet je nog?), door het overwinnen van wat je in de weg staat om meer van je aangeboren genialiteit te laten zien en doordat je gefocust blijft op je machtige missie. Wat ik vandaag eigenlijk probeer te zeggen is dat iets leuks en spannends doen zoveel leuker is wanneer het een beloning is voor het doen van iets moeilijks.

Aan de westkust van Zuid-Afrika ligt een afgelegen vissersplaatsje dat Paternoster heet, en daar heb ik me teruggetrokken tijdens het schrijven van verschillende delen van *5 AM Club*. Ik ontwikkelde een liefdesaffaire met deze plaats. Het is er buitengewoon ruig en er wonen heerlijk nuchtere mensen. En dat brengt me op Wolfgat, een van mijn meest favoriete restaurants ter wereld.

Dit juweel met twintig zitplaatsen is gevestigd in een huisje op een klif boven het kale strand van Paternoster. Er klinkt stijlvolle muziek terwijl de golven op de kust slaan en Wolfgat biedt zulke bijzondere gerechten dat deze plek, buiten de gebaande paden, het beste restaurant ter wereld is genoemd.

Chef Kobus van der Merwe is een wereldleider op het gebied van voeding (de meeste ingrediënten voor zijn gerechten komen uit de nabije omgeving en zijn keuken staat vol inheemse planten) en een grootmeester in het bereiden van eenvoudige maar exquise wildgerechten. Hij is wel omschreven als 'een ware renaissanceman: natuurkundige, plantenkenner, chef en dichter'.

Gisteren hebben Elle en ik daar geluncht. Het was een bezielende, verbluffende en absoluut onvergetelijke ervaring. Het eerste uur dat we er waren kon ik de grijns niet van mijn gezicht krijgen. Echt!

Na wekenlang werken aan dit deel van dit boek – terwijl ik me creatief uitgeput en spiritueel leeg voelde – nam ik de tijd om naar deze oase te reizen, waar ik zoveel vreugde, heling en sereniteit vind.

Ik wil alleen maar zeggen dat het leven op een merkwaardige manier veel te snel voorbij vliegt. Uit het adagium 'Te vroeg oud, te laat wijs' spreekt een diepe waarheid.

Zoek de plaatsen op deze enorme planeet waar je je gezegend voelt omdat je leeft. Zoek de ruimten die je hart doen overslaan en je geluk laten zweven. Werk je, doe dat dan met overgave. Speel je, doe dat dan met passie. En zoek ook echt je eigen figuurlijke Wolfgat. En ga ernaartoe. Voordat het te laat is.

DE ACHTSTE VORM VAN RIJKDOM

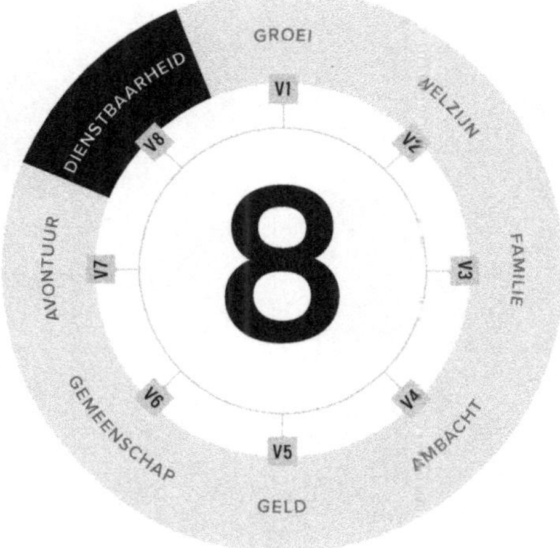

Dienstbaarheid

De gewoonte om behulpzaam te zijn omdat het leven kort is

Je kunt de wereld op een vriendelijke manier door elkaar schudden.

– MAHATMA GANDHI

De achtste vorm van rijkdom

Dienstbaarheid | Een kort overzicht

'Degene die sterft met de meeste speeltjes, is de winnaar.' Ken je die uitspraak? Vergeet die dan maar meteen. Want als je gaat, kun je je spullen niet meenemen. Dus geniet ervan, maar laat wie je bent of hoeveel je succes je hebt in geen geval bepalen door wat je bezit. Inmiddels weet je heel goed dat materiële zaken vluchtig zijn. Ze komen en gaan. Vertrouw erop dat je menselijke groei, je goede gezondheid, je krachtige gezinsleven, je meesterschap in je ambacht, je rijke sociale netwerk en je fantastische avonturen de nieuwe statussymbolen zijn van een oprecht luxe leefstijl.

Dat brengt me bij het punt dat jij zo behulpzaam mogelijk zou moeten zijn. Anderen dienen is een buitengewoon waardevolle valuta. Goed zijn voor mensen maakt jou rijk. Vaak wordt dat niet zo gezien. Toch is het waar! Jouw bijdrage doet ertoe. Jouw inzet telt. Je impact is heel veel waard!

Er zijn maar weinig verdiensten die je zoveel persoonlijke vervulling en innerlijke vrede geven als een positieve impact hebben op veel mensen. 'Wanneer je leeft in harten die we achterlaten, sterf je niet,' schreef de Schotse dichter Thomas Campbell.

Levens oprecht verbeteren en een belangrijk verschil maken zijn gewoontes van helden en het erfgoed van legenden. En voor iedereen die zijn rijkste leven wil leiden is dit een van de belangrijkste gebieden om zich op te concentreren en om voortdurend te willen verbeteren.

Ik benadruk nog eens dat ik beslist niet wil zeggen dat er iets mis zou zijn met geld verdienen, het financieel beter krijgen en het bezit van prachtige materiële zaken. Vanaf het moment dat we elkaar voor het eerst ontmoetten, heb ik erg mijn best gedaan om duidelijk te maken dat een heerlijk bestaan volledig draait om het behoud van *evenwicht* tussen alle acht vormen van rijkdom.

Oké. Vanuit deze context moeten we onze gezamenlijke reis voortzetten door de laatste vorm van rijkdom: dienstbaarheid. Laten we beginnen.

156

Zoek een doel dat groter is dan jezelf

De psycholoog Abraham Maslow is beroemd om zijn hiërarchie van menselijke behoeften. Ken je die niet: het raamwerk ervan heeft veel weg van een piramide. Onderaan staan de meest elementaire behoeften van menselijke wezens, die hij 'fysieke behoeften' noemt (zoals eten en onderdak). Als daaraan is voldaan, dan zijn we volgens Maslow in staat te groeien door gestaag de volgende niveaus van behoeften te vervullen: de behoefte aan 'zekerheid' (persoonlijke veiligheid, een baan, gezondheid en welvaart), dan hogerop naar 'liefde en erbij horen' en daarna verder naar 'erkenning', waarbij het allemaal draait om zelfrespect en het verlangen naar erkenning en status.

Bovenaan dit populaire raamwerk staat 'zelfactualisatie'. Wanneer aan alle lagere behoeften is voldaan, zo is de redenering, dan hebben we de kracht, het zelfvertrouwen en de persoonlijke wapenuitrusting om het ambitieuze maar uiterst belangrijke werk uit te voeren om alles te worden waartoe we zijn voorbestemd. Om ons potentieel te verwezenlijken. Onze gaven waar te maken. Onze aangeboren genialiteit te erkennen.

Hier wordt het nog interessanter, want vlak voordat Maslow stierf, besloot hij nog een ander niveau boven zelfactualisatie toe te voegen, boven de punt van de piramide. Dat noemde hij 'zelftranscendentie'.

Met andere woorden: nadat hij een vol leven had geleid, besefte hij dat de grootste honger van jou, mij en ieder ander op deze aardkloot bestaat uit het leven voor iets dat groter is dan we zelf zijn. Voor een missie die onze op onszelf gerichte behoeften overstijgt. Voor een roeping die iedereen die we ontmoeten beter achterlaat dan we ze hebben aangetroffen, voor een zaak die op de een of andere manier iets bijdraagt. Ja, als mensen zijn we onzichtbaar geprogrammeerd om te dienen. En doen we dat – al gaat het om iets heel kleins –, dan verlichten we onszelf. Terwijl we licht in de wereld brengen.

Slechts weinig mensen staan stil bij ons belangrijkste, centrale doel – totdat er te veel tijd is verstreken om er nog iets aan te doen. Ik hoop oprecht dat jij je dat nooit laat gebeuren.

157

Zet je laatste dag op de eerste plaats

'Het leven kan alleen achterwaarts worden begrepen, maar het moet voorwaarts worden geleefd,' merkte de Deense filosoof Søren Kierkegaard op. Dat is zo waar!

Pas wanneer we het einde naderen, kunnen we de stipjes met elkaar verbinden, patronen zien en ervaren dat *alles* wat gebeurd is (zelfs – of juist – de moeilijke dingen) een schitterend doel heeft gediend. En een soort meesterplan heeft gevolgd.

Het was allemaal aarde voor jouw groei, het hielp je de lessen te leren die je moest leren om uit te kunnen groeien tot alles wat je in dit leven hebt mogen worden.

Mijn aanmoediging van vandaag? *Zet je laatste dag op de eerste plaats.*

Ja, dat wens ik nu voor jou, als je eindeloos bemoedigende en altijd enthousiaste mentor op afstand. Ruim wat rustige tijd in en denk in je eentje zorgvuldig na over de laatste dag van je leven. Stel je voor dat je op je sterfbed ligt. Zie de gezichten van je dierbaren. Aangenomen dat je waarachtig, energetisch, moedig, gelukkig en oprecht rijk hebt geleefd: wat zeggen ze als ze jouw magnifieke, goed geleefde leven vieren?

Overdenk, terwijl je jouw laatste ademteugen neemt, welke prestaties je moet hebben bereikt en wat je vindt dat je had moeten onderzoeken om te weten of je jouw scherpe talenten en beloften goed hebt gebruikt. In verbinding komen met je sterfelijkheid is een krachtige manier om een paar vitale prioriteiten scherp in beeld te brengen. Om ter zake te leven. Zoals de achttiende-eeuwse schrijver Samuel Johnson ooit schreef: 'Als iemand weet dat hij over een maand wordt opgehangen, geeft dat een geweldige concentratie van de geest.'

Ik zal iets opbiechten: toen ik jonger was, maakte het lezen van overlijdensberichten deel uit van mijn ochtendroutine. Dat had een heel goede uitwerking op het besteden van mijn tijd aan de dingen die er het meest toe deden. Maar weinig dingen maken ons meer vastberaden om wat gewoontjes is achterwege te laten en wat essentieel is te doen dan de dreiging van de dood. Het spijt me dit te moeten zeggen, maar dat moet ik doen om jou te dienen.

In alle overlijdensberichten van wijs geleefde levens die ik heb gelezen was er niet één waarin iets stond als: 'Hij stierf in zijn slaap, omringd door zijn advocaat, accountant en beleggingsadviseur.'

Nee. In elke afzonderlijke rouwadvertentie van iemand die met optimisme en verwondering, vitaliteit en integriteit, vreugde en sereniteit op aarde had rondgelopen, stond min of meer hetzelfde:

> Hij stierf vredig in zijn slaap, op hoge leeftijd, omringd door de collega's die hem respecteerden, de buren die hem waardeerden en de familie die hem verafgoodde. En hij overleed met een zachte glimlach op het gezicht. In de wetenschap dat hij authentiek, moedig, creatief en vriendelijk had geleefd.

Mag ik je nu vol enthousiasme het volgende vragen: als dergelijke prioriteiten er aan het eind het meest toe doen, waarom zou je dan niet al je moed verzamelen om er nu je belangrijkste focus van te maken?

158

Leer de drie laatste wensen van Alexander de Grote uit je hoofd

Een beroemde legende stelt dat Alexander de Grote op zijn sterfbed zijn team van generaals bij zich riep en zijn laatste drie wensen kenbaar maakte. Dit waren:

Dat alleen 's werelds beste artsen zijn kist zouden dragen.

Dat het enorme fortuin dat hij in zijn leven had vergaard (goud, edelstenen, ornamenten) tijdens de tocht naar de begraafplaats zou worden uitgestrooid.

Dat zijn handen buiten de kist zouden hangen, zichtbaar voor eenieder die kwam kijken.

Een van zijn belangrijkste generaals vroeg hem naar de reden voor deze drie instructies. En de hooggeachte heerser gaf antwoord.

Als eerste legde hij uit dat hij wilde dat 's werelds beste artsen zijn kist zouden dragen zodat alle getuigen en de hele bevolking zouden begrijpen dat zelfs de knapste medische koppen niet bij machte waren geweest te voorkomen dat een menselijk wezen zou sterven.

Ten tweede wilde hij dat de straten bezaaid raakten met zijn goud en andere vormen van financieel fortuin opdat iedereen die erbij was zou begrijpen dat geld dat op aarde wordt verdiend na onze dood op aarde blijft.

En ten slotte vertelde hij dat zijn handen buiten de kist moesten hangen, zodat zijn volgelingen zouden weten – en nooit vergeten – dat we met niets worden geboren en met lege handen eindigen.

Laten we de drie laatste wensen van Alexander de Grote goed uit ons hoofd leren. Om ze vervolgens heel snel op ons leven toe te passen. Zodat we onmiddellijk de rijkdom kunnen ervaren die met geen geld te koop is.

159

Leid zonder positie

Dit is een korte boodschap. Ik heb bijna dertig jaar lang door de hele wereld gereisd (van Londen tot Lagos, New York tot Nairobi, Dubai tot Durban en Helsinki tot Hong Kong) om lezingen te geven rondom het idee dat ongeacht waar je woont of wat je doet, jij (als je dat wilt) je kunt gedragen als een leider. Omdat leiderschap gewoon het tegengestelde is van slachtofferschap. En mensen die zich gedragen als slachtoffer (door te klagen, schuldigen aan te wijzen en te wachten tot de omstandigheden beter worden in plaats van hun natuurlijke kracht in te zetten om die omstandigheden te verbeteren) nooit, nooit een positieve impact zullen hebben.

'Iedereen kan geweldig zijn omdat iedereen kan dienen. Je hebt geen universitaire titel nodig om te dienen. Je hoeft niet in staat te zijn onderwerp en werkwoord met elkaar te laten kloppen om te kunnen dienen. Je hebt alleen maar een hart vol dankbaarheid nodig. Een ziel die is gegenereerd door liefde,' sprak Martin Luther King Jr., een van mijn helden.

Dus toe maar. Leid op je werk, al heb je geen formele leidende functie of een gewichtige titel. Leid thuis, door je gezin te stimuleren, steunen en koesteren (en door een rots in de branding te zijn). En leid in je gemeenschap door je zo te gedragen dat anderen zich herinneren wat ze zouden moeten zijn.

160

Vertrouw op de kracht van je niet druk maken

Dit lijkt misschien een merkwaardig advies, maar daar komt-ie: *maak je druk, maar niet te veel.* Dat wil ik je aanraden. Ik heb het niet over vriendelijk zijn en goed met anderen omgaan. Op dat vlak wil je je juist wél te druk maken.

Ik heb het over het beschermen van je rust en het werken met de werkelijkheid, zodanig dat je weliswaar in de wereld staat maar er niet aan vastzit. Je doet je best maar houdt maar een heel lichte grip (in plaats van een heel sterke) op wat er allemaal gebeurt, in het vertrouwen dat het universum weet wat het doet en dat er een prachtige reden is voor *alles* wat gebeurt, ook al kun je het schitterende voordeel op dit moment nog niet zien. Het leven ontrolt zich niet voor jouw mislukkingen, maar altijd voor jouw geluk. Toch?

Handel op die manier en je zult een soort hedendaagse, spirituele meester worden. Koester de geweldige perioden van je reis en vertrouw erop dat je groei, moed en wijsheid zich vormen door het venijn. Zodra je alles hebt geleerd wat je hogere zelf nodig heeft, komt er een einde aan alle ontberingen. En beginnen je mooiere dagen.

161

Je hart is wijzer dan je hoofd

We zijn in een continu gevecht gewikkeld tussen ons egoïstische zelf en ons heroïsche zelf. Tussen ons geboorterecht van vrijheid en de door het systeem ingeprente angst. Tussen de instructies die ons goede hart ons doorlopend (maar stilletjes) geeft en de niet-aflatende suggesties die het lawaaiige brein ons toeschreeuwt.

Je egoïstische zelf is niet wie je werkelijk bent. Dat is het deel van jou dat gemaakt is terwijl je door het leven ging en van alle invloeden om je heen te horen kreeg hoe te denken, wat te zeggen en hoe te leven. Dat is het deel van jou dat is gevormd door de pijn die je hebt doorstaan, de teleurstellingen die je kreeg te verduren en de tegenslagen waarvan je niet wist hoe je die kon omzetten in kracht. Je ego is je schaduwzijde. Het is achterdochtig, bang en soms zelfzuchtig. En het is bijna dagelijks druk bezig jou ervan te weerhouden op je best te zijn.

Je heroïsche zelf? Dát is je ware zelf. Het barst van de verbeeldingsinzichten, kracht en liefde. Het weet in elke situatie wat je moet doen – zodat *elke betrokkene* (en niet alleen jijzelf) er iets aan heeft. Het is overtuigd van jouw aangeboren grootheid en is moeilijker te verslaan dan je lagere denken ooit zal weten. En dit briljante deel van jou begrijpt dat alle verlangens van je hart verlangens van jouw hart zijn omdat ze op maat zijn gemaakt, alleen voor jou – zodat jij ze ook waar kunt maken.

Ik denk dat ik wil zeggen dat hoewel het in dit technologische tijdperk niet 'normaal' is om te vertrouwen wat je hart je opdraagt, je dat wel zou moeten doen. Je hart is zoveel wijzer dan wat de rede je wil laten geloven. Het zou goed zijn om het meer te volgen.

162

Laat de slechte dag van een ander die van jou niet verpesten

Je staat vroeg op. Het is stil in de straten. De wereld ligt aan je voeten. Als je begrijpt wat ik bedoel.

Je sport wat om je vuur aan te wakkeren. Je luistert naar muziek, zet misschien een kop koffie of geniet van je thee. Dan schrijf je in je dagboek over de dingen waar je dankbaar voor bent, om meer vrolijkheid in je dag te brengen. Je schrijft iets op als houvast voor de komende uren, om je dichter bij je visie te brengen van hoe het er aan het ultieme eind allemaal uit moet zien.

Je ochtendroutine heeft je een geweldig humeur opgeleverd. Je denkt positief, voelt je supersterk en bent er klaar voor om van deze dag waarmee je gezegend bent een geweldige dag te maken. En dan stuit je op een ander mens.

Misschien is het bij je thuis. Iemand is humeurig wakker geworden en wil jou meenemen in zijn negativiteit. Misschien is het een andere forens in de trein, die een videogame speelt maar het geluid te hard heeft staan. Misschien loop je binnen bij een bakker voor een koekje, begroet je de persoon achter de toonbank vrolijk maar word je slechts aangestaard, gevraagd wat je wilt hebben en krijg je dat bot overhandigd.

Weet je, alleen omdat zoveel andere mensen vaak zo slecht gehumeurd zijn, wil niet zeggen dat jij hen jouw dag moet laten verpesten. Neem hun energie niet over, laat je niet meesleuren in hun baan. Jij hebt de macht om jouw rust te beschermen, je intenties voor elke dag te respecteren en het leven op jouw voorwaarden te leven (in plaats van op een manier waarop mopperige mensen stiekem willen dat je leeft). Want ellende houdt van gezelschap. En droomdieven willen dat jij naar hun fatalistische feestje komt.

163

Herhaal het vredige gebed 'net als ik'

Ooit hoorde ik de intrigerende monnik Pema Chödrön spreken over een gebed dat zij uitspreekt wanneer ze geïrriteerd of boos wordt door een ander.

Ze gaat dan in stilte zitten, keert naar binnen en belooft vergiffenis voor hun slechte gedrag, want 'zij zijn net als ik'.

Ik weet niet of ik haar oefening duidelijk heb uitgelegd of recht doe aan haar wijsheid.

Wat ik wil zeggen, is dat zij sereniteit vindt in een naar moment door het besef dat het vervelende wat een ander doet iets is wat zij waarschijnlijk ook doet.

En die verbinding met onze gemeenschappelijke menselijke zwakten en gemeenschappelijke imperfectie geeft haar rust. Die zorgt ervoor dat ze kan ontspannen, terwijl ze ook anderen beter kan dienen.

Het is zo ontzettend gemakkelijk om jezelf moreel hoger te achten en om super zelfingenomen te zijn wanneer je een ander iets ziet doen wat je fout vindt.

Maar als je er langer over nadenkt en bewuster wordt, besef je dat jij dat ook weleens doet.

Misschien ziet het slechte gedrag van een andere broeder of zuster op deze kleine planeet er iets anders uit dan dat wat we zelf doen, maar het gaat erom dat we ons zelf ook regelmatig schuldig maken aan precies die dingen die we zo verkeerd vinden.

Geef de boosdoener daarom wat krediet. Wie weet wat hij heeft meegemaakt en waar hij doorheen gaat. Wees daarna ook lief voor jezelf. Jij hebt ook veel doorstaan.

Door te bidden om anderen te vergeven, omdat ze 'net als ik' zijn, ontspan je. Kun je ademen. Aarden. Je openstellen.

En dan bereiken we innerlijke rust en openlijke tevredenheid, wat ons helpt behulpzamer te worden voor anderen.

164

Zie eenzaamheid als het nieuwe statussymbool

De gevierde wijze Paramahansa Yogananda sprak de volgende woorden: 'Afzondering is de prijs voor grootheid.' Die uitspraak vind ik echt geweldig.

Soms schreeuwen onze ego's en onzekerheden, angsten en frustraties zo hard dat we niet kunnen horen wat de ziel zegt.

Tijd inruimen voor regelmatige afzondering is een heilige daad. Alleen zijn en verstillen is een heilige handeling. Waarom? Omdat je in de stilte weer contact gaat maken met je meest ware zelf. Die eerlijk is wanneer anderen liegen. Die moedig is wanneer anderen zich terugtrekken. Die uitblinkt wanneer anderen er maar een slag naar slaan. Die liefheeft wanneer anderen misschien gemeen zijn.

Ja, mijn bijzondere vriend (ik ga het mentoren via deze bladzijden zo missen), zoek veel vaker afgelegen plaatsen op. Wanneer je daar eenmaal bent, bedenk dan wat voor een leven je wilt opbouwen. Reflecteer op de waarden die je wilt vertegenwoordigen. En bid om de kracht om de rest van je dagen een inspiratie, stimulans en verrijking te mogen zijn voor de levens van iedereen om je heen.

O ja, nog een laatste punt: je kunt niet je steentje bijdragen om de wereld naar een mooiere plek te leiden als je er altijd in zit.

165

Pas het motto 'altijd vriendelijk' toe

De Russische schrijver en filosoof Lev Tolstoj (ik zal je binnenkort een van mijn favoriete verhalen van hem vertellen) merkte dit op: 'Niets kan het leven van jezelf of anderen mooier maken dan voortdurende vriendelijkheid.'

Wil je je zorgen kwijt en alle problemen oplossen? Verlies jezelf dan in het weghalen van de zorgen en problemen van anderen. Door vriendelijkheid aan te bieden, waar je ook gaat.

Een van de dingen die mensen aan het eind van hun leven het diepst betreuren is dat ze hun familie, vrienden, collega's en vreemden niet meer dankbaarheid, vriendelijkheid en generositeit hebben getoond.

Als twintiger had ik het geluk dat ik een mentor had die me veel leerde over wat een leven rijk maakt. Hij was onberispelijk gemanierd, een toonbeeld van excellentie en een voorbeeld van oprechte bescheidenheid.

De laatste keer dat we elkaar zagen voor hij stierf, vroeg ik deze buitengewone man om advies over wat het allerbelangrijkst is om volop te kunnen leven. Hij antwoordde: 'Wees vriendelijk, Robin, wees *altijd* vriendelijk.'

Die wijze woorden van mijn mentor zijn me altijd bijgebleven. Ik wens dat jij ze ook zult onthouden.

166

Iets goeds doen is nooit slecht

Onlangs was ik in een heel arm deel van de wereld. Het doet me pijn als ik zie hoe moeilijk mensen het hebben. Hoe dan ook: toen ik naar de stad liep, kwam ik een paar tieners tegen die bij een brug rondhingen.

'Meneer, koopt u alstublieft iets te drinken voor me,' zei de langste.

Ik liep verder, om even later toch te stoppen. Ik draaide me om en ging terug naar de kinderen.

'Wat bedoel je met iets te drinken?' vroeg ik. 'Geen alcohol, toch?'

'Nee, meneer, gewoon iets te drinken. Of te eten. Alstublieft.'

'Loop maar mee,' antwoordde ik. 'Dan gaan we naar de winkel.'

En zo gingen de lange tiener en ik naar de winkel. Het was vijftien minuten stevig doorstappen en terwijl we naar onze bestemming liepen, vroeg ik hem naar zijn familie, zijn dromen en zorgen.

Eenmaal bij de winkel bleef de jongen bij de ingang staan. Ik denk dat hij bang was dat ze hem niet zouden binnenlaten omdat zijn kleding nogal versleten was en er gaten in zijn schoenen zaten.

'Kom je mee?' vroeg ik beleefd.

Hij volgde me aarzelend terwijl we naar de afdeling vleeswaren liepen.

'Houd je van kip?' vroeg ik.

Hij knikte. 'Heel erg.'

'Dit is mijn geluksdag,' mompelde hij toen.

'Vijf gebraden kippendijen en drumsticks en vijf grote salades, alstublieft,' zei ik tegen de vrouw achter de toonbank, die een haarnetje en een bril met dikke glazen droeg waardoor haar ogen groter leken dan ze waren.

Toen ik de doosjes over de toonbank aannam, gaf ik ze aan de lange jongen. Hij lachte breed.

'Dank u wel!' Toen deed hij nog een dappere poging, met de branie die alle jonge mensen zouden moeten hebben. 'Mag ik ook frisdrank?'

'Nee,' antwoordde ik. 'Ik zal je iets gezonds geven.'

Tot zijn verbijstering pakte ik een paar flessen verse jus d'orange en een pak water. Toen gingen we naar de kassa.

Nadat ik alles had betaald, nam hij de dozen aan en liepen we de late ochtendzon in.

'Veel geluk met alles,' was alles wat er in me opkwam.

'Dank u wel,' antwoordde hij terwijl hij wegliep met iets lichters in zijn tred.

Een tijdje later kwam ik een vriend tegen die in de stad woont. Ik vroeg of ik het goed had gedaan omdat ik de cultuur niet ken en ik wilde weten hoe het hier eigenlijk 'hoorde'.

'Je hebt het prima gedaan, maar nu gaan ze je elke keer dat ze je zien om eten vragen. Je bent nu een gemakkelijke prooi,' zei mijn vriend terwijl hij midden op straat van zijn koffie nipte.

Ik ging lunchen en liep terug naar waar ik logeerde. Toen ik langs een grasveld liep, zag ik de tiener. Hij lachte uitbundig en speelde een potje voetbal met zijn vrienden.

Toen hij me zag, riep hij: 'Meneer, dank u wel! Dank u wel

voor het eten. En het sap. Dank u wel. Vandaag was mijn geluksdag. En mijn vrienden waren ook heel blij.'

Hij vroeg niet om meer. Probeerde niets extra's te krijgen. Niks gemakkelijke prooi of zo.

Gewoon een dankbaar mens. Die een klein gebaar had gewaardeerd. Van iemand die het iets kon schelen.

Kijk, ik ben geen goeroe en zeker niet bijzonder. Maar ik zal je dit vertellen: *het is nooit slecht om iets goeds te doen.*

In al deze jaren van mijn soms zware leven was bijna iedereen die ik heb ontmoet van nature goed. Natuurlijk hebben mensen slechte dagen (of decennia) en we hebben allemaal zwakke punten (en wonden) waar we aan moeten werken. Maar de meeste mensen hebben een goed hart en willen het juiste doen.

Dus wanneer zich een gelegenheid voordoet om iets goeds te doen, grijp die dan. Je krijgt die kans misschien nooit weer. En het helpen van een ander is niet alleen een geschenk voor die ander. Het is er ook een aan jezelf.

167

Denk na over de wet van de verdwenen soeverein

Ik nodig je uit stil te staan bij een door de tijd beproefde wet: vrijwel geen enkele koning, koningin, president, premier, keizer, grote militaire krijger of iconische leider uit de geschiedenis wordt nog herinnerd. Zij waren de titanen van hun tijd, de beroemdheden van toen, als goden beschouwd door de massa en geëerd door miljoenen. Maar ze bleken sterfelijk. En nu zijn ze voer voor de wormen.

99 procent van deze grootheden kennen wij niet. We herinneren ons alleen maar een paar echt monumentale persoonlijkheden. De rest? Anoniem. Vergeten. Zo goed als irrelevant. Het is zelfs haast alsof ze nooit hebben geleefd.

Dat zet de boel in perspectief, vind je niet? Zelfs als we de absolute top van succes bereiken zoals onze cultuur die definieert, is het hoogstwaarschijnlijk dat (los van een lang overlijdensbericht en een paar vrienden die iets moois over ons zeggen tijdens de herdenkingsdienst) een paar maanden na ons overlijden niemand meer aan ons denkt.

Gezien die realiteit is jouw taak duidelijk: leef *jouw* leven. Verwezenlijk *jouw* dromen. Loop *jouw* wedstrijd. Probeer niet langer erbij te horen, iedereen te vriend te houden en te vermijden afgewezen te worden door de massa (waardoor je meestal afdwaalt). Het grootste deel van alle helden uit de geschiedenis wordt door niemand herinnerd. Dus waarom zou je meelopen met de meerderheid als dat betekent dat je niet het leven kunt leiden waarnaar het meest wijze deel van jou verlangt?

168

Je hebt nog geen twee meter nodig

Jaren geleden nam ik Lev Tolstojs verhaal 'Heeft een mens veel land nodig?' op in mijn lezingen over leiderschap. Daarin raakt een hebzuchtige man geobsedeerd door het verwerven van steeds meer land in de plaats waar hij woont, tot op het punt waarop hij besluit te verhuizen – want dan kan hij zelfs nóg meer bezit verwerven.

Hij hoort over een streek ver weg, waar de grond ongelooflijk vruchtbaar is en van een geweldige kwaliteit. Dus reist hij daarheen. Hij neemt geschenken mee voor de leiders en paait de tsaar. Als hij hen ontmoet, legt de man uit dat hij zoveel mogelijk land wil. De tsaar vertelt hem dat hij zoveel land kan krijgen als hij op één enkele dag kan belopen.

De hebzuchtige grondbezitter vindt dit een wat merkwaardige deal, maar accepteert die toch.

De tsaar zegt dat de deal slechts één voorwaarde kent: de man moet vóór zonsondergang terug zijn op het punt waar hij is begonnen, anders verliest hij al het land dat hij overdag heeft belopen.

De man accepteert dit en gaat de volgende ochtend al vroeg op weg. Hij begint in een stevig tempo maar in al zijn hebzucht voert hij dat op zodat hij nog meer land kan claimen. Tegen de middag is hij aan het joggen, zodat hij zelfs nog meer grond kan bezitten.

Aan het eind van de middag loopt hij hard. Als hij merkt dat de zon op het punt staat onder te gaan, slaat de bezorgdheid toe: hij is bang dat hij niet op tijd terug is bij het beginpunt. En dus alles verliest.

Dus sprint hij terug naar waar hij is begonnen. Hij rent sneller en sneller, terwijl de zon steeds verder daalt. Al snel is hij buiten adem en hij beseft dat hij in zijn honger naar overdaad te ver heeft gelopen. Maar hij weigert op te geven.

Als de zon bijna onder de horizon zakt, ziet de man de tsaar en diens leiders op de heuvel staan. Ze zwaaien en schreeuwen hem toe dat hij nog sneller moet gaan. Dat doet hij. Uiteindelijk is hij terug bij zijn beginpunt. De tsaar is verrukt door wat de man heeft gepresteerd. Hij had een schitterende hoeveelheid vruchtbaar land verworven. Geweldig!

Maar ondertussen stroomde het bloed uit de mond van de man. Zijn ademhaling stokte. Zijn ogen vielen dicht.

Toen werd een graf gegraven voor het lichaam. Nog geen twee meter lang, van top tot teen: dat was al het land wat de man werkelijk nodig had.

Wat ik daarmee wil zeggen? Helpen is van grotere waarde dan verwerven. Geven geeft meer voldoening dan nemen. En van nut zijn bevredigt meer dan verzamelen. Een van de dingen die mij opvielen in de levens van de grootste zielen uit de geschiedenis, is dat ze stuk voor stuk zo'n hoog niveau van bewustzijn hadden bereikt dat hun toewijding om dienstbaar te zijn vele malen groter was dan enige wens om zaken te bezitten.

Ik ging ooit tijdens een reis naar de missie van Moeder Teresa in Calcutta en nadat ik een rondleiding had gekregen door diverse kamers, werd ik meegenomen naar de ruimte waar zij elke nacht sliep. Het was *verbluffend* te zien hoe weinig dingen deze vrouw – die in de hele wereld hoog in aanzien stond en zoveel goeds heeft gedaan voor miljoenen mensen – bezat. Een absolute minimalist. Gewoon een sober bed, een spartaans bureau en weinig andere spullen. Een lege slaapkamer. Een rijk hart. Een goede ziel.

Mahatma Gandhi, nog zo'n meester met een ascetische leefstijl, had op zijn sterfbed *maar zes* bezittingen, waaronder zijn met staal omrande bril, een kom, een bord, sandalen en zijn vertrouwde zakhorloge. Materiële bezittingen zeiden hem gewoon niets. Hij had via meditatie, gebed, vasten en werken aan de vrijheid van zijn medeburgers een staat van zijn bereikt waarin zijn roeping om te dienen hem veel meer voldoening gaf dan het pronken met een hippe auto, het dragen van een duur horloge en het bezitten van een huis in een chique buurt hem ooit kon geven.

Ook hier geldt dat je moet doen wat het beste is voor jou. Dat is wat ik het liefst wil voor jou. Maar weet dat echt geluk, echte vrede en blijvende persoonlijke vrijheid ontstaan doordat je een zegen bent voor anderen en je goede dingen doet terwijl je door de jouw gegeven tijd gaat. En besef dat je op een dag, in de heel verre toekomst, niet meer dan twee meter grond nodig hebt.

169

Begin een liefdesrevolutie

Ik wil je om een gunst vragen, als je in de stemming bent, bereid bent me aan te horen en om iets te doen waarvan ik denk dat het jouw gevoel voor het leven met een gepassioneerd doel aanzienlijk zal versterken: begin een liefdesbeweging. Ja, een beweging. Door de eerste stap te zetten.

Mahatma Gandhi's zoutmars, die ertoe leidde dat miljoenen mensen opstonden, wat een grote rol heeft gespeeld in het geweldloze protest tegen de Britse overheersing van zijn land? Die mars begon met één stap, door hem gezet. In zijn eentje. Toen kwam er een tweede persoon bij, daarna nog een paar, vervolgens tientallen broeders en zusters uit zijn land, totdat duizenden en uiteindelijk iedereen betrokken raakte bij zijn aanvankelijk wat merkwaardige droom.

Rosa Parks weigerde op de achterste banken van de openbare bus plaats te nemen – de plek die bestemd was voor mensen met een donkerdere huid in die trieste dagen van rassensegregatie. De chauffeur zei tegen de naaister dat hij haar zou laten arresteren als ze niet deed wat haar was opgedragen. 'Dat kun je doen,' antwoordde ze zacht en met een enorme waardigheid. Dat zij hem trotseerde, leidde tot een boycot van bussen, wat weer leidde tot marsen en protesten, waaruit de Civil Rights Movement uiteindelijk is ontstaan.

Ik wil dat jij begint met je eigen revolutie. Ja, dat wil ik echt!

Een revolutie gebaseerd op liefde. (Gitaarvirtuoos Jimi Hendrix zei: 'Wanneer de macht van liefde sterker wordt dan de liefde voor macht, zal de wereld vrede kennen.') En om anderen eraan te herinneren liefdevoller, respectvoller, beleefder, vrolijker en eindeloos meer vergevend te zijn. Begin klein. Zet kleine stapjes voor je mars. Maak een symbolisch gebaar om meer volgers aan te trekken. En stop niet totdat je jouw missie hebt vervuld. Om de wereld te veranderen.

170

De ethisch juiste weg is de beste weg

Vanochtend zat er in mijn feed een reel waarin een influencer riep: 'Zet jezelf op de eerste plaats, anders ben je een loser en word je uitgebuit.'

Gisteren hoorde ik een topgeleerde vertellen dat hij zijn succes zou afmeten aan het aantal mensen op zijn begrafenis.

Vorige week hoorde ik een leider praten over de aard van wereldse macht en de dingen die je moet doen om die van anderen af te pakken, hoe je mensen met wie je onderhandelt kunt manipuleren en daarna het hoogst bereikbare doel haalt omdat je alles hebt.

Kijk – en hier wil ik graag helder over zijn –, het fijne aan een mensenleven is dat we allemaal onze eigen mening mogen hebben. En ik ben een groot voorstander van het recht op vrijheid van meningsuiting.

Toch zie ik het universum heel anders dan veel anderen. En ik denk dat jij dat ook doet. Daar gaan we goed op, toch?

En ik moet mijn meningen in de conversatie inbrengen, zodat je erover kunt nadenken, je eigen conclusies kunt trekken en een waarheid vindt die het best bij jou past.

Dus daar komt-ie…

... Een sterk, wijs, groot mens is iemand die diep begaan is met het welzijn van anderen. Natuurlijk moet je niet over je heen laten lopen. En natuurlijk: als je mensen de ruimte geeft van je te profiteren, zullen sommigen dat doen. Dat ligt voor de hand, dus wees daarin alsjeblieft niet naïef. Toch denk ik niet dat wanneer je alles om jezelf laat draaien, je ooit de zelfachting, het geluk en gevoel voor sereniteit vindt waarvan ik weet dat je die zoekt. Als je goed bent en iemand neemt je iets af, dan ben jij de overwinnaar – niet die ander. Want je moet goed zijn.

En...

... Waarom maakt het uit hoeveel mensen er op je begrafenis komen? Jij bent dan dood. Wat als er niemand bij die van mij komt? Wie maalt daarom? Waarom is dat een maatstaf voor succes? Ik vermoed dat Vincent van Gogh alleen is gestorven. Was zijn leven daarom mislukt? Nee, dat was *opmerkelijk*. Voor mij is die man een held. En wat te denken van de tuinman of de grafdelver die onopvallend leven, met een enorme integriteit, hun werk doen met waardigheid – en leven met beschaving, wijsheid, compassie en eer – maar die de aarde verlaten met slechts een paar mensen aan hun graf? In mijn beleving zijn zij winnaars. Absolute kampioenen.

En...

... Waarom betekent macht hebben zo vaak dat je anderen vertrapt zodat jij hogerop kunt komen? Weegt dat niet zwaar op je gemoed en is het niet verschrikkelijk slecht voor je ziel? Ben ik de enige die er zo over denkt of voel jij ook wat ik bedoel? Draait eerlijke macht niet volledig om anderen te laten groeien in plaats van mensen onderuithalen? Om anderen te helpen hun eigen talenten te ontdekken in plaats van die van jou luidkeels van de daken te schreeuwen? Om een stralend licht te zijn op deze aarde, waar veel te veel schaduwen zijn?

Ik denk gewoon niet dat je alles krijgt wat je wilt wanneer je het soort advies volgt dat die goedbedoelende goeroes aanbieden. In plaats daarvan raad ik je aan om de volgende niet-zo-doorsnee waarheden ter harte te nemen:

... Ergens om geven is cool.
... Beleefd zijn is baanbrekend.
... Betrouwbaarheid is geweldig.
... Bescheidenheid is buitengewoon.
... Spaarzaamheid is sexy.
... Geduld is machtig.
... Belangeloosheid is sensationeel.

Ik besluit met een heerlijk verhaal dat hierover gaat, over waarom het belangrijk is altijd te kiezen voor de ethisch juiste weg naar een excellent, gelukkig en *echt* rijk leven.

De Spaanse atleet Iván Fernández Anaya werd in 2012 tweede bij een crossloop in de regio Navarra.

Leider van de wedstrijd was topatleet Abel Mutai, die brons had gewonnen op de Olympische Spelen in Londen. Het ondenkbare gebeurde: Mutai zou winnen maar stopte tien meter voor de finishlijn, omdat hij dacht dat hij die al was gepasseerd.

In plaats van voorbij de koploper te schieten en de overwinning binnen te slepen, stopte Fernández Anaya en moedigde hij de verwarde deelnemer aan verder te rennen, zodat die zijn welverdiende prijs kon claimen.

'Ik verdiende het niet te winnen,' vond de 24-jarige Spaanse atleet. 'Hij was de rechtmatige winnaar. Hij had een gat geslagen dat ik nooit had kunnen overbruggen als hij geen fout had gemaakt.'

Dat soort karakter en onbaatzuchtigheid is heel fijn om te zien. Het is haast magisch.

Laten we de ethisch juiste weg zoeken, en daar altijd op af koersen.

171

Eet je laatste avondmaal vandaag

Om je dagen meer waarde te geven vraag ik je om jouw laatste avondmaal te omschrijven. En het dan te eten.

Afgelopen weekend waren Elle en ik in Rome. Als we op reis zijn, neem ik het liefst een uitgebreide lunch, om vervolgens nauwelijks of niet te dineren. Dat geeft je een heerlijke, fijne dag en een gezonde, rustige avond (die een diepe slaap bevordert). Door deze manier van eten kan ik ook de volgende ochtend vroeg opstaan om te bidden, mediteren, trainen, in mijn dagboek te schrijven en lezen – dat geeft een vrij goede garantie dat de dag daarna ook weer fijn is, als je dat nog kunt volgen.

We nodigden twee van onze vrienden uit om samen te lunchen in een van mijn favoriete restaurants. Het staat vlak bij Campo de'Fiori: een plein waar de legendarische, zestiende-eeuwse denker Giordano Bruno levend werd verbrand voor het verspreiden van revolutionaire ideeën. Maar dat verhaal vertel ik wel een andere keer, misschien wanneer we elkaar ergens in de toekomst een keer persoonlijk ontmoeten (dat lijkt me leuk).

We aten allemaal uit kleine schaaltjes met Romeinse delicatessen. O, die burrata! Dat is een Italiaanse kaas van koemelk die is gemaakt van room en mozzarella. Het bevat stracciatella: een romig, smeuïg, hemels hapje met een prachtige textuur. Goddelijk, zou ik zeggen. En buitengewoon eenvoudig.

Nadat we zo'n twee uur hadden getafeld (het zouden er uiteindelijk vier worden), veel gelachen, diepgaande gesprekken hadden gevoerd en luchtig gekletst, vroeg ik het gezelschap: 'Wat zou jij willen hebben als laatste avondmaal?' Dat leek mij een interessante vraag om een fascinerende conversatie te stimuleren.

Mijn vriend – een iconische dj – antwoordde onmiddellijk en begon over zijn favoriete pasta, boven open vuur gebakken vlees en bijgerechten waar hij beslist van zou genieten.

We hadden allemaal plezier. Hadden het over allerlei gerechten. Toen het mijn beurt was, gaf ik toe dat ik mijn dessert het eerst zou opeten (verse ricotta, alsjeblieft, met daaroverheen heel subtiel wat rauwe honing gesprenkeld).

'Wat wil je hiermee zeggen, Robin?' wil je misschien weten van je eindeloos toegewijde, maar ouder wordende mentor.

'Gewoon,' is mijn antwoord, 'dat hoe meer je beseft hoe kort het leven is en je in contact komt met je sterfelijkheid – in een cultuur waarin iedereen altijd druk is –, hoe meer kracht je zult vinden om nee te zeggen tegen elke uitnodiging die je niet echt dichter brengt bij waar je wilt zijn in de schemering van je leven. En hoe meer kracht je zult vinden om alleen te kiezen voor de essentiële dingen, belangrijke kansen die je ergens brengen waar het geweldig is.'

Je kunt beginnen door je laatste maaltijd samen te stellen. En daar dan optimaal van te genieten. Vanavond.

172

Drie anonieme goede daden

Trek er vandaag op uit in onze afgematte, veel te vaak egoïstische wereld vol crises en doe drie eenvoudige maar prachtige daden van menselijkheid voor drie mensen die niet eens zullen beseffen dat jij het deed (anonieme gulheid is de enige gulheid die iets betekent). Anne Frank schreef in haar dagboek: 'Niemand is ooit arm geworden van geven.' En de Engelse schrijver Neil Gaiman zei: 'Ik hoop dat je gevaarlijk en schandalig zult dromen, dat je iets zult maken dat eerder niet bestond en dat je altijd vriendelijk zult zijn.'

Ik weet niet welke drie goede daden jou het meest aanspreken en waar je vandaag tijd voor zult maken. Maar ik weet wel dat fatsoen een domino-effect heeft: het brengt de ontvangers ertoe zelf zorgzamer te worden. Ja, *jij* kunt de wereld echt verbeteren. Met één persoon per keer.

Onlangs sprak ik in een hotel in Barcelona met een altijd glimlachende portier, genaamd Alberto. Ik rekende hem voor dat als hij op een dag honderd gasten en voorbijgangers beter achterliet dan hij hen had aangetroffen, hij na vijf dagen vijfhonderd mensen zou hebben beïnvloed en opgevrolijkt. 'Alberto, dat zijn er tweeduizend per maand en vierentwintigduizend per jaar,' ging ik verder. Hij zweeg. En keek naar de hemel.

Ik was op dreef: 'Na tien jaar hebben jouw goedheid en charme bijna een kwart miljoen mensen bereikt.' De tranen welden op in Alberto's grote blauwe ogen.

Daar, pal voor mijn neus. In die chique straat in Barcelona.

Sta hier echt een keer bij stil: als jij goed bent voor drie mensen per dag, maak je in één maand tijd negentig mensen blij, dat zijn duizendtachtig mensen in een jaar, tienduizend achthonderd in een decennium en bijna een miljoen als je een gemiddelde levensduur bereikt (ik hoop trouwens dat je veel langer leeft).

Ik weet zeker dat je zo'n magnifiek verschil kunt maken. Misschien besef je het nog niet, maar in veel opzichten doe je dat al.

173

Je doet er veel meer toe dan je denkt

Niemand die nu leeft, op dit moment, is onnodig. Ieder van ons beschikt over talent, verwondering en een verbluffende kracht. *Iedereen doet ertoe.* Iedereen heeft een impact op de wereld. En ja, dat gaat ook heel, heel, heel erg over jou.

Onze maatschappij zet miljardairs, sporters en beroemdheden op een voetstuk. Veel mensen reizen in autocolonnes, krijgen een vipbehandeling en worden waar ze ook gaan begroet door horden bewonderaars die selfies met hen willen maken. Maar wat dacht je van de alleenstaande ouder die drie banen heeft om eten op tafel te kunnen zetten, te midden van dat gezwoeg toch blijft lachen en altijd een geweldig voorbeeld is voor de kinderen?

En hoe zit dat met de bibliothecaris, leraar, verpleeghuisassistent of straatveger die in stilte werk doet waar velen van profiteren – mensen die geen roem, fortuin of applaus krijgen, maar het leven van anderen wel stilletjes beïnvloeden?

Zouden we hen niet in de schijnwerpers moeten zetten, hun handtekeningen moeten vragen, hun inspanningen moeten toejuichen en monumenten voor hen moeten oprichten om hun toewijding te eren?

Wat ik maar wil zeggen is dat we in een tijdperk leven waarin de verkeerde dingen worden bewonderd.

En dat brengt me terug bij jou. Ik weet niet waar je je bevindt in het proces van het leven – of je op een top staat of in een dal zit. Maar ik wil je er wel graag nadrukkelijk aan herinneren dat er magie in jou schuilt, potentieel dat moet worden verwezenlijkt, en een heel reële mogelijkheid om op een grote, gedurfde manier impact te maken op de mensheid. Of misschien gewoon in het klein, en dat is echt net zoveel waard.

174

Houd een herdenking bij leven

Het is zo jammer dat mensen het pas hebben over jouw overtuigingen, prestaties en moed als je dood bent.

Je ligt dan onder de groene zoden of bent een hoopje as in een urn op de schouw. En kunt hun eerbetoon dus niet meer horen.

Hoe ik dat zou oplossen? Door een herdenking te houden bij leven. Precies. Dit is geen geintje: *een herdenking bij leven.*

Prik een datum. Verstuur uitnodigingen. Koop cake (chocoladecake zou het lekkerst zijn). Je zou daar zelfs nog wat madeliefjes op kunnen leggen (hoe raar dat misschien ook lijkt).

Vertel de mensen om wie je geeft over je experiment. Dat je zou willen leven alsof je sterft. Dat je blij bent dat je meer bruist, creatiever en enthousiaster leeft – en dit ritueel uitvoert om jezelf eraan te herinneren dat het leven in een oogwenk voorbij is.

Laat je dierbaren weten dat het voor jou nodig is te doen alsof je dood bent. Om jou te herinneren aan je leven, in al zijn kwetsbare glorie en fijnzinnige grootsheid.

Leg dan uit dat je graag wilt dat de mensen samenkomen die het belangrijkst voor je zijn. Om te horen wat zij het mooiste aan jou vinden. Om hun te vertellen hoe jij over hen denkt. Om zelf te kunnen zeggen welke lessen je hebt geleerd, welke beproevingen je hebt doorstaan en welke overwinningen je mocht beleven. Om te praten over liefde, en hoeveel de mensen om je heen voor jou betekenen. Bedank ze allemaal voor de zegeningen die ze jou hebben gegeven.

Dat doet me denken aan een verhaal waar ik in was gedoken toen ik jaren geleden werkte aan *De monnik die zijn Ferrari verkocht.* Er was eens een machtige maharadja, die een bizarre ochtendgewoonte had: hij speelde zijn eigen begrafenis, compleet met muziek en bloemen. En al die tijd chantte hij: 'Ik heb rijk en vol passie geleefd, heel mooi en behulpzaam.'

Toen ik mijn lieve vader vroeg waarom de man er deze gewoonte op na hield – bij elke zonsopgang –, antwoordde hij met een wijze glimlach: 'Robin, dat is heel eenvoudig. Deze man heeft een ritueel ontwikkeld om zichzelf er elke ochtend aan te herinneren dat deze dag zijn laatste kan zijn. De maharadja ontwikkelde deze methode om in verbinding te komen met zijn sterfelijkheid. En om zichzelf eraan te herinneren dat dit zijn laatste dag kon zijn, zodat hij die volledig kon beleven, op zijn eigen voorwaarden.'

Houd dus een herdenking bij leven. Het zou zomaar je nieuwe geboortedag kunnen zijn.

175

Leef voluit, zodat je leeg kunt sterven

Ik zal je missen. Dank je wel dat je me hebt toegestaan jou van dienst te zijn, dat je een leven hebt gecreëerd vol oprechte rijkdom en weelde – een waarvan ik zeker weet dat je er aan het eind erg trots op zult zijn.

Ik schrijf je deze laatste boodschap vanuit de oude boerderij. Ik ben enorm dankbaar voor mijn tijd met jou. Het is vandaag een beetje koud. Er klinkt een leuke countrysong. De vogels fluiten en mijn vermoeide ogen ontwaren mist boven de heuvels in de verte, voorbij de olijfgaard. Mijn hart vertelt me dat je grote geschenken tegemoet mag zien en dat je toekomst er o zo florissant uitziet. Gefeliciteerd. Je verdient het beste van het beste, mijn bijzondere vriend op afstand.

Ik zal niet veel meer van je tijd in beslag nemen. Ik hoop wel dat onze reis samen jou heeft geïnspireerd, verrijkt en dat je echt van plan bent alles wat ik je zo bescheiden heb aangeboden toe te passen, zodat het onderdeel wordt van jouw dagelijks bestaan. En je nieuwe manier van leven wordt.

Maar wat ik jou het sterkste toewens, is heel eenvoudig: *leef voluit, zodat je leeg kunt sterven.*

Dat doet me denken aan wat George Bernard Shaw ooit heeft geschreven:

> Dit is de ware vreugde in het leven, dat je wordt gebruikt voor een doel dat je zelf als een machtig doel hebt erkend. Dat je een natuurkracht bent in plaats van een koortsachtig, egoïstisch klein hoopje aandoeningen en spijtbetuigingen, klagend dat de wereld jou niet gelukkig wil maken. Ik wil volledig opgebruikt zijn wanneer ik sterf, want hoe harder ik werk, hoe meer ik zal leven. Ik put vreugde uit het leven vanwege het leven zelf. Voor mij is het leven geen 'kort kaarsje'. Het is een soort schitterende fakkel die ik nu mag vasthouden, en ik wil dat die zo fel brandt als maar kan, voordat ik hem doorgeef aan volgende generaties.

Nogmaals bedankt dat je jouw tijd met me hebt doorgebracht in mijn rommelige schrijfkamer – met mij en mijn kleine hond Supermaatje (die nu pal naast me ligt en wacht totdat ik haar mee uit neem) – en tijdens mijn reizen door deze oneindig mooie, buitengewone planeet die absoluut de moeite waard is om te redden. Ik hoop echt dat ik je ooit ergens zal ontmoeten, zodat we verder kunnen praten. Over de rijkdom die voor geen geld te koop is.

Blijf gelukkig, goede ziel. Houd vast aan je dromen en blijf je eigen grootste fan. Wat voor je ligt, is schitterend. En maak je geen zorgen: ik ben misschien niet dichtbij, maar ik kijk toe terwijl je groeit, bloeit en je rijkste leven ervaart, als je mentor op afstand.

Sluit je aan bij de beweging van *The Wealth Money Can't Buy*

Sluit je aan bij andere mensen die werken aan hun rijkste leven en maak een verschil door een korte video of een foto van jezelf te maken waarin je de rijkdom ervaart die voor geen geld te koop is. De mooiste worden online geplaatst.

Je kunt denken aan filmpjes waarin jij…

… bezig bent met je ochtendroutine;
… wandelt in de schitterende natuur;
… geniet van bijzondere momenten met je gezin;
… opgaat in een passie die je inspireert;
… een enorm probleem overwint;
… geniet van een heerlijke maaltijd;
… geweldig werk aflevert met jouw ambacht;
… een angst overwint door een risico te nemen;
… reist naar een plek waar je van houdt;
… een positief verschil maakt.

Om je video te delen, toegang te krijgen tot uitstekende lesbronnen en je aan te sluiten bij de beweging van mensen als jij die vastberaden zijn hun mooiste leven te leiden ga je naar

thewealthmoneycantbuy.com.

Geef je groei brandstof door alle wereldwijde bestsellers van Robin Sharma te lezen

Of je nu op je bergtop van wereldklasse staat of net begint aan je klim: lezen is een van de belangrijkste gewoontes voor werkelijk succes en blijvend geluk.

Daarom volgt hier een volledige lijst van de enorm populaire boeken van de auteur om je groei naar je rijkste leven te ondersteunen:

- *The Everyday Hero Manifesto*
- *5 AM Club*
- *De monnik die zijn Ferrari verkocht*
- *The Leader Who Had No Title*
- *The Greatness Guide*
- *The Greatness Guide, Book 2*
- *Wie zal er om je huilen?*
- *Leadership Wisdom from The Monk Who Sold His Ferrari*
- *Family Wisdom from The Monk Who Sold His Ferrari*
- *Discover Your Destiny with The Monk Who Sold His Ferrari*
- *The Secret Letters of The Monk Who Sold His Ferrari*

- *The Mastery Manual*
- *The Little Black Book for Stunning Success*
- *The Saint, The Surfer, and The* CEO

Wil je gratis toegang tot de onlinetest van *The Wealth Money Can't Buy* en een volledige video-masterclass van optimaal leven, ga dan naar thewealthmoneycantbuy.com.

Over de auteur

Robin Sharma is een wereldwijd gerespecteerde humanist en oprichter van een non-profitorganisatie die kinderen in nood een kans geeft op een beter leven. Hij spant zich er vooral voor in dat kinderen met lepra verder kunnen komen.

Hij wordt door velen gezien als een van 's werelds topexperts op het gebied van leiderschap, maar ook als icoon op het gebied van persoonlijk meesterschap. De clientèle van deze wegbereider omvat veel bedrijven uit de Fortune 100, beroemde miljardairs, topatleten, muzieklegenden en leden van koninklijke families.

Organisaties die Robin Sharma hebben aangetrokken als keynotespreker op hun conferenties om hen te helpen medewerkers op te leiden die leiden zonder positie, uitzonderlijk werk leveren en veranderingen in deze complexe tijden de baas zijn, zijn onder andere Nike, FedEx, Microsoft, Unilever, Expedia, GE, HP, Starbucks, PwC, IBM Watson, Yale University en YPO.

Van de grootste bestsellers van deze auteur, zoals *5 AM Club, The Everyday Hero Manifesto, De monnik die zijn Ferrari verkocht, The Greatness Guide* en *The Leader Who Had No Title*, zijn miljoenen exemplaren verkocht in meer dan 92 talen en dialecten. Dat maakt Robin Sharma tot een van de invloedrijkste nog levende hedendaagse schrijvers.

Meer over de beschikbaarheid van Robin Sharma voor je volgende conventie vind je op robinsharma.com/speaking.

Wil je in contact blijven met Robin, ga dan naar robinsharma.com en de volgende socialmediakanalen: